Le Cube

Révélations sur les dérives
de l'enseignement supérieur privé

Claire Marchal

Le Cube

Révélations sur les dérives de l'enseignement supérieur privé

Flammarion

ISBN : 978-2-0804-2798-4

Prologue

Parfois, il suffit d'un banal tableau Excel pour commencer une enquête qui vous emmènera vers des contrées lointaines.

Celui-ci arrive sur ma messagerie WhatsApp un matin, début 2023. Une source anonyme vient de me l'envoyer. Curieuse, je le transfère sur mon ordinateur et tente de l'ouvrir. Il est si lourd qu'il faut vingt minutes pour qu'il apparaisse à l'écran. Je mesure d'emblée l'ampleur des révélations qu'il contient. Ce document ultraconfidentiel est une mine d'or. Il est composé de milliers de lignes, sur lesquelles sont inscrits les commentaires de près de cinquante mille étudiants, portant sur leurs écoles d'enseignement supérieur.

Quelques exemples :

École Penninghen : « L'ambiance générale est très mauvaise, l'administration n'est pas du tout accueillante » ; « On est très serrés en classe, c'est compliqué de prendre du recul sur son dessin » ; « Je pense que le prix est beaucoup trop élevé pour la qualité de la formation. On nous prive de dessin et de culture artistique en troisième année, sans que l'on comprenne pourquoi. [...] Une véritable déception. »

Atelier de Sèvres : « J'ai l'impression d'avoir affaire à une usine à étudiants. [...] Les matières les plus importantes s'arrêtent en mars alors que l'année se termine en mai. [...] beaucoup trop d'effectifs. La plus grosse déception » ; « le prix de la formation est trop élevé par rapport à la quantité de cours. [...] Les locaux n'étaient pas prêts au moment de la rentrée et sont inadaptés : il manque des salles. »

Paris School of Business : « L'école m'a mené à la dépression. Aucun professionnalisme et beaucoup d'erreurs de l'administration sur l'organisation des cours ces dernières années. »

Je parcours la liste des écoles concernées. Elle est longue. Et prestigieuse. Strate, Digital Campus, ESG, l'Institut culinaire de France, Hetic, IESA, Bellecour, Cours Florent, Penninghen... Dans ce tableau, elles sont nombreuses à être vivement critiquées, soit pour leur enseignement de mauvaise qualité, soit pour leurs professeurs mal formés, soit pour leurs locaux insalubres, ou encore pour leurs diplômes inadaptés ou leurs tarifs bien trop élevés... Des milliers de commentaires, pour des dizaines d'écoles implantées partout en France. Mais toutes ont un point commun : ce sont des établissements d'enseignement supérieur privés.

Toutes ces écoles appartiennent aussi à une seule entité, nommée Galileo Global Education (GGE). Quel est ce groupe ? Qui le dirige ? Pourquoi détient-il autant d'établissements ? Et comment expliquer de telles critiques, de telles colères, de telles déceptions de la part des étudiants ? Sans compter leurs parents, qui ont dû parfois s'endetter jusqu'au cou pour payer d'onéreuses études, attirés par l'avenir radieux que ces établissements leur ont fait miroiter pour leur progéniture…

Il est bon de le rappeler, il n'y a rien d'illogique à ce qu'un établissement d'enseignement supérieur du secteur privé veuille engranger des bénéfices – c'est même l'une de ses raisons d'être. Rien de surprenant, non plus, dans la croissance d'un groupe en plein essor, dans un secteur en totale mutation.

Mais plus je fouille dans ce fatras de vies couchées sur le tableau Excel, plus je prends la mesure du contraste entre la détresse de nombreux étudiants, palpable, et la toute-puissance exponentielle de Galileo.

Alors je me renseigne sur Galileo Global Education. Je découvre ses connexions politiques, nombreuses et jusqu'au sommet de l'État, ses écoles ouvertes à un rythme effréné, dans le monde entier et bien entendu en France. Je prends conscience de l'opacité d'une holding à la structure juridique très complexe et aux comptes inaccessibles… malgré les aides de l'État. Et puis, il y a ce chiffre, une estimation publiée le 16 février 2022 par *Les Échos* : plus d'un milliard d'euros de chiffre d'affaires en 2021 !

Il y a là un système. Et, peut-être, les ingrédients d'un potentiel scandale.

Pour tenter de le comprendre, je vais me plonger, pendant vingt mois, dans les coulisses de ces établissements d'enseignement privé. Je vais tenter d'en découvrir la face cachée. Je mènerai plus de cent cinquante entretiens, me déplaçant à Paris, Montpellier, Lyon, Metz, Perpignan et même Dakar. Je vais rencontrer des étudiants, des professeurs, des responsables pédagogiques, des chargés d'admissions, des commerciaux, des membres de la direction. Certains accepteront de témoigner à visage découvert, d'autres préféreront se confier sous couvert d'anonymat. J'échangerai aussi avec des chercheurs, des syndicalistes, des membres d'ONG, des parlementaires…

Au fil des mois, je vais récolter, avec l'aide de sources au rôle capital, plus de 900 documents confidentiels : audits internes, tableaux d'objectifs, contrats en tous genres, enregistrements audio et vidéo… Le tout témoignant de l'obsession des managers Galileo à augmenter sans cesse les effectifs de leurs écoles, réduire leurs coûts, optimiser leurs rendements. Je comprendrai que la multinationale se repose sur un outil informatique infaillible, conçu pour gérer les statistiques nécessaires à la satisfaction de sa soif de rentabilité. Une matrice impitoyable : le Cube.

Je vais aussi recevoir la parole des victimes de ce système sophistiqué : les étudiants endettés, trahis par de belles promesses non tenues, au parcours professionnel brisé, qui ont tout perdu ; les professeurs désabusés, qui ne se reconnaissent plus dans l'entreprise qui les a recrutés ; les directeurs, qui ont façonné « le monstre », pour finir avalés, mastiqués par l'ogre puis recrachés plus que cabossés. Et, bien sûr, les parents, vaches à lait du système. On me racontera les burn out, les dépressions, les harcèlements, les licenciements. Les tentatives de suicide…

Tout cela explique que de nombreuses sources, qu'elles soient mues par la honte ou l'espoir d'un avenir meilleur, n'aient pas souhaité dévoiler leur identité. J'ai essayé, dans la mesure de mes moyens, de recouper chacun des témoignages, de les confronter aux chiffres, aux documents.

J'ai bien entendu essayé de recueillir le point de vue de Marc-François Mignot Mahon, le président de la holding, l'homme clé, mais aussi ceux de Martin Hirsch, vice-président de la multinationale jusqu'en juillet 2024, et de Muriel Pénicaud, l'ex-ministre du Travail, membre du conseil d'administration de Galileo. Aucun n'a souhaité répondre à mes questions. J'ai également sollicité les directions des écoles du groupe. Seul Olivier Aptel, en poste à la Paris School of Business depuis septembre 2024, a accepté de me répondre. « Depuis mon arrivée récente à la tête de Paris School of Business en tant que Dean et directeur général, j''ai pleinement conscience des attentes de nos étudiants et des défis liés à leur satisfaction, me dit-il. Je suis également sensible aux retours exprimés, notamment en ce qui concerne les conditions d'enseignement et l'organisation administrative. [...] Il est donc de la responsabilité des établissements de prendre en compte cette évolution. » Il assure avoir déjà pris des dispositions pour améliorer l'expérience des élèves dans son établissement ou redéfinir l'organisation de l'administration. Il semble que la Paris School of Business ait entendu les critiques de ses étudiants. Qu'en est-il des autres écoles ? Celles-ci, contactées par mes soins, se sont murées dans le silence. En interne, entretemps, la pression est montée d'un cran.

In fine, je vais saisir qu'il s'agit de l'histoire tragique d'une entreprise privée qui part à la dérive, de manière systémique. Car l'enseignement supérieur privé lucratif est nourri de la main de l'État, via les aides à l'apprentissage, au CPF (compte personnel de formation), à la reconversion professionnelle, avec des millions d'euros d'argent public destinés à diriger les Français vers l'emploi, captés par des multinationales et leurs dirigeants ou actionnaires aux visées financières. Cette machine ne fonctionne pas en mode binaire, avec d'un côté les pouvoirs publics et de l'autre les grands groupes ; ils avancent main dans la main, travaillent ensemble, des cabinets ministériels aux conseils d'administration, de la haute fonction publique aux directions des groupes.

Galileo Global Education est un acteur parmi d'autres à connaître cette croissance exponentielle. Si ces entreprises sont de plus en plus nombreuses, c'est qu'il y a là un système, dont le groupe est l'une des principales galaxies, et l'une de celles qui se transforment au fil du temps en nébuleuses obscures. En astres noirs, qui absorbent les rêves et les ambitions de milliers d'étudiants. Et les transforment en poussières.

Partie 1

L'ARGENT DES AUTRES

Chapitre 1

Le discours du roi

La voix de Marc-François Mignot Mahon résonne dans mon appartement. N'ayant jamais obtenu de retour de sa part à mes demandes d'interviews, je dois me contenter des propos qu'il tient devant ses salariés, dont certains, enregistrés, m'ont été transmis par mes sources.

Cet homme est largement inconnu des Français. À 58 ans, il est pourtant multimillionnaire et préside le groupe d'enseignement supérieur privé Galileo Global Education, dont le chiffre d'affaires dépasse le milliard d'euros. Il est surtout – et ceux qui l'ont côtoyé n'auront de cesse de me l'expliquer tout au long de mon enquête – un étonnant personnage.

Tout a commencé avec lui. Si Galileo était une secte, il en serait le gourou. Marc-François Mignot Mahon ne porte pas l'uniforme classique du grand patron. Il arbore toujours une chemise noire, au col mao. Son style, c'est celui de l'entrepreneur-gourou, dans la lignée de Bill Gates ou de Steve Jobs. Après tout, les trois dirigeants ont de nombreux points communs. Novateurs dans les métiers de la tech, suffisamment précurseurs pour faire de leur bonne idée un business international, devenus leaders mondiaux de leur secteur. Tous, enfin, ont su dès le départ maîtriser leur « storytelling » : l'art de raconter de belles histoires.

Marc-François Mignot Mahon aime conter la sienne. Un entrepreneur visionnaire, qui monte sa petite entreprise d'éducation privée dans une cave, au fond d'une impasse de la rue Saint-Ambroise, à Paris. Une équipe restreinte – dix personnes –, collée serrée dans ces minuscules bureaux, qui grossit année après année, dépassant finalement les 3500 salariés. Vingt-cinq ans plus tard, adieu la cave, la start-up est devenue mastodonte, sur quatre continents, portée par une seule ambition : accompagner plus de deux cent mille « apprenants » vers le diplôme… Avant, qui sait, d'atteindre un jour le million.

Ce joli récit est aussi celui de la vie d'un quinquagénaire, né en 1967 dans les Hauts-de-Seine, au sein d'une famille bourgeoise. Un enfant prodige, qui s'ennuie à l'école chez les jésuites, saute finalement des classes et passe, raconte-t-il, son baccalauréat à 15 ans. S'ensuivent des études de droit à Paris 1 Panthéon-Sorbonne, puis un début de carrière dans la musique. Marc-François Mignot Mahon organise des concerts, parcourt le monde, gère une maison de disques. Puis il bifurque, au milieu des années 1990, en direction de son nouvel amour, les technologies numériques. Il se lance dans la création de sociétés d'édition et de production de CD-ROM éducatifs et culturels, et devient, en 1996, secrétaire général de l'Association française des entreprises de l'Internet et du multimédia (AFEM). « C'est à ce moment-là que j'ai réalisé qu'il y avait un problème de formation », dit-il en 2013 au magazine

L'Étudiant. Naît alors une ambition : lever des fonds pour monter des projets éducatifs en ligne. L'année suivante, l'entrepreneur crée le Cifap, à Montreuil : une formation professionnelle continue en audiovisuel, médias, Web, spectacle vivant et musique, dédiée aux intermittents du spectacle. Au début des années 2000, l'entrepreneur fonde Hetic, l'école des métiers de l'Internet, puis le Cifacom, une école d'audiovisuel et de graphisme. Rien ne semble pouvoir freiner son ascension.

En 2010, Marc-François Mignot Mahon prend la tête des douze écoles du pôle Art et Création du groupe Studialis, puis en devient le directeur général en 2013. Désormais patron, il organise en 2015 le rapprochement de Studialis et Galileo Global Education. L'ambition du dirigeant atteint des sommets. Il souhaite « faire de Galileo l'une des plus grandes organisations humaines indépendantes de la planète », le cite *Le Figaro*, le 29 juin 2018.

Pour cela, il lui faut s'exporter à l'international. En 2016, il développe le projet « French Touch », une stratégie visant à développer des écoles partout dans le monde pour devenir le leader mondial de l'éducation supérieure privée. Enfin, en 2017, ça y est : Marc-François Mignot Mahon devient le président monde de Galileo Global Education.

Le dirigeant fait le tour des plateaux de télévision, se fait tirer le portrait dans les colonnes de *Forbes*, un prestigieux magazine économique. À l'écouter, Marc-François Mignot Mahon est avant tout un passionné, qui voyage beaucoup et dort peu. Un rêveur, un utopiste même. Il dit vouloir développer les enseignements d'humanités dans ses écoles, aider les jeunes à forger leur esprit critique. En même temps, il assume parfaitement le niveau « moyenne gamme » de ses établissements. Pour lui, ne pas viser l'excellence signifie garantir des tarifs de formation accessibles et éviter la reproduction des élites, dont il dit avoir horreur. Guillaume Pépy, l'ancien patron de la SNCF, président du conseil de surveillance d'EM Lyon Business School (dont Galileo est actionnaire), le décrit, dans un entretien accordé à l'hebdomadaire *Challenges* en 2022, comme « un atypique », un « citoyen engagé », moins concerné par les résultats financiers que par l'hybridation des formations et la pluridisciplinarité.

D'autres anciens collaborateurs émettent plus de réserves. « Je pense sincèrement que c'est un homme de valeurs et je l'aime beaucoup, me confie Dominique Sciamma, l'ancien directeur de l'école Strate. Mais il est à des niveaux de responsabilités stratosphériques qui l'ont déconnecté de la réalité du terrain. Il croit sûrement encore à ses valeurs et à l'histoire qu'il se raconte, mais la machine, elle, se fiche de ces valeurs, et elle fonctionne sans lui. »

Loin des caméras, loin des micros, certaines sources me le décrivent comme un bonimenteur, un roi de l'optimisation, serrant les coûts jusqu'à mener ses équipes à la limite de l'épuisement, des salariés d'administration dans les écoles aux membres des ressources humaines au siège. Un patron qui préférerait par ailleurs fermer les yeux sur les conflits internes et la détresse qu'ils peuvent engendrer. Sans compter ces licenciements et les dossiers aux prud'hommes qui s'accumulent… Après tout, Marc-François Mignot Mahon a des objectifs. Le million d'apprenants. Le leadership mondial. Et, bien sûr, la légitimité institutionnelle.

J'écoute l'enregistrement audio d'un discours qu'il a prononcé à l'été 2023, un speech que le dirigeant a adressé à ses salariés lors d'une grande soirée d'entreprise organisée au Musée des arts forains de Bercy, et que l'un d'entre eux a enregistré ; l'une de mes sources m'a permis d'y avoir accès.

« Lundi 4 janvier 2028. Il est 10 h 07, Jean-Luc reçoit un SMS de Malika, la chief planning officer de PSB [Paris School of Business], qui lui dit : "Mon petit Jean-Luc, ton cours de [...] de 10 heures à 11 heures, en salle Tony-Stark, et bah il a lieu à 11 h 30" [...]. Le tout accompagné de la carte Google Maps et du plan interactif des 23 990 m^2 qu'on a depuis quatre ans [...]. Bon, ce que Jean-Luc ne sait pas, c'est que Malika, elle a fait tourner 3, 4, 5 plannings d'optimisation pour arriver à ça, pour arriver à ce SMS, envoyé automatiquement. »

Dans ce discours, le patron visionnaire se projette dans le futur de la multinationale. En 2028, selon lui, les écoles auront innové : elles disposeront de salles connectées, avec des noms sympas (Tony Stark est l'autre nom d'Iron Man, le célèbre héros de l'univers Marvel), dans de grands campus innovants. En 2028, Malika, la salariée en charge de l'organisation de l'école en question, utilisera de nouveaux outils pour organiser ses salles de classe, rentabiliser ses espaces, y placer un maximum d'étudiants.

Le dirigeant poursuit son discours. Il parle toujours de 2028 et de l'avenir du groupe à l'international : « Mei Lin [...], c'est [une] jeune Coréenne surdouée, qui va être major de sa promo, elle est super forte [...]. Et dans [un] rapport, Mei Lin nous dit comment elle nous a connus : dans une campagne de marketing en coréen, en Corée. »

Le P-DG partage le rêve d'un monde apaisé dans lequel Galileo Global Education connecte les étudiants grâce aux écoles, s'exporte encore davantage : nouvelles écoles, nouveaux territoires. Nouveaux étudiants, nouvelles élites. En 2028, la galaxie continuera de s'étendre.

Il poursuit et expose son souhait de développer un laboratoire de recherches qui travaillerait à la création d'outils de fabrication de contenus pédagogiques à partir d'une intelligence artificielle. Il explique : « Je demande à mon IA générative de me sortir tout un tas [...] de quiz, de vidéos, d'exemples, d'illustrations, qui vont considérablement enrichir l'expérience de l'apprenant et de ce fait tenir son attention et ainsi démultiplier l'acte d'apprentissage. »

En 2028, chez Galileo, l'intelligence artificielle devrait être au service de la production de contenus pédagogiques. En attendant ces avancées technologiques, le groupe a d'ores et déjà amorcé sa grande transition numérique. La Paris School of Technology & Business a ainsi ouvert un « campus technologique » doté de casques virtuels et de programmes d'études sur le thème du métavers, en partenariat avec Microsoft. L'école parisienne d'art et de culture IESA propose déjà des enseignements sur de nouvelles technologies et outils numériques (le métavers, la blockchain, les NFT et le Web3). En Italie, l'Istituto Marangoni a même développé une plateforme métaverse sur laquelle l'école diffuse les travaux des étudiants, des conférences et même des défilés de mode, par l'intermédiaire d'avatars.

Ces innovations sont les prémices de la révolution préparée par le groupe. Son nom : le *deep learning* (apprentissage en profondeur). Marc-François Mignot Mahon en détaille le principe dans la suite du discours : « Prenons un exemple : j'ai un apprenant qui a été élevé dans l'idée qu'il y a des races entre les hommes et que noir c'est mieux que blanc, vert c'est mieux que rouge et qu'orange c'est mieux que marron [...]. Cet apprenant, il va avoir un paquet de mal à encaisser mon pavé de peuplement sur l'immigration des peuples en Sibérie. Et mon IA va lui donner de bons exemples, pour déconstruire cette représentation erronée : [...] on sait tous qu'il y avait plein de sortes d'hommes qui coexistaient et de tout cela il n'est resté qu'un petit noyau de 70 000 individus *Homo sapiens sapiens*, et que donc moi, vous, dans la ville, dans la France, dans le monde, sur la planète, il n'y a aucune différence de code génétique entre les êtres humains. Nous venons de ce petit noyau de 70 000 *Homo sapiens sapiens*, et il n'y a pas de race chez les hommes, c'est une hérésie scientifique [...]. Eh bien une fois que j'ai pu découvrir la représentation mentale erronée, je vais pouvoir délivrer mon savoir à mon apprenant. Et par ailleurs, je vais demander à mon IA de rendre tout cela familier [...]. Donc la personnalisation, c'est un défi majeur. C'est ça, le *deep learning*. »

Le patron prône un outil technologique au service de l'enseignement, au service du savoir... au service des valeurs de son groupe. Car il insiste : Galileo est une multinationale bienveillante, voire philanthrope. L'entreprise, dans le futur, continuera d'ailleurs de lutter contre les difficultés d'accès à l'éducation, grâce à une fondation que devait créer Martin Hirsch, l'ex-patron des hôpitaux parisiens ; mais las, il quittera finalement Galileo en juillet 2024, avant le lancement officiel de celle-ci. La holding a aussi une autre vocation : combattre les violences sexistes. Le tableau est reluisant.

Nous voilà en 2035, lors d'une nouvelle conversation fictive, entre le dirigeant et l'un des directeurs monde de la holding. Le patron fait mine de lui parler : « Moi, je trouve que c'est le sujet qui pique. Y en a marre, quoi. T'es d'accord avec moi ? Ça me fait penser à cette espèce de discours incroyable que Badinter avait fait, ça m'avait transpercé, quand on a brûlé cette petite fille juive, c'est l'humanité tout entière qui a brûlé. Bah, j'ai l'impression que pour les femmes, c'est pareil. Quand un mec de chez nous agresse une femme de Galileo, de chez nous, une collègue, c'est toutes les femmes de Galileo qu'il agresse. C'est toutes les femmes. Et il n'y a plus de “C'est un homme et une femme, c'est leur histoire”, plus de spectateur, on ne peut pas rester passif ! C'est notre histoire à tous. Pas de compromis, pas de prisonnier, fait chier quoi ! On est en 2035 ! Ça va, basta. Et puis on est leader mondial, je te rappelle, donc ça nous oblige à mener quelques combats… Et je trouve que celui-là, il est bien. »

Conflits armés, racisme, pauvreté, sexisme… Galileo Global Education semble vouloir résoudre tous les problèmes. Pour sa dernière phase de discours, le dirigeant invite ses collaborateurs à se projeter en 2049. Il leur lit une lettre imaginaire, rédigée par un étudiant fictif prénommé Mokhtar, écrite à l'intention de la directrice du groupe : « Je voulais aussi vous remercier pour la sacrée bande de potes que je me suis fait pour la vie dans ce parcours si riche. Je me souviens de la bar-mitzvah du petit neveu tahitien Mignot Mahon […], ça m'avait surpris, car il était pas vraiment juif, il était baptiste même, mais c'est son meilleur pote Abraham qui avait été trop content de lui organiser ça, et moi, Mokhtar, qui suis plutôt de l'autre bras du fleuve, j'avais l'impression d'être à la maison, ça m'a fait marrer et j'ai passé une super bonne soirée. »

Marc-François Mignot Mahon prédit une utopie, un avenir idéal et fantasmé. Un futur dans lequel Galileo Global Education, leader mondial de l'enseignement supérieur, aurait concrétisé une sorte de révolution du savoir, sociale et technologique, de celles qui connectent le monde et le rassemblent.

Une belle histoire peut-être, mais alors que le discours du « gourou » s'achève, je ne peux m'empêcher de repenser aux dizaines de témoignages d'étudiants et de salariés de Galileo que j'ai récoltés ces deux dernières années. Aux souffrances des jeunes, aux milliers d'euros dépensés par leurs parents, aux burn out des employés dégoûtés et épuisés, aux démissions, aux licenciements, aux abandons, aux dépressions, aux tentatives de suicide.

Je comprends qu'il y a le discours d'un côté et, de l'autre, la réalité.

Chapitre 2

La trahison

Ce matin de janvier 2024, il pleut des trombes. Paris n'a pas vu le soleil depuis des jours. J'ai rendez-vous dans le 15e arrondissement, à l'école d'effets spéciaux numériques VFX-Workshop, un établissement d'enseignement supérieur privé fondé en 2017 par Renaud Jungmann. Je ne trouve pas tout de suite la façade, cachée, de cette toute petite structure de 80 étudiants, « à échelle humaine », me précise son fondateur. J'entre trempée de la tête aux pieds. Bien qu'il soit 11 heures, les étudiants ne sont pas encore arrivés dans l'unique salle de classe de la structure. Plusieurs écrans sont pourtant déjà allumés. « J'ai commencé à laisser les écrans allumés pendant le Covid, pour me donner l'impression que l'école était toujours habitée, qu'elle vivait encore. Il n'y a rien de pire qu'une école sans élèves », soupire-t-il.

Son bureau est situé à l'étage, sous une mezzanine vitrée. La pièce est décorée de tout un tas d'objets faisant référence à des créations célèbres de studios d'animation, des jeux vidéo ou des œuvres de cinéma. Les grosses armoires contre les murs renferment les centaines de dossiers administratifs nécessaires à l'organisation d'une école, si petite soit-elle.

Le directeur me présente aux deux collaborateurs avec qui il partage cet espace. Il ne leur demande pas de quitter la pièce pendant notre conversation : il tient à assumer ses propos. Il veut que le monde sache ce qu'il s'est passé avant qu'il fonde cette école, à l'époque où il travaillait encore à l'école LISAA. Quand Galileo est entré dans sa vie.

Aussi loin qu'il s'en souvienne, Renaud Jungmann a toujours été un grand passionné d'informatique. Ses parents vendaient du matériel électronique et, dès l'enfance, au milieu des années 1970, il lorgnait les ordinateurs en boutique, mettant soigneusement son argent de poche de côté dans le but de s'offrir des systèmes électroniques. Adolescent, il ne manquait pas la moindre conférence sur l'animation ni le moindre film contenant des effets spéciaux. C'est en découvrant, impressionné, un court-métrage Pixar, à la fin des années 1980, qu'il décide de se lancer dans l'animation. Après son bac, il part suivre des études d'images et de graphisme à Nancy et Angoulême, puis monte à Paris au début des années 1990 pour tenter sa chance auprès des studios qui ouvrent çà et là dans la capitale. Rapidement, c'est dans l'enseignement que le jeune homme s'épanouit. En 1999, il rencontre Michel Glize et sa vie change à jamais.

Glize est né en Charente, à la fin des années 1940. Très jeune, il décide de devenir architecte. Finalement, cet homme va bâtir un patrimoine non pas dans la conception d'immeubles mais d'écoles, qu'il a fondées une à une tout au long de sa vie. La première, en 1979, est l'Atelier de Sèvres, à Paris, dans la rue éponyme. L'école privée prépare notamment aux concours d'entrée aux formations publiques des Beaux-Arts, Arts déco et Arts appliqués. Quelques années plus tard, en 1986, fort de son succès, l'entrepreneur en fonde une autre : LISAA, l'Institut des arts appliqués, une formation pluridisciplinaire dont la vocation est, comme il l'écrira lui-même, « la formation des jeunes créatifs ». Michel Glize y ouvre un département en architecture d'intérieur et design d'environnement. LISAA devient le nom de marque d'une société, IDAA, pour Institut de développement des arts appliqués, que l'ambitieux patron compte développer à Paris et partout en France, dans de nombreux autres domaines. C'est ainsi qu'en 1995 il ouvre un département graphisme, illustration, webdesign et audiovisuel à Paris, puis une antenne à Rennes, et qu'en 2002 il crée un nouvel établissement, à Nantes cette fois.

Au début des années 2000, le nom de LISAA est connu dans le milieu des arts. Renaud Jungmann, qui cherche alors à donner des cours d'informatique, tombe sur une annonce de l'école et propose sa candidature. Michel Glize l'embauche. La collaboration s'annonce riche de succès. Elle le sera, effectivement, pendant treize ans. Jusqu'à ce que tout s'effondre.

Décembre 2012. Michel Glize réunit ses équipes à bord d'une grande péniche, sur la Seine, pour célébrer les bons résultats de LISAA et cette période intense qui vient de s'achever. Les années précédentes, la marque n'a cessé de se consolider. Les établissements de Rennes, Nantes et de Strasbourg ont trouvé leur vitesse de croisière. Le dernier-né de LISAA, le département animation 2D, 3D et jeux vidéo, vient d'intégrer le classement des dix meilleures écoles du monde. Treize ans que Renaud Jungmann, créateur et directeur pédagogique de l'antenne, attendait une telle reconnaissance de son travail.

« Je comprends que quelque chose se trame »

Renaud Jungmann est désormais à la tête de trois spécialités de cycle supérieur, de plusieurs classes préparatoires et même d'une quatrième année. Mais ça ne lui suffit pas. Il a de nouvelles ambitions et est déterminé à les partager avec Michel Glize ce soir-là, sur la péniche. Entre deux verres, il réussit à capter l'attention de son patron. Il souhaite lui montrer les plans qu'il a conçus pour les futurs bureaux de son département. Ravi de ce nouveau défi, investi comme jamais, il lui décrit les bureaux ergonomiques qu'il a imaginés, les chaises confortables dans lesquelles il veut investir, les derniers écrans qu'il pourrait acquérir.

Michel Glize l'écoute attentivement. Pourtant, depuis quelques mois, le chef d'entreprise a la tête ailleurs : il rencontre discrètement d'éventuels acquéreurs. L'excellente réputation de LISAA et de l'Atelier de Sèvres attire de nombreux investisseurs. Mais Glize cherche des sociétés, ou personnes de confiance, suffisamment solides pour assurer la pérennité de son patrimoine. Renaud Jungmann ne se doute de rien. Ou presque… Il se souvient : « En 2012, j'organise une journée portes ouvertes dans l'école et Michel Glize vient me rendre visite. Il est accompagné d'un homme, qu'il me présente comme un assureur. » Ce jour-là, Michel Glize et l'inconnu font le tour du propriétaire. « Je ne pose pas trop de questions. Mais l'homme revient plusieurs fois ensuite et je comprends que quelque chose se trame à LISAA. » En réalité, cet homme n'est pas un assureur mais un businessman. Il s'appelle Bruno Mourgue d'Algue et travaille pour un petit groupe d'enseignement supérieur privé, encore relativement inconnu sur le marché : Galileo Global Education.

« Inculquer à chaque élève l'engagement, l'originalité, la persévérance, l'innovation et l'altruisme pour construire un monde meilleur »

L'histoire de Galileo est d'abord celle d'une formidable réussite : celle d'un groupe devenu en dix ans à peine le leader mondial de l'enseignement supérieur privé.

Lorsqu'en 2011 le fonds d'investissement Providence Equity Partners décide d'acquérir l'école de mode italienne Istituto Marangoni et de fonder la holding Galileo Global Education, rien ne laissait présager une telle *success story*. Et pourtant. Cette première acquisition sera suivie de nombreuses autres, qui peu à peu vont façonner l'immense portefeuille d'établissements de la firme. Le 21 octobre 2015, Galileo se greffe à Studialis, un second groupe d'enseignement supérieur privé, détenteur lui aussi de nombreuses écoles, dans le secteur de la comptabilité, du business et des arts. La holding qu'ils forment ensemble donne naissance au premier groupe européen d'éducation supérieure privée.

En 2020, Providence Equity annonce officiellement la revente du groupe à plusieurs fonds d'investissement : le fonds de pension canadien Pension Plan Investment Board, via sa filiale CPP Investment ; le fonds britannique Montagu ; Téthys Invest, qui appartient à la famille Bettencourt ; et enfin Bpifrance, la banque publique d'investissement. Montant de la transaction : 2,3 milliards d'euros. Le portefeuille de Galileo est plus vaste, plus puissant – mais toujours insuffisant aux yeux de ses gourmands dirigeants. Qu'à cela ne tienne, le groupe continue les acquisitions sur tous les marchés de l'éducation, avec deux critères primordiaux : les écoles doivent en priorité jouir d'une belle réputation et se spécialiser dans des branches professionnelles peu concurrencées par les formations universitaires publiques. Ainsi, Galileo rachète des grandes écoles de maquillage (ITM), d'arts appliqués (Bellecour), et se diversifie à l'international : en Angleterre (Regent's University London), à Chypre (European University Cyprus) ou au Mexique (Ipeth). La multinationale se laisse même pousser des ailes en entrant au capital de l'un des établissements les plus réputés au monde, l'EM Lyon, école de commerce d'excellence classée chaque année dans le top 40 des meilleures écoles mondiales. Sur le papier, la réussite est hors norme. Quinze ans après sa création, les chiffres présentés par la multinationale donnent le vertige.

Désormais, le groupe compte 61 écoles, 106 campus dans plus de 18 pays, et 210 000 étudiants sur la planète. Galileo n'en a pas terminé. Son objectif est d'atteindre le million d'étudiants, partout dans le monde, dans les cinq années à venir. Pourquoi ?

Pour l'argent ? Non, bien sûr que non, jurent ses dirigeants. À en croire les prises de parole de son patron, Marc-François Mignot Mahon, le groupe a une responsabilité sociale particulièrement importante, qu'il lui tient à cœur d'honorer. Il souhaite permettre aux jeunes de se révéler à eux-mêmes, « inculquer à chaque élève l'engagement, l'originalité, la persévérance, l'innovation et l'altruisme pour construire un monde meilleur » ; ou encore « assurer le potentiel d'embauche des étudiants », annonce-t-il sur les plaquettes de communication du groupe. La chanson est douce, mais les paroles sonnent faux. Derrière les velléités d'innovation et d'agilité pédagogique, sous couvert de diversification des formations, de développement de filières, de recrutements de nouveaux étudiants pour les conduire vers un futur prospère, la multinationale opère en réalité de lourdes modifications internes dans la gestion des ressources humaines, dans la pédagogie et dans les modes de comptabilité.

En 2013 donc, Providence Equity Partners souhaite diversifier son portefeuille et se lance dans l'acquisition d'écoles d'enseignement supérieur privées. On l'a vu, le fonds a acquis deux ans auparavant l'Istituto Marangoni ; la holding Galileo Global Education, « GGE » pour les initiés, a été créée à cette occasion. Bruno Mourgue d'Algue en est le directeur de développement à l'échelle européenne. L'ambition est grande : le groupe doit devenir leader européen, si ce n'est mondial, de l'enseignement supérieur privé. Pour cela, il lui est nécessaire d'opérer de nouvelles acquisitions sur un marché « prestige », en prenant principalement position dans les domaines qui ont le vent en poupe et faiblement représentés dans les cursus publics, comme les arts ou les technologies numériques. Dans ce secteur, les écoles sont peu nombreuses, mais elles attirent sans discontinuer des étudiants passionnés dont les parents sont souvent prêts à débourser d'importantes sommes d'argent – entre 5 000 et 10 000 euros par an s'agissant des établissements français.

« Je le vis comme un coup d'épée dans le dos »

Dès 2012, Bruno Mourgue d'Algue entend parler de Michel Glize et de ses écoles LISAA et Atelier de Sèvres. Il flaire la bonne affaire. À cette période – les années 2010 –, le développement massif de l'application Instagram donne un nouvel élan aux formations spécialisées dans la mode. Les technologies numériques et informatiques gagnent quant à elles en performance, ce qui promet un bel avenir à de nombreux cursus de la franchise LISAA, qu'il s'agisse du design, des effets spéciaux, de l'animation ou des jeux vidéo... Avec ses antennes en France et à l'international, la réputation et l'originalité de ses formations, LISAA constitue un investissement de choix pour le jeune groupe Galileo. Bruno Mourgue d'Algue ne manque pas d'arguments pour convaincre le propriétaire, Michel Glize. Notamment financiers. En décembre 2012, le deal est acté. LISAA et l'Atelier de Sèvres sont cédés à Galileo. Le fonds d'investissement Providence Equity Partners met la main à la poche. Avec un objectif : rentabiliser la vente.

En se remémorant cette période, l'émotion envahit Renaud Jungmann. Le bruit de la pluie sur les vitres du velux comble le silence. Après une légère inspiration, il lâche : « La péniche en 2012, c'était une belle soirée, on était tous heureux. Je suis reconnaissant à Michel de ne pas avoir annoncé la vente ce soir-là, ça aurait tout gâché. Au moins, on a passé un dernier bon moment tous ensemble. » Quelques jours après la fête, Renaud Jungmann ouvre son courrier et tombe sur une lettre de son patron. « Il nous explique qu'on est rachetés par Galileo », se souvient-il. Michel Glize se veut rassurant : Galileo est une entreprise solide et apportera de la stabilité aux écoles, permettra d'innover, de créer de nouvelles formations, bref, de se développer. « Certaines personnes dans l'équipe y croient, se disent que ça va apporter un souffle nouveau à l'école, un brin de jeunesse, se remémore Renaud Jungmann, mais beaucoup d'autres, comme moi, n'y croient pas. Je le vis comme un coup d'épée dans le dos. » De fait, à LISAA, plus rien ne sera comme avant.

Michel Glize quitte la direction de sa société et prend place au conseil d'administration. Anthony Chevalier le remplace à la tête du groupe. L'homme connaît bien LISAA, il en est salarié depuis plus de treize ans, d'abord en tant que professeur, puis comme directeur en charge de l'antenne nantaise. Sa trajectoire est similaire à celle de Renaud Jungmann qui, lui, se rêvait en héritier de Michel Glize. « J'étais déçu, j'ai demandé à Michel pourquoi je n'avais pas été sollicité pour devenir dirigeant, confie-t-il. Il m'a dit que c'était mieux pour moi, qu'il fallait un directeur prêt à affronter ce qui allait arriver. À l'époque, je ne savais pas trop ce qu'il entendait par là. »

En septembre 2013, Anthony Chevalier prend ses nouvelles fonctions et rassemble ses équipes. L'heure des grandes annonces a sonné. Face aux différents services, le directeur déroule son programme et fait défiler les *slides* de son PowerPoint. L'arrivée de Galileo promet de belles perspectives aux écoles LISAA : développement, croissance, innovation et, bien sûr, rentabilité. L'organigramme évolue, avec la nomination d'un nouveau directeur administratif et financier et, surtout, la création d'un poste de directeur de développement, en la personne de Renaud Jungmann lui-même. « Il annonce ma promotion devant tout le monde, alors que je n'étais pas au courant », assure-t-il. Au pied du mur, celui-ci n'a d'autre choix que d'accepter ses nouvelles missions : développer les filières existantes, créer de nouveaux cursus et augmenter le nombre d'élèves.

« On nous demande de couper nos téléphones »

Dans un premier temps, Renaud Jungmann découvre l'outil qui deviendra son plus fidèle allié et dont bon nombre des sources de cette enquête me parleront : Excel. « On nous invite dans une pièce plongée dans le noir et on nous demande de couper nos téléphones, se rappelle-t-il. La direction nous projette des tableurs avec le nom des professeurs, leur nombre d'heures et le coût horaire de chacun d'eux. On a des objectifs d'optimisation à aller chercher. » Sous l'impulsion de Galileo, les écoles LISAA adoptent une nouvelle stratégie, avec un maître mot : l'optimisation. « On nous fait tailler dans le gras, baisser les coûts, toute la journée. C'est absolument horrible, mais on n'a pas le choix. »

Renaud Jungmann commence par augmenter le nombre d'élèves par classe. « J'avais l'habitude d'avoir des classes de 28 à 32 élèves dans mes filières mais le groupe trouve cela insuffisant et me demande de passer à 35, ce qui me semble alors énorme. » Les demi-groupes sont également supprimés, car jugés trop coûteux. « Mes collègues, sur certaines filières comme l'architecture d'intérieur, ont dû diminuer leur nombre d'heures de cours par semaine, en passant progressivement de 40 heures à environ 27 », me dit-il. Soit une coupe franche dans les volumes horaires hebdomadaires des professeurs, principalement des enseignants en CDI temps plein ou mi-temps. Renaud Jungmann a pour obligation légale de les replacer sur de nouveaux cours afin de ne pas diminuer le nombre d'heures qui ont déjà été contractualisées. Il n'a donc pas d'autre choix que de créer une nouvelle filière. C'est ainsi que voit le jour le bachelor

Motion Design de LISAA : « Et voilà, sans m'en rendre compte, j'ai rempli ma mission de directeur de développement : j'ai créé une nouvelle formation, j'ai permis le recrutement de nouveaux étudiants... Donc j'ai généré de la croissance. Je me rassurais en disant qu'on avait sauvé des profs. »

Enfin, le directeur doit augmenter les frais d'inscription, et pas qu'un peu : l'année de prépa qui, dans ses souvenirs, coûtait 6 140 euros avant le rachat par Galileo, grimpe à 7 010 euros, et les bachelors passent de 7 480 à 8 550 euros.

Renaud Jungmann observe, impuissant, la dégradation des conditions de travail de ses collègues. Peu à peu, ses anciens camarades lui tournent le dos. « Douze ans que je bossais avec eux, c'étaient des copains, et d'un coup, je passe du côté des méchants, sans le vouloir », regrette-t-il. La grogne monte dans l'ensemble des écoles LISAA. Plusieurs salariés préfèrent abandonner le navire : certains partent à la retraite, d'autres démissionnent... « Ceux-là, la direction ne les remplace pas toujours. Ça fait un salaire en moins à payer. Désormais, c'est comme ça chez LISAA », se souvient Renaud Jungmann. Qui, lui, s'accroche.

Mais à mesure qu'il coupe les budgets, optimise les filières, diminue la sélection à l'entrée et supprime des heures, le directeur s'isole et s'enfonce peu à peu dans la dépression. « Je ne peux pas croire ce que je suis en train de faire, ce à quoi je participe, mais je pense à mes enfants, à mon appartement à payer, à mes crédits... » m'avoue-t-il. Les perspectives d'évolution professionnelle promises par la direction l'encouragent à poursuivre ses missions. Il est envoyé en Angleterre pour visiter des établissements d'enseignement privés et nouer des partenariats, et son chef lui propose même d'investir dans l'école. « On me caresse dans le sens du poil, on me rend docile, et ça marche, je fais tout ce qu'ils me demandent mais, au fond de moi, je me sens de plus en plus malheureux », se souvient-il. Et puis la pression trop intense le mène au burn out : « Je me sentais piétiné, j'étais tellement mal… »

Renaud Jungmann quitte finalement l'établissement. En miettes. Broyé par le Cube.

Il est temps, maintenant, de plonger dans les entrailles de la bête. Voici la matrice.

Chapitre 3

Alerte au « Cube rouge » !

Alain Kruger semble contrarié. Ce 6 février 2023, comme tous les lundis matin depuis quelques semaines, le directeur du pôle Business de Galileo vient de se faire remonter les bretelles par Vanessa Diriart, qui est alors présidente France du groupe. Et comme tous les lundis en milieu de journée, il déballe à ses directeurs, dépités, les comptes rendus du siège : « Quand on voit la gueule du Cube encore ce matin… Ahhhh… il est tout rouge ! Il est tout rouge ! »

Je clique sur la touche pause, le temps de prendre des notes. J'écoute, sur mon ordinateur, l'enregistrement audio de cette réunion, quelques mois après qu'elle a eu lieu. J'ai obtenu ce fichier grâce à une précieuse source. La phrase retranscrite sur mon carnet de notes, je clique sur *play*.

Alain Kruger vient de terminer son monologue sous forme de reproches et les directeurs se taisent. Un Cube rouge, dans le jargon de Galileo, ce n'est pas une bonne nouvelle. Cela signifie que les écoles peinent à recruter de nouveaux étudiants, que les effectifs stagnent et donc que le groupe n'atteint pas ses objectifs de performance. Et depuis le début de l'année 2023, le Cube est rouge toutes les semaines. Inacceptable.

Comprenez : le Cube est au cœur du système Galileo, c'est l'outil stratégique du groupe. Le terme renvoie en fait à une plateforme connectée qui centralise les données statistiques de chaque école, notamment en termes d'effectifs étudiants. Il permet d'observer en temps réel les résultats des campagnes de recrutement, du premier rendez-vous téléphonique avec le futur étudiant jusqu'à la signature de son dossier d'inscription. La première étape consiste à multiplier les *leads* : les personnes à contacter. Pour cela, la méthode est simple. Les écoles ne communiquent sur aucune formation, aucun programme détaillé ni tarif. Pour obtenir des informations, les jeunes intéressés et leurs familles doivent impérativement renseigner leurs coordonnées dans un formulaire en ligne. Galileo accumule ainsi les contacts de milliers d'éventuels candidats tout au long de l'année : c'est ça, les fameux *leads*. Ce 6 février 2023, le Cube en comptabilise 86 780 en cumulé depuis le début de la campagne, c'est-à-dire depuis la fin de l'année scolaire précédente. C'est 6 % de plus que l'année dernière : un bon chiffre, il est d'ailleurs affiché en vert dans le Cube. A priori, la direction devrait être satisfaite. Et pourtant…

Ce n'est qu'une première étape. Il faut encore passer la deuxième, qui consiste non pas à convaincre ces jeunes de s'inscrire, mais à les joindre, une bonne fois pour toutes, afin de les transformer en *reached leads*. Le groupe opère ainsi un tri entre les contacts de bonne ou de mauvaise qualité. En moyenne, seule la moitié des personnes enregistrées répondent au téléphone. Ainsi, 48 280 personnes ont été appelées – ou plutôt ferrées – en février 2023. C'est toujours 1 896 de plus que l'année précédente, et c'est autant de recrues potentielles qu'il va maintenant falloir persuader de s'inscrire.

Il y a un « mais » : « Vous voyez, le Cube est rouge surtout sur la fin de chaîne et sur deux critères : les candidats et les admis », explique le manager à ses équipes. Il analyse les données des deux étapes suivantes : les *applicants*, les candidats non encore reçus, et les *admitted*, pour « admis ». Or le nombre d'admissions est en chute libre : – 16 % par rapport à 2022. Sur les 48 280 étudiants qui ont été contactés par le groupe depuis le début de la campagne de recrutement, seuls 5 400 ont déposé un dossier d'inscription. Ils sont encore moins nombreux à être finalement admis dans les écoles : 3 073 seulement, c'est 608 de moins qu'un an auparavant.

« Ça doit être votre obsession »

C'est mauvais, tellement mauvais que la case est rouge. Voilà pourquoi la direction enrage. Je tends l'oreille, car le directeur du pôle Business de Galileo prend la parole. « On ne va pas se mettre la rate au court-bouillon, lance-t-il, faut pas s'autoflageller plus que nécessaire. Ceci étant, vous devez avoir tous en tête une chose [...] l'enjeu, c'est d'aller chercher des candidats et de les transformer en admis. Ça doit être votre obsession et celle de vos équipes jusqu'à la fin de la campagne et a minima pour les trois semaines à venir. »

Au fil du temps, le Cube est devenu la principale boussole du groupe, orientant non pas vers un pôle mais vers une couleur. Prière de diriger l'aiguille en direction du vert, un bon vert pomme, bien visible. Cette boussole guide jusqu'à un trésor nommé Ebitda. En anglais : *Earning before Interest, Taxes, Depreciation and Amortization.* Il s'agit des bénéfices dégagés par une entreprise avant les prélèvements d'impôts, le versement des intérêts et les amortissements.

Au début de l'été 2023, quelques mois après cette visioconférence, je rencontre un ancien comptable qui a travaillé dans l'une des écoles de la firme. Il me raconte en détail les méthodes du groupe pour estimer son futur chiffre d'affaires et anticiper sa valorisation. Un système fondé sur la spéculation, orienté par le chiffre, pour le chiffre. S'il a désiré rester anonyme, pour protéger son emploi, son témoignage n'en est pas moins précieux. « Quand l'élève est considéré comme admissible ou préinscrit sur le Cube, donc *applicant* ou *admitted*, on considère qu'on peut ajouter 10 000 dans notre budget : ça correspond à ce qu'il paie en frais d'inscription. Même s'il n'a pas encore payé sa formation et même s'il changera peut-être d'avis ensuite, on le note quand même. Dans la plupart des écoles on fait quasiment tout le CA [chiffre d'affaires] de l'année entre septembre et octobre, vu que tous les élèves s'inscrivent à ce moment-là. » « Dans mon école, reprend mon informateur, on encaissait environ 3 millions d'un coup en deux mois, donc ça nous permettait de gonfler énormément le CA du groupe très rapidement et d'avoir une visibilité sur notre chiffre d'affaires, et ce sur trois ans car les élèves restent captifs, comme on dit. »

Mon interlocuteur conclut sa démonstration, plutôt limpide : « Ensuite, le but c'est d'aller faire gonfler les stocks d'étudiants toute l'année, pour préparer l'année suivante et continuer de grossir le CA de Galileo. Mais les élèves n'ont pas encore payé leur formation ! Le groupe s'en fout de savoir si les élèves finissent par payer ou pas d'ailleurs, les montants seront de toute façon déjà inscrits dans son CA, c'est ça qui est important pour l'Ebitda. »

Le Cube et l'Ebitda : les deux mamelles de Galileo. Le Cube est l'un des socles fondateurs du calcul prévisionnel de l'Ebitda du groupe, dont la vocation est d'enfler, continuellement, toute l'année, pour ne jamais diminuer sa croissance. Rien d'illégal à cela. La méthode de gestion est simple : plus le nombre de candidats sera important, plus le chiffre d'affaires gonflera comme un ballon – à moins que ce ne soit une baudruche – jusqu'à la date de clôture des comptes, après laquelle les actionnaires regarderont l'état du budget du groupe pour en estimer la valeur.

« On nous met une pression de dingue »

Sur le Cube, l'étudiant n'est qu'un *lead*, un prospect, une statistique commerciale. Une donnée de performance au cœur d'un outil d'analyse destiné à anticiper le chiffre d'affaires d'une holding du genre gloutonne. Rien d'autre ne semble compter si ce n'est la couleur du Cube, qui dicte la réussite et l'échec, la suppression de filières ou l'ajout de cursus, la diminution d'heures de cours ou l'embauche de prestataires. Quelles que soient les modalités d'enseignement, les répartitions de classes, les conditions de travail des salariés, tant que le Cube est vert, le groupe se porte bien. « On nous met une pression de dingue pour augmenter chaque semaine notre nombre d'étudiants inscrits, semaine après semaine, année après année, on est dans un objectif de croissance sans fin, comme si on pouvait augmenter nos effectifs indéfiniment, alors que c'est impossible », déplore ma source.

Pas une semaine sans que les directeurs d'école entendent parler des effectifs. Pas un jour sans avoir le nez plongé dans leurs tableaux Excel, pressurisés par les inlassables doléances des managers du groupe pour verdir le Cube.

Je me suis procuré plusieurs comptes rendus et enregistrements de ces réunions en visio, ces « codir » [comités de direction] organisés toutes les semaines par le pôle Business de Galileo. Ces réunions sont longues, fastidieuses, techniques et surtout comptables. Tel jour, le pôle Business comptabilise une perte de 296 étudiants et c'est la panique à bord : l'Ebitda diminue. Tel autre jour, une école est particulièrement dans le rouge : le directeur est invité à prendre exemple sur ses camarades plus performants.

Il y a aussi ce mail envoyé par Alain Kruger : « Et si on se faisait une semaine totalement dans le vert ? », accompagné d'une capture d'écran du Cube. Ou ce rappel, lors d'une réunion, au cas où les employés auraient oublié la consigne : « Je n'ai pas grand chose à vous répéter à part que cette semaine, il faut faire de l'admi, de l'admi, de l'admi. » Les écoles sont comparées, classées dans des tableaux, les meilleures sont félicitées, les moins bonnes encouragées à multiplier les campagnes de recrutement, à améliorer leurs stratégies…

Tant que des étudiants s'inscrivent. Tant que l'argent rentre.

Tant que le Cube est vert.

Chapitre 4

Saint Ebitda

L'heure est grave. Nous sommes en juin 2023. La direction de Galileo envoie aux délégués du personnel des écoles LISAA les trames des lettres recommandées visant à modifier les contrats de travail des salariés. Dans ce courrier de quelques pages, le groupe revient sur les raisons pour lesquelles il lui faut impérativement engager cette grande réforme interne et, surtout, baisser les volumes horaires des professeurs : « Outre l'intensification de la concurrence, la situation économique est aujourd'hui plus instable, ce qui a un impact direct sur les inscriptions au sein des établissements privés d'enseignement supérieur », peut-on lire sur le document. Les écoles peinent à recruter. Elles se porteraient mal. En conséquence, poursuit la missive, « il importe notamment de s'assurer que les mesures nécessaires sont prises pour maintenir des coûts de fonctionnement cohérents et maintenir l'attractivité des cursus proposés par le groupe ».

L'argument principal, le « motif économique », est longuement développé dans une note interne datant de la même période, détaillant l'idée selon laquelle Galileo serait confronté à un « contexte fortement concurrentiel et dégradé ». L'enseignement supérieur privé est présenté comme un secteur d'activité en mutation, évoluant de manière « très forte et très rapide, avec un nombre de créations/acquisitions d'établissements en hausse constante ». Le groupe questionne ses capacités de développement face à la concurrence grandissante de son rival Omnes Education, à l'innovation et à la singularisation des offres pédagogiques ou à la création de nouveaux cursus, notamment en province.

Il est vrai que, depuis une dizaine d'années, le paysage de l'enseignement supérieur a bien changé en France, notamment du fait de la croissance phénoménale des groupes privés, principalement depuis la réforme de l'apprentissage, en 2018, nous y reviendrons. En 2020, le privé pesait 20 % des effectifs totaux de l'enseignement supérieur, contre 12,8 % au début des années 2000. Galileo évoque même la perspective d'une « concurrence toujours plus intense » d'ici 2025 entre les cadors du secteur : AD Education, Eduservice, Ionis Education Group, Ynov, Omnes Education et donc Galileo Global Education, pour ne citer que les plus connus.

Alors, la direction de Galileo est aux aguets. À tout moment, le groupe peut perdre sa position dominante. D'autant que la tendance serait déjà à la baisse, à en croire ce qu'elle décrit longuement dans ce document interne. Le groupe serait ainsi embourbé dans diverses contraintes économiques : dans un contexte inflationniste, les familles préfèrent les formations universitaires aux écoles privées, donc les taux d'inscriptions baissent significativement dans les établissements du groupe, notamment LISAA. Certaines écoles sont même placées en « vigilance renforcée ». Les prévisions sont défavorables. Le groupe n'a pas le choix, il est temps de prendre une décision pour « maintenir ses parts de marché », pour « sauvegarder sa compétitivité ».

Pas le choix, Galileo doit « maintenir des coûts de fonctionnement cohérents ». Pas le choix, il faut « maintenir l'attractivité » des cursus. Pas le choix, l'entreprise est contrainte de fermer des classes, modifier les programmes, diminuer les heures de cours, baisser les revenus, renvoyer des salariés… Pas le choix, il faut sauver LISAA.

C'est un cri d'alarme. Pourtant la situation est plutôt bonne. Un rapport confidentiel le prouve. Il a été réalisé par une société d'expertise comptable. Il décrit une situation financière extrêmement favorable dans les écoles LISAA.

Il a été communiqué à certains membres du groupe en septembre 2023, soit deux mois à peine après la mise en œuvre de la réforme interne, à la période des courriers recommandés de licenciements pour motifs économiques, lorsque le groupe annonce se porter mal et devoir tailler dans ses budgets pédagogiques pour maintenir sa compétitivité. J'ai pu en obtenir une copie. Voici ce qui est dit, dès la synthèse introductive : « Croissance soutenue et renforcement d'une très forte rentabilité. » Puis ceci : « Le secteur de l'enseignement supérieur privé […] poursuit sa dynamique et sa consolidation. Avec un taux de croissance annuel moyen de + 17 % de ses effectifs, IDAA surperforme très largement par rapport au secteur. » Pourtant, souvenez-vous, le groupe disait bien à ses équipes que les taux d'inscription baissaient significativement dans les écoles.

En lisant ces lignes, difficile de croire à la mauvaise santé du groupe. D'autant qu'en 2022, IDAA, la société de Galileo qui chapeaute les écoles LISAA, comptabilise un chiffre d'affaires de 30,6 millions d'euros… en hausse de 25 % par rapport à l'année précédente ! Cette année-là, IDAA a également remboursé l'ensemble de ses prêts bancaires et significativement renforcé ses capitaux. Mieux encore, les prévisions pour 2023 semblent plus que favorables elles aussi, avec en perspective une croissance continue des effectifs, un chiffre d'affaires et un résultat net en hausse. Non seulement LISAA ne va pas mal, mais ses établissements supérieurs se portent bien, et même très bien.

Et si la politique sociale menée par l'entreprise était un peu trop guidée par les intérêts des actionnaires ? Et si elle était incompatible avec des objectifs visant la qualité de l'enseignement ? Ce sont en tout cas les conclusions d'un autre rapport interne de 2022, commandé par l'entreprise à un cabinet d'audit. Tandis que le chiffre d'affaires du groupe explose, le poids des salaires, lui, n'augmente pas, car les heures baissent et les professeurs sont remplacés par des prestataires moins qualifiés. Les trois leviers actionnés par Galileo ont en réalité permis trois choses : d'abord, la baisse du poids des dépenses opérationnelles (frais de personnel, équipements, etc.) dans les écoles ; ensuite, l'augmentation de la marge pédagogique (c'est-à-dire ce que l'entreprise gagne en optimisant les coûts de l'enseignement) : cette dernière a considérablement progressé dans les écoles LISAA depuis 2020, de 15,7 millions d'euros à 25,3 millions d'euros, soit + 44 % ; enfin, la hausse de l'Ebitda.

Le groupe se disait pourtant vertueux. Pas de finance, pas de capitalisation. Il n'est même pas question, en principe, de verser des dividendes aux actionnaires. En 2018, dans une interview à *L'Étudiant*, Marc-François Mignot Mahon, le directeur monde, rassurait : « Chez Galileo, nous ne pensons pas tous les jours à doubler le montant du chiffre d'affaires ou celui des dividendes versés aux actionnaires. On réinvestit l'essentiel des bénéfices dans nos campus. » Ce qu'il ne disait pas, c'est que les dividendes ne constituent pas le seul moyen de récompenser les actionnaires. Et que ces derniers ne sont pas les seuls à pouvoir s'offrir de confortables bénéfices...

Revendre à prix d'or

Les dirigeants de Galileo visent la valorisation financière ; en d'autres termes : revendre la société à prix d'or. Cette opération porte un nom, ou plutôt un sigle : LBO. LBO pour *Leverage Buy Out*, ou, en français, « rachat avec effet de levier ». Il s'agit d'un montage financier permettant d'acquérir une entreprise en dépensant le moins d'argent possible, via un emprunt à des investisseurs. Concernant Galileo, le montage est relativement simple. En voici le résumé.

Depuis sa création par le fonds Providence Equity, la holding Galileo a acheté de nombreuses écoles, toutes stables et rentables. Comme pour une maison à qui l'on ajouterait des pièces, le groupe, à force de grossir, a peu à peu gagné en valeur. En 2020, Galileo est vendu à ses nouveaux actionnaires au prix de sa formidable valorisation, dix ans après sa création : 2,3 milliards d'euros. Désormais,

Galileo doit, d'une part, prouver à ses actionnaires que la firme vaut bien 2,3 milliards, et, d'autre part, montrer qu'elle peut encore gagner en valeur, via l'acquisition de nouvelles écoles et la rentabilité de celles qu'elle possède. La holding va identifier les écoles rentables du marché, emprunter de l'argent aux actionnaires et les acquérir, les unes après les autres. Elle va continuer de grossir et, ainsi, accroître sa valeur générale. De 2,3 milliards, elle va monter à 3, 5, 6, 10, 15 milliards… tout est possible, tant que la holding continue d'acheter de nouveaux établissements et de maintenir leur rentabilité. Tant qu'il y a de la croissance. Pendant ce temps, les actionnaires attendent leur retour sur investissement. Effectivement, ils ne perçoivent pas de dividendes à proprement parler. Mais ils vont bien toucher leur gain – le jackpot, même – dans quelques années… S'ils décident de revendre la société.

Dès juin 2020, un rapport détaille les objectifs et les attentes du groupe en prévision du LBO à venir. J'ai réussi à obtenir une copie de ce document, très confidentiel. Ce qui suit est un peu technique mais je l'ai simplifié autant que possible et il faut en passer par là pour bien saisir tous les mécanismes en jeu. Le rapport précise ainsi que le projet de valorisation durera cinq ans. À l'issue de l'opération financière, trois options sont possibles pour le groupe : il pourra être vendu à un nouveau fonds d'investissement, à un groupe industriel français, ou devenir une entreprise publique. La transaction sera évaluée à partir du degré de rentabilité du groupe. Les actionnaires ne seront pas les seuls à toucher leur part du gâteau. Les managers du groupe aussi ont misé de l'argent sur la future valorisation de la société. Ils n'investissent pas directement dans la société et n'en sont pas actionnaires : eux investissent dans un « Manco », une structure de société par actions simplifiée, créée dans l'unique but de détenir un mix d'actions de la holding. Le retour financier pour ces « petits » investisseurs dépendra de la valeur créée dans le LBO. Le risque financier est important : en dessous d'un certain niveau de valeur de création, les managers perdront tout ou partie de leur investissement, précise également le document. Ils sont donc directement intéressés à la performance du groupe et, surtout, dans une vision très court-termiste, selon cette expertise. Ce n'est pas la pression des actionnaires qui pèse sur les épaules des directeurs d'école mais plutôt celle des dirigeants, du P-DG, des cadres supérieurs du groupe. Pour eux, c'est *business first*, ou plutôt *business only* – seul compte le business. Et cela porte un nom, plus exactement un acronyme, que vous commencez à connaître : l'Ebitda.

Dans le cadre d'un LBO, c'est à partir du niveau d'Ebitda que la valeur d'une entreprise est calculée. Dans ce même rapport de 2020, les auteurs expliquent le fonctionnement d'une transaction éventuelle de ce type : « *Enterprise Value (EV) = multiple x Ebitda.* » Pour dire les choses plus simplement, plus l'Ebitda est élevé, plus la future évaluation de la valeur de Galileo sera importante… et plus le LBO sera un succès. Pour cela, il existe plusieurs leviers à actionner : l'augmentation des revenus (croissance organique et acquisition), la hausse de la profitabilité (productivité et coûts des structures), la croissance de la trésorerie, la diminution des charges courantes…

Rogner les coûts. Augmenter le nombre d'étudiants. L'Ebitda est une quête sans fin de croissance au détriment de la pédagogie, de l'enseignement, du savoir et, in fine, des étudiants.

Chapitre 5

« 20-40-40 »

Il a quitté Galileo en claquant la porte. Directeur d'établissement, Hervé* a géré l'une des structures du groupe, dont je tairai le nom pour respecter son anonymat, pendant plusieurs années. À l'origine, pourtant, cet homme avait de grandes ambitions. C'était la première fois qu'il dirigeait une école. Il souhaitait relever un nouveau défi et, surtout, croyait dur comme fer à la qualité du privé.

À peine nommé, Hervé* se voit déjà animer la vie du campus, développer l'expérience étudiante et donner un petit coup de jeune à l'école, légèrement vieillissante mais au potentiel énorme. Il y croit, d'autant plus que Galileo lui présente une méthode de fonctionnement idéale. « L'école est une *business unit* [unité commerciale] du groupe, avec une autonomie, comme une sorte de PME dont le directeur a la responsabilité, avec une marge de manœuvre importante en termes de stratégie de projet, malgré un objectif de croissance, ce qui est normal puisque c'est une entreprise privée », m'explique-t-il. Hervé* débute donc sa mission avec enthousiasme. Les premiers temps, tout se passe bien. Il dirige une équipe d'une trentaine de personnes, supervise entre 500 et 1 000 étudiants, et environ 150 intervenants.

« Toutes les informations sont centralisées dans un grand fichier Excel »

Le groupe lui explique la procédure à suivre : chez Galileo, chaque établissement est rattaché à un pôle. Les écoles d'art, de mode, de design sont membres du pôle Art et Création, tandis que celles spécialisées dans le commerce, le marketing ou la tech relèvent du pôle Business. Hervé* est sous la tutelle de ce second pôle, donc s'il souhaite lancer de nouveaux projets, c'est à la direction de celui-ci qu'il doit en référer.

Au bout de quelques semaines, il commence à détecter des anomalies dans le système. Il plaide pour des travaux afin de rénover le bâtiment de l'école ? Le groupe s'y engage… et rien ne se passe. Il s'interroge, d'autant que sa hiérarchie lui demande maintenant de supprimer certaines heures de cours, de changer les horaires d'ouverture du campus, de diminuer le recrutement de certains intervenants au profit d'autres, moins chers… Le siège prend de plus en plus de décisions, « des injonctions » selon Hervé*. Il prend conscience que le groupe centralise l'intégralité des procédures mises en place dans les écoles : ressources humaines, marketing, finances, coût des formations, tout est décidé à l'échelon supérieur, au niveau du pôle Business. Tous les mois, Hervé* est convié à une réunion portant sur sa gestion financière. À ses côtés, autour de la table, siègent son comptable, le contrôleur de gestion du groupe et le directeur du pôle, Alain Kruger. Objectif : évaluer les finances de l'école et, surtout, l'exécution de son budget. Les managers analysent les *reportings* (rapports financiers) minutieusement collectés par Hervé*, comme les coûts pédagogiques, les frais de fonctionnement, le recrutement d'étudiants et, bien sûr, la croissance du chiffre d'affaires de l'école. « Toutes les informations sont centralisées dans un grand fichier Excel, qui devient la feuille de route du groupe », dit-il, dépité.

Pour gagner de l'argent, les établissements comptent principalement sur les frais d'inscription versés par les étudiants, on l'a vu, mais aussi les subventions publiques de l'apprentissage (nous y reviendrons). Ces montants se comptent en millions d'euros et leur permettent de payer l'ensemble de leurs charges : les salaires des équipes administratives et pédagogiques, les frais de fonctionnement, le ménage, la sécurité, les parcs informatiques, le marketing, la publicité, le loyer, etc. Chaque école ayant son propre budget, je ne peux détailler ici la répartition des postes de dépenses pour chacune d'entre elles. Néanmoins, plusieurs sources, qui ne se connaissent pas et ont travaillé dans des écoles et des villes différentes, m'ont décrit une répartition budgétaire similaire dans leurs établissements, particulièrement éclairante sur les priorités du groupe Galileo.

Ce financement, il pourrait être résumé sous ce nom de code : « 20-40-40 ». Mystérieux en apparence, mais très parlant en réalité. Prenons l'exemple d'une école qui toucherait 100 euros de la part d'un élève. Selon mes sources, 20 euros maximum seront utilisés pour payer les professeurs. 40 euros serviront à assurer les dépenses courantes (eau, électricité, chauffage, etc.). Il reste donc 40 euros dans l'équation. Ces 40 euros correspondraient à l'Ebitda de l'école. En d'autres termes : à son bénéfice pur. Atteindre cet objectif est finalement assez simple, semble-t-il. Il suffit de se conformer à la « méthode Galileo ». Thibault Catimel, ancien directeur de département de l'école lyonnaise d'arts appliqués Bellecour, m'en résume, de façon particulièrement imagée, le principe : « Si vous avez une classe avec peu d'élèves et beaucoup d'heures, vous ne margez pas. Si vous avez une classe avec beaucoup d'élèves et beaucoup d'heures, vous margez pas mal. Si vous avez une classe avec beaucoup d'élèves et peu d'heures, vous margez énormément. » On connaît désormais le refrain par cœur : baisse des volumes horaires, augmentation des effectifs, diminution des salaires. Et explosion des bénéfices, au détriment de la qualité de l'enseignement, donc des étudiants… et de leurs parents, qui financent ce système.

La grande optimisation

Enfermés dans leurs prisons dorées, les directeurs d'école optimisent donc les coûts de chaque classe, chaque cursus, chaque filière, et cela chaque mois, chaque année. Dans le jargon de l'entreprise, où les anglicismes ont la part belle, ces dépenses contraintes ont un petit nom : les *direct wages*, autrement dit, les salaires versés aux enseignants et aux intervenants. Les fameux « 20 euros maximum », à ne pas dépasser. J'ai pu me procurer certains tableaux de *reportings* d'une école qu'il m'est impossible de nommer, sauf à mettre en danger ma source. Mais peu importe : le document reste particulièrement révélateur. En voici les détails.

« 20-40-40 »

Dans cet établissement du groupe Galileo, les étudiants paient leurs formations entre 6 500 et 8 500 euros l'année. En moyenne, seuls 1 400 euros seront véritablement dévolus à l'enseignement. Soit moins de 20 %. L'équation fonctionne pour tous les cursus. Prenons l'exemple d'une quatrième année. Le tableau l'estime à 504 heures de cours, pour un coût horaire de 95 euros. La multiplication est simple : au total, les frais pédagogiques, ces fameux *direct wages*, s'élèvent à 47 880 euros. Si l'on divise maintenant par 40, soit le nombre d'étudiants comptabilités dans la classe, cela donne un coût moyen de formation de 1 197 euros par élève. Seuls 18,42 % du montant payé par l'étudiant est donc destiné à financer l'enseignement en lui-même.

En cinquième année, le coût pédagogique par étudiant décroît encore, et c'est le cas dans toutes les filières. Et plus l'étudiant progresse dans sa formation, plus le coût de son enseignement diminue. Systématique, ou plutôt stratégique. Ma source me détaille la volonté du groupe : en proposant beaucoup d'heures de cours en première année, les écoles satisfont les attentes des étudiants et les fidélisent. Ils restent, s'inscrivent en deuxième, puis en troisième année. À partir de là, la direction peut se mettre à tailler dans le gras : baisser les heures de cours, diminuer la qualité de l'enseignement. L'étudiant a déjà été happé, il a déjà payé, il ne partira plus – pas sans son diplôme délivré à la fin du cursus. Pendant ce temps, les frais d'inscription, eux, ne cessent d'augmenter. Ce n'est pas interdit : comme n'importe quelle entreprise, les écoles optimisent leur gestion et leurs marges.

Pour cela, les *reportings* ont de multiples intérêts. Ils permettent aux directeurs de connaître en détail le coût de chacune des filières et surtout de les comparer pour opérer des ajustements s'agissant de celles qui ne sont pas assez rentables. Par exemple, en 2018-2019, le coût moyen du cursus dans cet établissement était de 96 000 euros. Trois ans plus tard, il est tombé à 70 000 euros. Entretemps, l'école a appliqué les directives du groupe. Optimisation via les taux horaires (les salaires), les volumes horaires (les durées de cours), ou les effectifs des classes.

Le même schéma fut appliqué dans les écoles LISAA. En 2020, elles comptabilisent plus de 20,5 millions d'euros de revenus. Les coûts pédagogiques s'élèvent quant à eux à 4,8 millions d'euros. Les dépenses opérationnelles montent, elles, à 9,6 millions d'euros. Restent aux écoles LISAA 6,1 millions d'euros, soit un Ebitda de 29,82 %. Pas mal. Mais peut mieux faire.

2022. Les revenus ont augmenté pour atteindre 28,8 millions d'euros. Les coûts pédagogiques sont désormais de 6,2 millions d'euros. Le total des dépenses a grimpé à 12,5 millions d'euros. Il reste alors au groupe la modique somme de 10,1 millions d'euros. L'Ebitda a bien progressé : 35 %.

2023. Le groupe atteint les 11,1 millions d'euros de bénéfices et stabilise son Ebitda à 33,9 %.

En 2024, le groupe comptait bien dépasser les 12 millions.

« La semaine commence par une petite engueulade »

Cet argent n'est pas destiné à dormir sur les comptes bancaires des sociétés du groupe. Il remonte vers la maison mère, la holding, pour préparer une future valorisation. Les écoles ont beau être toutes très différentes, avoir chacune une histoire et une identité singulières, elles partagent les mêmes objectifs, les mêmes contraintes et répondent aux mêmes directives. Dans la ruche Galileo, si les écoles sont les abeilles, le siège fait figure de reine. Il faut l'alimenter, la nourrir, lui apporter son énergie pour qu'elle puisse pondre de nouvelles écoles. Cet argent est donc mis dans un pot commun. Pour en contrôler les fluctuations, la holding centralise les données financières de toutes ses sociétés, les pertes, les bénéfices, les marges.

Des matrices et des tableaux standardisés sur lesquels les directeurs d'établissement reportent la moindre dépense, ligne après ligne. « Il faut faire en sorte que les écoles collent dans leur ensemble au plan de valorisation prévu par la direction, se rappelle Hervé*. C'est la somme des chiffres d'affaires de toutes ces écoles du pôle qui comptent. Si le pot commun est en retard sur ses objectifs, on va donc demander à tout le monde de contribuer au rattrapage de ce retard. Même si mon école est bénéficiaire, on va me demander de réaliser un certain nombre d'économies arbitraires, parfois contre-productives et même dangereuses à court terme pour la qualité de formation. Tout ça pour compenser l'équilibre global du pôle. »

Concurrents dans leur réussite mais liés dans leur échec, les directeurs doivent supporter les remontrances collectives et les pressions de leur direction, et cela chaque semaine, lors des comités de direction, les fameux codir.

Alain Kruger, le directeur du pôle Business, invite la trentaine de dirigeants d'écoles à faire le point en visioconférence sur les résultats de la semaine passée et les objectifs de celles à venir. Une épreuve stressante pour les directeurs en peine qui se préparent, chaque lundi ou presque, à passer un mauvais quart d'heure. « Ce n'est jamais lié à la pédagogie, toujours aux résultats, affirme Hervé*. La semaine commence par une petite engueulade, un coup de pression déguisé, parce que l'Ebitda n'est pas là, les chiffres ne sont pas bons, et qu'on demande toujours des nouvelles coupes budgétaires. En général, on commence la réunion angoissés et à la fin, on s'écrit entre directeurs pour se dire qu'on est soulagés que ce soit terminé. »

Pour illustrer ces propos, je vais vous narrer une petite histoire, celle d'une coupe budgétaire demandée par le groupe à ses managers. Le récit de plusieurs mois de pressions hebdomadaires, en visio, par mail, par téléphone ; avec des étudiants obligés de changer de cursus, des professeurs alarmés. Et des directeurs dégoûtés.

Chapitre 6

EN DIRECT DU CODIR

Le dégrisement est du genre brutal. C'est déjà la rentrée, les verres d'alcool ne sont pas tous éliminés que les salariés des établissements Galileo reprennent le chemin du travail, pour cette grande ligne droite avant la fin de l'année scolaire. En arrivant au bureau, ce lundi 2 janvier 2023, les directeurs d'école ouvrent leurs boîtes mail. Les attend un message du directeur des opérations, Julien Sitbon. Le premier de l'année. Sobrement intitulé « plan d'économie 22/23 », il dit ceci : « Compte tenu d'une proportion importante de désistements de la rentrée de septembre/octobre, et d'une rentrée décalée compliquée, nous devons mettre en place un plan d'économie afin d'atteindre notre *reforecast* [projection financière] 22/23. Nous devons aller chercher environ 1M d'euros d'économies ou d'activités additionnelles. » En pièce jointe se trouve un listing des leviers à actionner pour réaliser ces économies, de toute urgence, dans chacune des écoles du pôle et notamment en termes de pédagogie : « Mutualisation de cours au 2e semestre/annulation ouverture de classe/annulation des projets pédagogiques. »

S'ajoutent également un gel des recrutements ou encore des économies sur la maintenance et le nettoyage.

Jeudi 16 février 2023. Ce jour-là, Alain Kruger est de nouveau face à ses équipes, réunies en codir. Les participants au comité de direction se connectent les uns après les autres sur la plateforme de visioconférence. Ils sont à Paris, Bordeaux, Toulouse… J'ai obtenu un enregistrement ultra-confidentiel de la réunion.

La discussion peut sembler légère ; le supérieur taquine ses équipes, prend des nouvelles de la santé des uns, demande des détails sur le week-end des autres… Et puis, un homme prend la parole : « Je vais vous faire un petit point de dix minutes sur les projections financières et sur notre situation financière à date. » Pendant de longues minutes, il revient sur le plan d'économies lancé par « la centrale », c'est-à-dire le siège du groupe, quelques semaines plus tôt, et expose aux équipes les chiffres de recrutement d'étudiants, la hausse des désistements et les compare à l'année passée.

Finalement, le couperet tombe.

« L'an prochain, il n'y aura pas de création de postes »

Les taux d'Ebitda sont mauvais. « Nous sommes en retard de 0,7 million d'euros en Ebitda par rapport au *reforecast* [projection financière] du groupe pour l'année 22-23. […] On a réussi grâce à notre mobilisation à tous à limiter cet effet-là, puisqu'on a mis en place un plan d'économies, et merci pour votre mobilisation […]. Mais il faut qu'on reste extrêmement vigilants pour essayer de le rattraper car c'est ce qu'on nous demande, d'aller chercher ce 0,7 million. » Il poursuit : « Je pense qu'on a encore des opportunités sur les coûts pédagogiques. » « Tout ce qui peut freiner notre façon de faire du business, on *postpone* [reporte], ce n'est pas l'urgence du moment », disait déjà Alain Kruger la semaine précédente.

Au grand étonnement de certains, le directeur de pôle annonce, quelques minutes plus tard : « L'Ebitda est notre indicateur mais ne doit pas être la seule référence. Mais si on le prend tel qu'il est, comme un indicateur, il faut savoir qu'il y a deux ans, pour le pôle Business, il était de 51 millions. Donc toute chose étant égale par ailleurs, la performance sur les deux dernières années est exceptionnelle. » Et le manager de conclure : « On a une forte croissance de notre activité de + 11 %. Le niveau d'encaissement surperforme largement la croissance de l'activité. C'est le fruit de beaucoup d'actions mises en place depuis dix-huit mois et nos efforts à tous paient. Donc bravo à vous tous. » Le groupe « surperforme », donc. Et malgré cela, les directeurs sont invités à poursuivre leurs efforts et à couper dans leurs budgets…

Lundi 20 mars. Nouveau codir. Nouvel enregistrement. Le directeur de pôle accueille chaleureusement ses équipes d'un « Salut les chouchous ! ». Avant de jeter un froid : « On a encore eu une réunion sur les budgets ce matin […]. Notre présidente a pris une position un peu radicale, de dire que l'an prochain, il n'y aura pas de création de postes. Bon, on va discuter comme tous les ans. » La présidente du groupe France (jusqu'en décembre 2023), c'est Vanessa Diriart, et comme tous les débuts de semaine, Alain Kruger a eu un rendez-vous avec elle pour faire un point sur les finances de la firme. Face aux directeurs qui restent cois, le manager semble gêné aux entournures, il répète plusieurs fois son annonce. « Pas de création de postes... Donc bon, dans la construction de vos budgets, ne vous lâchez pas comme des malades parce que ça ne servira à rien. [...] Il y a des endroits où il y a des gains de productivité à aller chercher. »

Cette fois, c'en est trop. Plusieurs directeurs expriment leur courroux. « Je tombe de ma chaise dans ce que j'entends, là... Comment ça a été perçu ce matin, ça ? Comment avez-vous réagi ? Moi perso, là... moi je tombe de ma chaise. Mais est-ce que vous êtes tombé de votre chaise ? Est-ce que c'est maintenant la bataille ? Ou est-ce que ça ne sert à rien ? Je suis assez étonné », s'emporte l'un d'eux. « Quand on nous dit qu'on doit faire + 12 [de croissance] par an et qu'à côté on nous dit qu'on ne peut pas recruter, tu comprends que ce n'est pas acceptable ? » Le dirigeant tente de se justifier et puis lance, agacé, à son subalterne : « Ho oui bon ça va, fais pas la gueule ! »

Le groupe a bien conscience que ces demandes sont difficiles à avaler. Pour encourager les réfractaires, la holding a prévu des rémunérations variables. Des gestionnaires RH au coordinateur de cursus, des chefs de projets marketing/communication aux chargés d'admission, sans oublier les directeurs, tous peuvent bénéficier de primes mensuelles en fonction de plusieurs critères : la satisfaction des étudiants, l'organisation d'événements dans l'école, la contribution à la vie de l'établissement, mais surtout l'augmentation des effectifs et enfin, bien sûr, de l'Ebitda. Est prévue une augmentation de salaire de 20 % s'ils atteignent le maximum de leur objectif d'Ebitda, soit de 400 à 800 euros de bonus chaque mois, en fonction des salaires de base et des postes qu'ils occupent. Plutôt motivant. Mais toucher cette prime est tout sauf facile. S'ils atteignent moins de 90 % de leur objectif, ils ne gagneront rien. Au-dessus, ils pourront prétendre à leur prime, mais de façon progressive, en fonction du pourcentage d'objectif atteint. Pour atteindre le plafond, il faut mettre les bouchées doubles.

L'Ebitda est une œuvre collective. Les salariés sont tous concernés et, surtout, tous solidaires dans la croissance des bénéfices. Chaque maillon a son importance, et si l'un refuse de participer à la course à la rentabilité, les autres en paieront le prix. Ou plutôt, ne seront pas payés au prix fort.

« *Vous neutralisez les classes* »

Lundi 17 avril 2023. Les directeurs du pôle Business sont de nouveau réunis en visio. La réunion, dont j'ai une nouvelle fois réussi à me procurer l'enregistrement, débute par le mot magique, ponctué d'un grand éclat de rire. « Ebitda !! Tout le monde est augmenté de... » L'homme s'arrête net : son supérieur, Alain Kruger, vient de se connecter. Il sort d'une énième réunion avec la présidente du groupe. « Vous savez qu'en ce moment le budget est un peu costaud, lâche-t-il. [...] On s'est encore amusés, façon de parler, avec Vanessa [Diriart] et les équipes, tout à l'heure. On va réussir à aller gratouiller à gauche à droite, mais globalement, on a une vraie difficulté. Je schématise : si on prend la France, on fait à peu près 20 millions de CA, mais qui se transforme en zéro Ebitda. [...] Si on est encéphalogramme plat sur l'Ebitda, on va se faire retoquer. » Alain Kruger prend son temps, revient sur la stratégie de développement du pôle depuis deux ans, les formations qui se multiplient, les classes ouvertes, les nouveaux effectifs. Il en vient, enfin, à l'essentiel : « Le petit exercice que je vous demande de faire, c'est qu'il va falloir qu'on neutralise, qu'on tue un certain nombre d'ouvertures. [...] Vous neutralisez les classes. Commençons par une vingtaine sur l'ensemble du pôle. [...] Globalement, une classe, ça coûte 35-36 k en moyenne sur la totalité du pôle. L'air de rien, si on neutralise, ça fait 700 000 euros. Je ne dis pas que ça sera suffisant, mais c'est une façon de prendre une bouffée d'oxygène. » Avant de conclure : « Et je le précise, on n'enlève rien du tout du catalogue. »

Des classes « neutralisées » ou « tuées », le vocabulaire est pour le moins martial, voire violent. Il faut comprendre : une classe de moins de 8 élèves n'est pas rentable. Au-dessus de 20, elle est à l'équilibre. Or ce n'est pas suffisant pour la holding. Hetic, l'école du Web du groupe, située à Montreuil, en Seine-Saint-Denis, est l'une des structures concernées par cette suppression de filière, en particulier son bachelor de trois ans, spécialisé dans la 3D. L'effectif d'étudiants de la promotion stagne depuis plusieurs années, la filière est devenue le boulet du pôle Business. Il faut la « neutraliser ».

Néanmoins, le groupe ne veut pas se débarrasser des étudiants. Heureusement, il y a une solution : « Évidemment, si vous neutralisez une classe, le *deal*, c'est que les effectifs de 8 ou 10, vous les reventiliez ailleurs. Parce que sinon héhé... mon équilibre global ne tient pas », explique Alain

Kruger lors de ce codir. Les ventiler signifie les diriger vers un autre cursus, dans une autre école.

Ce 17 avril 2023, les étudiants d'Hetic ne le savent pas encore mais leur formation vient de prendre un virage à 180 degrés. Ils seront envoyés, à la rentrée suivante, chez LISAA Animation, afin d'y poursuivre leur cursus dans l'un des bachelors de l'école d'arts appliqués, au lieu d'une petite classe chez Hetic et d'une petite classe chez LISAA, générant deux professeurs, deux salles de classe… Au lieu de payer deux fois donc, le groupe décide de créer une seule grosse promotion, d'une trentaine d'élèves, uniquement chez LISAA. Bien plus rentable mais, pédagogiquement, c'est étonnant. Certes, les écoles LISAA et Hetic forment toutes deux aux techniques de 3D, mais elles n'ont, en dehors de cela, rien en commun. Leurs programmes et surtout leurs débouchés professionnels n'ont absolument rien à voir. D'un côté, Hetic, spécialisée dans la tech, enseigne la modélisation industrielle. De l'autre, LISAA forme des artistes, des futurs créatifs.

« Ce n'était que du business, ils ne parlaient jamais d'éducation »

Six mois plus tard, en octobre, Claire Lefranc, directrice de production audiovisuelle et intervenante dans ce même domaine au sein de LISAA Animation, accueille ses nouveaux étudiants en classe. Elle y fait la rencontre des élèves d'Hetic. Sa classe, composée à l'origine d'environ 20 élèves, en compte désormais 14 supplémentaires, perdus dans ce nouvel établissement qu'ils ne connaissent pas – et pour lequel ils n'ont jamais signé. La professeure constate bien vite qu'ils n'ont rien à faire là. « Ce n'est pas la même formation ! Hetic a une formation 3D généraliste, pour aller ensuite vers les métiers d'archi ou par exemple chez Renault, pour faire des modélisations. C'est de l'industriel ! Alors que LISAA, c'est de la 3D pour faire des films d'animation, de la création audiovisuelle », s'énerve-t-elle au téléphone. « Donner des cours d'art à des élèves qui veulent bosser en industrie, ça n'a pas de sens », dit-elle encore. Après avoir dépensé des milliers d'euros pour suivre les formations de leur choix, ces étudiants se voient contraints de suivre d'autres études pour finalement obtenir un diplôme qui n'a rien à voir avec celui pour lequel ils ont signé…

Tant pis pour eux, tant pis aussi pour le moral des directeurs qui coupent, rognent, taillent sans fin dans leurs budgets. « La recherche d'Ebitda est au cœur de nos préoccupations, tout le temps, toutes les semaines. C'est le point de départ de tout le reste : l'éducation au rabais, les politiques d'optimisation, les pressions énormes que l'on subit et qui ruissellent sur les équipes… Tout est guidé par ça », me confie Dominique Sciamma, ancien directeur de l'école Strate, qui a lui aussi dû en passer par là. « Ce n'était que du business, ils ne parlaient jamais d'éducation. D'un côté, au début ça nous laissait la responsabilité en tant que directeur. Mais ce que ça veut dire surtout, c'est que l'éducation ne les intéresse pas : ils ont choisi ça parce que c'est juteux, c'est être une machine à Ebitda », déplore-t-il.

Les étudiants sont déplacés comme des pions sur un plateau de jeu, une case à gauche pour l'optimisation, une case à droite pour la réduction des coûts. « Polir, c'est bien, mais raboter, c'est plus lourd », me lance Dominique Sciamma.

En direct du codir

Les étudiants n'ont plus de visage ni de nom. Ils ne sont que des chiffres couchés sur d'immenses tableaux Excel, enregistrés sur les bases de données de la firme. Sacrifiés sur l'autel du sacro-saint Cube.

Chapitre 7

Une commerciale très insistante

L'employeur de Séverine Ruhaut est basé à Paris, c'est écrit sur son contrat. Mais les bureaux de LISAA Mode sont situés à 128 kilomètres de la capitale, à Soissons, dans le département de l'Aisne. C'est là qu'elle se rend pour son premier jour de travail en tant que téléconseillère, en mars 2021. Elle a rendez-vous dans une charmante rue arborée qui porte bien son nom : l'allée des Internautes.

Derrière les murs gris de ce vaste immeuble se trouve non pas une école mais une immense centrale d'appels téléphoniques. Il s'agit du *call center* principal de Galileo, là où des conseillers comme Séverine recrutent, tous les jours, de futurs étudiants pour les écoles de la holding. Ce matin, la nouvelle employée pénètre dans l'usine des petites mains invisibles de la firme. Elle est accueillie pour suivre une courte formation. *Leads*, *admitted*, *prospect*, Cube… elle découvre le jargon parfaitement anglicisé de l'entreprise et son organisation interne. Le *call center* est divisé par pôles : d'un côté, les écoles Art et Création telles que LISAA, Cours Florent, Bellecour, Strate ou Penninghen. De l'autre, les écoles du pôle Business, comme PSB, ESG, Digital

Campus ou Hetic. Elle réalise aussi qu'ici, elle est *phoneuse*, autrement dit son rôle consiste à prendre le téléphone, passer des appels, faire entrer des candidats dans le listing. « Dès la formation on me dit : "T'es une commerciale et t'es là pour réussir à atteindre tes objectifs." On me suggère aussi de ne pas trop dire aux étudiants que je suis commerciale, mais de me présenter plutôt comme conseillère en formation », confie-t-elle. Elle ne doit pas non plus préciser qu'elle travaille à Soissons : il est préférable que les futurs étudiants croient qu'elle les appelle depuis les locaux de l'école, raconte-t-elle : « Même si on n'y met jamais les pieds, il faut qu'on maintienne ce discours. Quand les étudiants demandent s'ils peuvent venir nous voir, on leur ment en prétextant des rendez-vous pour justifier notre absence de l'école. »

Chaque commercial se voit attribuer une école ou un réseau d'écoles et est missionné pour appeler, selon Séverine Ruhaut, jusqu'à cent personnes par jour. « On a un objectif de nombre d'appels, un objectif de durée d'appels et un objectif de résultat en fonction des écoles sur lesquelles on travaille, comme un nombre de dossiers de candidature ou un nombre de rendez-vous pris », poursuit-elle. « Tant que les objectifs étaient remplis, on n'était pas fliqués. »

« On accepte de faire tout ce qu'ils nous demandent »

Un seul objectif : convaincre ces *leads* de passer des entretiens d'admission et d'envoyer leurs candidatures aux écoles. Pour devenir des *applicants*. Séverine Ruhaut n'a pas le temps de conseiller ou d'orienter les étudiants vers les meilleures formations ou vers les plus cohérentes au regard de leur projet professionnel. « On doit vendre, c'est tout ce qu'on nous demande et, de toute façon, la plupart des *phoneurs* n'attendent qu'une seule chose, c'est la prime, assure-t-elle. On peut toucher plus de 500/600 euros par mois de prime si on recrute beaucoup. Comme on est payés au smic, l'augmentation est énorme, donc on y va à fond. On accepte de faire tout ce qu'ils nous demandent. » Ce que le groupe demande est assez simple, du moins sur le papier : il suffit de respecter une trame d'arguments commerciaux précis, conçus par les équipes marketing ou par les directeurs d'école eux-mêmes, dans le but de convaincre les jeunes, ou plutôt leurs parents, de débourser plusieurs milliers d'euros pour suivre les formations de la maison. Des arguments pensés jusqu'aux réunions de directeurs, les fameux codir dont je me suis procuré les enregistrements.

Comme ce jour de février 2023. C'est le branle-bas de combat en comité de direction. Le Cube est encore dans le rouge. Satané Cube. La pression sur les épaules des commerciaux de Soissons est telle qu'ils peinent à atteindre leurs objectifs. Il faut trouver des solutions, élaborer un nouveau plan d'attaque. Chaque collaborateur est invité à apporter ses idées, ses techniques, ses anecdotes. Dès le début de la séance, la directrice d'une antenne ESG, les célèbres écoles de commerce du groupe, prend la parole. Pendant de longues minutes, elle décrit fièrement à ses collègues les tactiques qu'elle a mises en place auprès de ses recruteurs pour accélérer les admissions, à commencer par la relance téléphonique quotidienne par SMS, de 17 heures à 20 h 30, pour que les jeunes, et surtout leurs parents, soient plus facilement joignables. Les *phoneurs* sont priés de multiplier les appels et, surtout, de les répéter jusqu'à ce que les candidats décrochent. Parfois cinq, dix, voire quinze fois par prospect !

J'en ai moi-même fait l'expérience, en laissant mes coordonnées sur plusieurs pages Web d'écoles de la galaxie Galileo. Ma première inscription date de janvier 2023. À cette date, je réussis à obtenir, grâce à une source, une copie de mon profil sur l'outil de gestion client du groupe, le CRM. Mon nom est inscrit comme « intéressé » par différentes écoles, principalement en business, telles que ESG CI, ESGF, MBA ESG ou encore IESA Multimédia. Mon adresse électronique ainsi que mon numéro de téléphone figurent également sur la plateforme. En bas de page, une section « activité » décrit le planning à venir me concernant :

1er février 2023 à 17 h 36 : appel de prospection #1.

2 février 2023 à 13 h 09 : courrier électronique.

6 février 2023 à 13 h 09 : appel de prospection #2.

9 février 2023 à 13 h 36 : appel de prospection #3.

9 mars 2023 à 15 h 36 : SMS *follow-up* prospect.

« On double nos appels avec des e-mails et des SMS. Nous, on devait arrêter au bout de sept appels et abandonner le contact, mais ce n'était pas forcément aussi cool dans les autres pôles. Ce sont parfois des démarches qui frisent le harcèlement », me raconte Séverine Ruhaut, qui elle aussi a dû appliquer ces consignes.

« À la guerre comme à la guerre »

En septembre 2024, soit un an et demi après avoir transmis mes coordonnées à Galileo, et alors que je n'ai jamais donné suite aux relances dont je fais l'objet depuis bientôt vingt mois, je reçois toujours plusieurs appels, SMS et mails chaque semaine. Tous viennent d'adresses mail, de numéros de téléphone portables ou fixes différents, provenant du *call center* et m'invitant à de multiples journées portes ouvertes, salons étudiants, *job-datings*, soirées d'information et autres e-rencontres. Parfois, les écoles me proposent 10 % de réduction « si je m'inscris dès maintenant » avec des offres préférentielles « exclusives », pour « maximiser [mes] opportunités académiques », ou m'incitent à m'inscrire au plus vite aux prochaines sessions de concours pour sécuriser mon année d'étude. Je ne réponds jamais. Mais je comprends qu'il puisse être difficile de résister à ces mails à répétition, à ces appels continus, à ces super promotions, et globalement à cette pression infernale.

Retour en codir. Les managers continuent de réfléchir à leur stratégie d'admission. Joindre les étudiants ne suffit pas, il faut surtout qu'ils envoient leurs dossiers d'inscription au plus vite : si les commerciaux leur laissent le temps de la réflexion, les candidats pourraient changer d'avis, et ça, c'est hors de question. « Essayez de voir si vous pouvez avoir une action plus *pushy*, plus commerciale, en offrant les frais de candidature si nécessaire, encourage un manager. [...] Je sais que c'est embêtant, mais à la guerre comme à la guerre. » La directrice de l'école ESG, décidément pleine d'idées, a aussi trouvé un bon moyen d'accroître la pression sur les épaules des étudiants : « On a rajouté des petits concours, tous les mercredis [...]. Parce qu'on s'est rendu compte [...] que les *phoneurs* annoncent tous les concours à venir. Donc quand tu dis aux étudiants qu'il y a un concours ce week-end, un le 15 mars, un le 28 mars, et un en avril… forcément, les gamins ne se pressent pas ! Et on n'arrive pas à les faire candidater rapidement. » Et Alain Kruger de préciser : « Avec le risque qu'ils aillent ailleurs. » La solution ? Ne pas forcément dire aux étudiants qu'il existe plusieurs sessions d'examen, tout simplement. Qu'ils angoissent, qu'ils ressentent l'urgence, afin qu'ils postulent à la première session, le plus rapidement possible. Leur dire que s'ils se dépêchent, ils auront une place en école l'année prochaine. Ils ont verrouillé leur inscription.

Et quand le contact téléphonique n'est pas suffisant, Galileo sait pouvoir compter sur les fameux salons étudiants, où tout est fait pour séduire, recruter, apprivoiser.

Chapitre 8

Le salon des rêves

Une centaine de personnes attendent patiemment dans le froid. Nous sommes le samedi 28 janvier 2023. Le parc des expositions de Montreuil s'apprête à ouvrir ses portes.

Ici, on vous vend de l'enseignement doré sur tranche, la promesse d'un avenir radieux dans les écoles privées les plus renommées du pays. Ici, on profite de la peur des étudiants ou des parents.

Assise sur un banc de l'autre côté de la rue, j'observe la foule. Dans la file, de nombreux jeunes, beaucoup de lycéens. La plupart sont venus entre amis. D'autres sont accompagnés de leurs parents. Tous sont pleins d'espoir.

« On commence par les grandes écoles, je crois qu'il y a même l'ESSEC et HEC ! » lance un père à son fils. « Tu n'oublies pas de poser toutes les questions, d'accord ? Tu as pris ton carnet et ton stylo ? Tu prends des notes surtout ! » assène-t-il à son rejeton, au visage de plus en plus crispé. Plus loin, une mère et sa fille se préparent elles aussi en prenant en photo le plan du salon : à gauche de l'entrée, les stands des grandes écoles de commerce sous contrat avec l'État. En se dirigeant vers le fond du salon, elles trouveront les écoles supérieures privées de business, de marketing ou de communication. En longeant le mur, elles iront vers les écoles d'arts appliqués, de maquillage, de design ou de mode. De l'autre côté de la petite scène centrale, où des animateurs interviendront toute la journée au micro, elles visiteront les stands d'établissements en *e-learning* et peut-être, si elles en ont le temps, atterriront-elles du côté des étals des rares universités qui se sont déplacées : l'Upec, la Sorbonne, Paris 8. Elles sont prêtes et lancent des regards du côté de la porte. La jeune fille râle en traînant les pieds. « Bon, c'est long, ils ouvrent quand ? Ça fait trente minutes qu'on attend ! » De l'autre côté de la porte, le salon surchauffe déjà.

Une centaine d'exposants ont répondu à l'appel de l'organisateur de l'événement pour participer au grand salon étudiant parisien du mois de janvier. Des semaines qu'ils se préparent. Ce salon est un levier de recrutement majeur, surtout depuis les lancements de Parcoursup et de MonMaster. Lorsque les problèmes ont commencé.

C'était le 8 mars 2018. Ce jour-là est votée la loi ORE, relative à l'orientation et à la réussite des étudiants. La loi est une promesse et celle-ci porte un nom : Parcoursup. Près de sept ans après sa promulgation, la plateforme continue de faire parler d'elle. Souvent en mal. Elle n'a pas diminué les inégalités mais, au contraire, semble les avoir renforcées. Plusieurs rapports ont révélé les dysfonctionnements de Parcoursup – et les anxiétés que la plateforme suscite chez les jeunes. Dans cette jungle inextricable, ils doivent se frayer un chemin. La pression est intense : c'est leur avenir qui se joue. Or nombreux sont ceux qui se retrouveront, en plein été, désemparés : aucun de leurs vœux n'a été exaucé. En

2022, selon le bilan de la procédure d'admission Parcoursup du ministère de l'Éducation nationale et de la Jeunesse, 7 % des candidats lycéens n'ont pas obtenu de réponses. Ces recalés de Parcoursup sont contraints de changer de voie ou d'entrer directement sur le marché du travail, ce qui implique parfois un déménagement et des frais supplémentaires pour les familles.

« Tu peux régler ton Parcoursup en venant chez nous, c'est réglé, c'est dans la boîte »

Comme la plupart des groupes d'enseignement supérieur privés à but lucratif, Galileo a fait le choix du contre-pied : ne pas faire apparaître ses écoles sur Parcoursup. Du moins, presque toutes, excepté les rares formations bénéficiant d'accréditations officielles pour délivrer des diplômes reconnus par le ministère de l'Enseignement supérieur et de la Recherche. Chez Galileo, en effet, et comme dans la plupart des groupes d'écoles privées lucratives qui recrutent hors Parcoursup, les étudiants obtiennent un tout autre genre de diplôme : une certification professionnelle, rattachée au ministère du Travail, et sans rien à voir avec l'enseignement supérieur. En refusant d'intégrer la plateforme de l'État, les écoles du groupe s'affranchissent donc de tout un faisceau de règles à respecter, notamment en termes de calendrier. À la différence des formations inscrites sur la plateforme, obligées de coordonner leurs plannings d'admissions, les écoles « hors Parcoursup » peuvent recruter à n'importe quel moment de l'année, voire lancer plusieurs promotions par an, par exemple en septembre et en janvier. Ces écoles peuvent augmenter à leur guise les effectifs et donc gonfler leur chiffre d'affaires. Ne reste plus alors qu'à convaincre les étudiants de faire le choix d'une admission en dehors des normes imposées par l'État.

Vous en avez l'habitude désormais : retour en codir, le 6 février 2023. « Juste après le résultat des vœux Parcoursup, début juin, on organise un forum Admission », lance fièrement la directrice d'une antenne ESG, avant de poursuivre : « Au lieu de faire une porte ouverte classique, on veut tout de suite résoudre le problème de l'étudiant en lui proposant de passer le concours sur-le-champ. On répond à son problème en urgence. Ça fonctionne bien. L'idée serait de faire ça sur l'ensemble des écoles ESG, ce qui nous permettrait de médiatiser sur un principe commun et de pouvoir sur la France entière dire qu'on est là et qu'on répond à leur problème : "Tu peux régler ton Parcoursup en venant chez nous, c'est réglé, c'est dans la boîte !" »

« L'idée me séduit ! Je ne connaissais pas la stratégie et je suis vraiment intéressée », répond une directrice. « Ah toi, tu es particulièrement concernée ! » s'esclaffe Alain Kruger. Derrière leur écran, tous rient à leur tour. « Il n'y a pas de copyright ESG, rassure l'instigatrice de la stratégie, ça peut parfaitement être mené sur les autres marques. »

Ce jour-là, les directeurs et directrices se mettent d'accord sur une date, début juin : une journée pas trop proche de celle des résultats du baccalauréat, mais suffisamment proche des résultats de Parcoursup pour que les premières listes d'attente aient déjà été publiées. Il sera ainsi plus facile de convaincre les premiers bacheliers déçus de leurs résultats. Tant qu'à faire, tous se mettent d'accord sur une opération similaire en prévision des publications de résultats de la plateforme MonMaster, la petite sœur de Parcoursup qui vient alors de voir le jour, destinée aux formations bac + 4 et plus, et sur laquelle Galileo n'a pas souhaité non plus figurer. Trente-cinq minutes après le début de la réunion, la stratégie est lancée.

« Ce qu'on peut te proposer, c'est de payer un acompte tout de suite, c'est quelques centaines d'euros »

Dans le parc des expositions de Montreuil, les brochures sont bien disposées sur les tables. Derrière les étals, les membres des équipes portent des tee-shirts aux couleurs de leur école, des badges avec leur prénom et leur fonction. Il y a là des directeurs, des chargés d'admission, des conseillers en formation, des professeurs, des intervenants, et puis, bien sûr, des étudiants, « ambassadeurs » de leurs écoles. Tous s'encouragent, répètent leurs éléments de langage. Eux aussi sont stressés. Les familles foncent en direction des stands qu'elles ont repérés, tandis que des groupes d'amis déambulent dans les allées, observent, sondent. Je me suis glissée parmi le flot des visiteurs. Sur chaque stand sont affichés en lettres épaisses les mêmes mots clés : MBA, Marketing, Management, Digital, Business Strategy, Apprentissage, Employabilité, Insertion, Mobilité… Certaines écoles ont mis le paquet pour appâter le chaland : des écrans interactifs, des étagères pleines de brochures, des QR codes… D'autres ont même créé des petits salons isolés pour échanger en toute confidentialité. Derrière les paravents et à peine dix minutes après l'ouverture, des familles sont déjà attablées face à des conseillers, qui leur proposent de remplir des dossiers d'inscription. « Ne perdez pas de temps ! » commandent-ils.

J'ai rodé mon discours : je cherche des idées de formation pour ma petite sœur fictive, qui est en licence à Rennes et qui ne sait pas trop ce qu'elle veut faire l'année prochaine. « Tu veux en savoir plus sur notre formation ? » me demande une jeune femme tandis que je regarde la brochure de son établissement. Il s'agit du stand MBA ESG, école du groupe Galileo. Mon interlocutrice se présente à moi, très enjouée. « Je suis étudiante en communication à l'ESG », commence-t-elle. « Tu vois, ce qui est bien, c'est que 90 % des cours sont donnés par des professionnels. Notre école n'a rien à voir avec la fac, on est vraiment mélangés au milieu pro, donc tout est hyper concret. T'as pas de grands amphis chiants avec des cours qui durent des plombes. À la place, on a des classes en TD, on ne s'ennuie jamais et c'est vraiment à taille humaine. »

L'étudiante liste tous les points de comparaison entre son école et l'université. « Nous, on a des accompagnements personnalisés, tu n'es pas lâchée toute seule dans la nature ! Ça aide pour réussir, alors qu'à la fac franchement c'est super dur de se motiver à bosser. » La comparaison avec l'université est un argument de poids pour de nombreux étudiants qui ne se sentent pas capables de s'impliquer dans leurs études s'ils sont lancés en autonomie dans un amphi. Cela permet aussi d'en venir au point suivant : l'inscription facilitée, en dehors des plateformes Parcoursup ou MonMaster. « Avec nous, tu peux t'inscrire dès maintenant ! plaide l'étudiante. Ce qu'on peut te proposer, c'est de payer un acompte tout de suite, c'est quelques centaines d'euros. Comme ça, t'as sécurisé la place, personne ne pourra te la piquer ! »

Cinq minutes après le début de notre entretien, l'étudiante me propose déjà de régler mon inscription. Pas mal. À plusieurs reprises, des ambassadeurs de divers groupes d'enseignement privé me proposeront de « sécuriser ma place » via le versement d'un acompte, notamment pour des formations en alternance. Une pratique très efficace mais à la légalité douteuse.

Un taux d'employabilité élevé, des intervenants professionnels, des admissions anticipées, la rupture avec cette fac qui a si mauvaise presse, des campus tout beaux tout neufs, du matériel haut de gamme… Les étudiants énumèrent leurs arguments commerciaux, sourire aux lèvres, fiers influenceurs de l'enseignement supérieur. Chacun y va de sa petite anecdote : « J'ai fait un prêt étudiant de 30 000 euros mais on vise des métiers hyper bien payés dans le business, donc aucun problème ensuite pour le rembourser », me soutient l'un d'entre eux. « J'ai fait un séjour de six mois en Angleterre, tu verras, toi aussi tu pourras voyager dans le pays de tes rêves », me dit une autre. « Si t'es en galère pour payer la formation, l'école te propose des partenariats avec une banque, tu peux faire un prêt avec des taux hyper bas ! » m'encourage un troisième avant de me demander : « Tu veux me filer ton mail ? Comme ça je t'envoie toutes les infos ! Passe me voir quand tu veux et tiens, prends un chocolat, c'est fait pour ça. »

De stand en stand, je récupère des sacs cabas floqués, des stylos customisés, des friandises, des brochures et des cartes de visite. Si j'avais 20 ans, peut-être aurais-je eu moi aussi des étoiles dans les yeux. Ces écoles offrent des cadeaux mais surtout du rêve, celui de devenir « quelqu'un », un étudiant à qui l'on promet l'impossible : accéder à une école exceptionnelle, avec un campus « à l'américaine » tout en restant en banlieue parisienne. Bien sûr, les formations coûtent cher, en moyenne près de 10 000 euros l'année. Mais les ambassadeurs sont formels, le jeu en vaut la chandelle. Le discours est rassurant, il a été pensé pour attirer un public d'étudiants précis : les plus vulnérables.

Leïla Frouillou, sociologue de l'éducation à Paris Nanterre, a longuement étudié les discours de ces écoles « hors Parcoursup ». « Si on a assez de capital scolaire, culturel et économique, on a une place dans Parcoursup, me dit-elle. Les formations privées hors Parcoursup promettent un beau filet de sécurité aux jeunes qui n'ont pas tout ça. L'angoisse est socialement située. »

Ces jeunes écartés des admissions Parcoursup et MonMaster seraient les moins favorisés. Ce sont ceux dont les familles n'ont pas les moyens de les inscrire dans les grandes écoles. Une année de master à HEC coûte 26 600 euros, 18 500 euros chez Skema et plus de 17 000 euros à l'ESSEC, soit entre 10 000 euros et 15 000 euros de plus que les formations proposées par Galileo. Ces écoles non lucratives proposent des aides sous forme de bourses sur critères sociaux – mais la simple lecture de ces tarifs de base est, de fait, un frein majeur pour un certain nombre de familles. Ces dernières n'ont par ailleurs parfois ni les capacités ni le temps pour aider leurs enfants à constituer leurs dossiers de candidature pour des licences ou des masters dans les meilleures universités. Restent alors les écoles privées lucratives, celles qui promettent des formations assez courtes, professionnalisantes, avec des diplômes « reconnus par l'État », éligibles aux aides de l'apprentissage (donc accessibles gratuitement pour les étudiants) et, surtout, ouvrant les portes de l'emploi.

En 2022, la Direction générale de la concurrence, de la consommation et de la répression des fraudes (DGCCRF) a dénoncé les pratiques abusives de très nombreuses écoles privées. Dans la liste des tromperies, la Répression des fraudes a repéré des mentions abusives sur l'employabilité post-diplôme ou sur des partenariats non formalisés avec des grandes entreprises, des prix barrés pour mettre en avant des offres promotionnelles qui n'en sont pas, la publication sur Google d'avis de clients devenus des employés, l'utilisation des termes « licence », « master » ou « doctorat » sans que l'établissement y soit habilité, etc. Au total, 30 % des établissements contrôlés auraient eu recours à des « pratiques commerciales trompeuses ». Des clauses abusives ou illicites auraient également été observées chez 40 % d'entre eux. Le nombre d'étudiants concernés est quant à lui, et malheureusement, impossible à évaluer.

Désireuse de savoir comment l'institution se positionne par rapport aux dérives de nombreux établissements privés indépendants « hors Parcoursup », j'ai sollicité, en septembre 2024, le ministère de l'Enseignement supérieur, de la Recherche et de l'Innovation. L'institution reconnaît effectivement la nécessité de trouver un cadre pour réguler le privé, via la mise en œuvre de critères communs à tous les établissements en dehors de ceux définis par l'Enseignement supérieur et la Recherche.

Pour recruter des étudiants, Galileo déploie tout son arsenal. Quitte à placer élèves et parents dans un inconfort matériel et personnel. Il faut séduire. À tout prix. Car dès qu'un étudiant intègre le monde rêvé de Galileo, il devient une variable dans la matrice.

Un diplôme quand même, oui. Mais dans quelles conditions ? Tant que le Cube est vert… Vous avez compris la logique du système.

Voici maintenant la face cachée du décor.

Partie 2

DES ÉCOLES À LA DÉRIVE

Chapitre 1

Penninghen en situation de risque

Je reçois ce SMS le 30 novembre 2023 : « Bonjour Claire. On dépasse bien évidemment les capacités d'accueil du bâtiment. N'oublie pas d'ajouter environ 20-25 personnes en plus (enseignants + personnel administratif). Cela dit, les effectifs dépassent tellement le quota autorisé… C'est dingue, avec des pointes à 450… Bien tassés, les étudiants ! A++ »

En pièce jointe du message, un petit cadeau : un dossier contenant une longue liste de captures d'écran. Sur ces images s'affiche le nombre d'étudiants qui entrent et sortent de l'école Penninghen, jour par jour, demi-heure par demi-heure, sur une centaine de dates, de 2021 à 2023.

L'école parisienne, située 31, rue du Dragon, dans le prestigieux 6ᵉ arrondissement, est spécialisée dans la direction artistique, la communication et l'architecture. C'est une référence, une institution. Fondée à la fin des années 1960, elle a traversé les âges sans jamais perdre de sa superbe. En 2015, elle est rachetée par Galileo et, peu à peu, les choses changent. Un ancien professeur, qui préfère rester anonyme, m'a confié avoir éprouvé des craintes dès l'annonce de la vente : « À l'époque, on nous rassure et on nous promet que le groupe ne touchera pas à la pédagogie, j'avais d'énormes doutes, mais j'ai décidé d'y croire. » Finalement, Penninghen est devenue, après une lente dégradation, « une machine de guerre destinée à presser le citron », toujours selon cet ancien professeur, notamment via l'augmentation de ses tarifs et, surtout, de ses effectifs.

« On a des salles où les jeunes n'ont même plus la place de s'asseoir »

Selon les registres 2022 de la préfecture de police de Paris, Penninghen est classée comme établissement recevant du public de catégorie 4 et a donc une capacité d'accueil de 300 personnes maximum. Mais selon les listings dont j'ai pu prendre connaissance, ces seuils ne sont quasiment jamais respectés. En 2021 et 2022, sur 84 journées de cours, seules 9 ne les ont jamais dépassés. Les 75 autres dates de cours (soit plus de 90 % du temps !) ont toutes explosé les normes définies par la préfecture. Certains jours, les effectifs montent à plus de 350 étudiants, et même jusqu'à 398 ! Au début de l'année scolaire 2023-2024, la tendance s'accentue encore : le 19 octobre 2023, la fréquentation de l'école atteint 403 élèves. Le 8 novembre, 424 élèves…

Des retours d'expériences similaires émanant d'autres écoles me sont revenus aux oreilles. Notamment de Bellecour, où les salles sont également surchargées, jusqu'à inquiéter Thibault Catimel, l'ancien directeur de département de l'école lyonnaise : « On a des salles où les jeunes n'ont même plus la place de s'asseoir, ils restent debout ou sur les tables pendant le cours, c'est n'importe quoi. » Selon plusieurs témoins, certaines classes comptabilisent jusqu'à dix élèves de trop. Des professeurs rencontreraient des difficultés à se déplacer entre les chevalets des tables à dessin pour observer les travaux de leurs élèves, tant les salles débordent.

« Il faudrait tout simplement fermer le bâtiment… »

Avant de continuer, décryptons ce qui va suivre : ERP, cela signifie « établissement recevant du public ». 4, c'est un niveau. 300, c'est le nombre maximum de personnes autorisées à entrer dans le bâtiment.

Reprenons : « Clairement, on est hors-la-loi, on a un effectif ERP 4 à 300, et vous êtes beaucoup plus ! » Cette phrase, c'est le responsable sécurité du groupe qui l'a prononcée, lors d'une réunion, à l'automne 2022. Je ne révèle pas le nom de l'école en question, afin de protéger mes sources. Ce que je peux avancer, en revanche, c'est que dans cet enregistrement d'une heure que l'on m'a transmis, il est question de normes de sécurité, de risques d'incidents, de travaux qu'il est nécessaire d'engager et même de possibles responsabilités pénales.

Dans cette école, comme dans toutes celles du groupe, les effectifs ont augmenté sans discontinuer depuis plusieurs années. Sous la pression du patron de pôle, le directeur a ouvert de nouvelles classes, tout en sachant que le campus ne disposait pas de l'espace nécessaire pour le faire.

La norme ERP est pourtant extrêmement importante. Elle classe les bâtiments ouverts au public par catégories, en fonction de leur capacité d'accueil. La catégorie 1 permet d'admettre plus de 1 500 personnes, la deuxième de 701 à 1 500 personnes, la troisième de 301 à 700. La catégorie 4 – celle dont relève l'école en question – ne peut donc accueillir que 300 personnes, maximum.

« On est largement au-delà des 300 ! » lance au cours de la réunion l'un des membres de l'équipe, légèrement pris de panique. Il poursuit : « La seule solution qui me reste, c'est de renvoyer chez eux la moitié des étudiants qu'on a acceptés, à qui on a fait payer des frais de scolarité. » Les normes ERP ne sont pas de simples classifications administratives. Elles définissent surtout l'application du règlement de sécurité incendie et favorisent l'intervention des secours en cas d'incident. Un défaut de classification, des effectifs trop importants ou un bloc de bâtiments non déclaré peuvent empêcher les pompiers d'intervenir.

Cette année scolaire là, l'école est clairement en dehors des clous et les risques d'incidents sont bien réels. Depuis plusieurs années, les équipes alertent le groupe sur diverses problématiques graves : installations électriques vétustes avec des risques de départ de feu, soupçons de présence d'amiante… « Il faudrait tout simplement fermer le bâtiment », évoque même l'un des membres du groupe de travail. Qui détient la responsabilité de ces mises aux normes ? Est-ce l'école ou le groupe ? Comment justifier cette absence de travaux ? Souvenez-vous des *reportings*, des tableaux Excel et surtout du pot commun : chez Galileo, les directeurs n'ont pas réellement la main sur la gestion de leur budget. S'ils souhaitent engager des travaux de mise en conformité, ils doivent demander l'autorisation aux directeurs de pôle, qui, eux, essaient à tout prix de limiter la charge financière. Une source interne m'a affirmé que l'école avait bien prévu un plan d'investissement pour remettre le campus aux normes... Or, toujours selon cette personne, les travaux n'auraient jamais été lancés, à cause du système de budget centralisé par le siège, qui freine toutes les actions locales. Les travaux sont-ils bel et bien de la responsabilité du groupe ?

Ce n'est pas si simple. En témoigne cet échange, capté lors de cette même réunion, fin 2022 :

« Si tu surcharges ton établissement, que tu es au-delà des effectifs déclarés à la base en ERP, tu es en faute. Tu prends des risques puisque c'est ton établissement, lance sèchement le responsable sécurité de Galileo au directeur de cette école.

— J'ai le groupe qui me dit de continuer de prendre des étudiants... J'ai fait fermer des salles qu'on ne peut plus exploiter aujourd'hui parce qu'elles n'étaient pas déclarées... Le groupe me demande de continuer à les utiliser.

[...]

— Si le groupe te dit qu'il faut augmenter les classes et qu'il y a trop d'étudiants, eh bien ce sera de ta responsabilité. »

Alors que l'entreprise pousse les directeurs d'école à recruter toujours plus d'élèves, elle leur rappelle aussi qu'en cas de problème ce sont eux, les responsables devant la justice. Cela aurait encouragé plusieurs directeurs à claquer la porte. Car cette école n'est pas la seule concernée. Plusieurs sources de différents établissements m'ont fait part de leurs inquiétudes face à des classes surchargées, des locaux mal entretenus ou du matériel électrique en mauvais état, mais aussi des normes ERP non respectées.

Le groupe ne semble pas en faire sa priorité. La direction du pôle Business s'en amuse même. « Les piou-pious, tu les serres, ils couinent un peu au début, mais ça passe ! » aurait lancé, un jour de début 2023, le directeur de pôle à ses subalternes en riant, lors d'un codir. Piou-pious, c'est un terme que j'entendrai à plusieurs reprises, dans les enregistrements des réunions de managers. Piou-pious, c'est le surnom donné par les directeurs aux étudiants. Piou-pious, cela renvoie à ces petits oisillons sortis du nid que l'on aide à voler de leurs propres ailes. Ce sont aussi, hélas, ces jeunes poussins entassés dans des cuves, destinés à finir broyés.

Stockés, comptés, numérotés. Pour faire du chiffre.

Chapitre 2

Mauvais film au Cours Florent

Une nouvelle vie commence pour Ludovic*. Le jeune homme vient de sortir du métro 7, à Crimée, et descend la rue de Joinville pour rejoindre le quai de l'Oise. Nous sommes en septembre 2020. Il observe les joggeurs qui slaloment entre les chiens et leurs maîtres sur les quais, les serveurs des bistrots qui installent leurs terrasses face à l'eau, le chassé-croisé des bateaux électriques sur le canal de l'Ourcq, les quelques tentes plantées çà et là, sous les ponts tagués du 19e arrondissement. Ce quartier qu'il ne connaît pas encore sera bientôt le sien pour les trois prochaines années. Du moins, c'est ce qu'il croit.

Ludovic* vient d'emménager en région parisienne. Il scrute les bâtiments qui longent le quai à la recherche de l'école à la devanture noire mythique. Quand il a découvert l'établissement quelques semaines plus tôt, le futur étudiant s'était déjà fait la réflexion qu'elle était quand même un peu ringarde, cette façade. Mais qu'importe, c'est ce qui est écrit dessus en lettres blanches qui compte : Cours Florent.

Depuis toujours, Ludovic* souhaite devenir un artiste, un chanteur, un musicien. Il avait entendu parler de stages d'été d'une semaine organisés par le Cours Florent Musique, l'une des antennes de la célèbre école d'art dramatique parisienne. Cet été-là, pendant 36 heures et contre un peu plus de 500 euros, il a pu toucher du doigt tout ce que l'école aurait à lui offrir : une formation intensive en chant et en musique, de l'écriture à la production. « Pour la première fois de ma vie je suis entouré d'autres musiciens, se souvient-il. On vit ce rêve tous ensemble, je me crois dans un film et je me dis : je veux faire ça, tout le temps, toute ma vie. » Enfant des années 2000, biberonné aux films *High School Musical*, il se dit que peut-être, lui aussi, grâce à cette école, il aura la chance de briller.

« C'était une somme d'argent importante pour mes parents, mais ils avaient envie de m'aider à réaliser mon rêve »

L'artiste en herbe doit encore convaincre ses parents. Heureusement pour lui, le Cours Florent jouit d'une excellente réputation. Depuis sa création en 1967, l'école a hissé sur les planches nombre d'artistes reconnus, parmi lesquels Isabelle Adjani, Pierre Niney, Édouard Baer, Malik Bentalha, Guillaume Canet ou Léa Drucker. Sur son site Internet, elle promet aux futurs étudiants de les aider à se « dépasser », se « révéler », de transformer leurs « rêves en réalité » ; et de leur « donner toutes les ressources nécessaires à leur épanouissement ». Seul (gros) bémol, le prix. L'école coûte cher : 6 500 euros par an en 2020 lorsque Ludovic* s'y inscrit, et ce pendant trois ans. « C'était une somme d'argent importante pour mes parents mais ils avaient envie de m'aider à réaliser mon rêve. Ils ont accepté », me raconte-t-il.

Je le rencontre via l'application Instagram début 2024. Nous échangeons quelques messages et, rapidement, il accepte un entretien par visioconférence. À distance, je découvre une personne calme, timide, légèrement stressée par l'exercice de l'interview. Derrière lui, dans sa chambre, je devine des instruments de musique, une guitare, un clavier. Il me raconte son ambition musicale, son bonheur, en 2020, d'intégrer une institution telle que le Cours Florent. Ludovic* est toujours fragilisé par ce qu'il y a vécu. Pendant les deux heures de notre conversation, il me raconte son histoire en me faisant promettre de conserver son anonymat. « J'ai honte d'avoir fait le Cours Florent, je ne veux pas que les gens de la profession sachent que j'y ai étudié, alors je mens sur mon parcours. Personne ne doit savoir que j'ai fait cette école », se justifie-t-il.

Tout est allé très vite. La semaine de stage s'achève sur une représentation qui fait office d'audition. Ludovic* réussit l'épreuve haut la main : il est sélectionné. Il quitte la maison familiale, ses amis, sa région natale et traverse la France avec sa guitare, direction la capitale. Quelques semaines plus tard, le soleil de septembre est déjà haut sur le canal, et le jeune homme rejoint enfin ses nouveaux camarades au 9, quai de l'Oise. La direction a convié les étudiants de première année à une réunion de prérentrée. Tous sont attendus à l'étage, dans l'une de leurs futures salles de classe. Le directeur de l'époque et quelques professeurs les y accueillent. « Ils nous expliquent le déroulement de la première année de bachelor, se rappelle Ludovic*. Le programme des cours, les temps forts de notre année, le profil des profs. Tout me donne envie : on pourra louer des salles pour bosser nos projets, on aura accès aux instruments, il y a même un studio d'enregistrement. Je voulais qu'on me vende du rêve et c'était réussi. »

Ce matin de prérentrée, l'avenir semble lui sourire. « En sortant de la réunion d'accueil, des étudiants de deuxième année ont proposé à un petit groupe de nouveaux de venir boire un café, et je les ai accompagnés. » D'un naturel réservé, Ludovic* les suit au bar et écoute ce que ces anciens ont à lui raconter. Une vraie douche froide. « Une fille me dit qu'elle compte quitter l'école, rapporte-t-il. Elle me prévient : "Tu verras, le Cours Florent, c'est une catastrophe." Tout d'un coup, je commence à avoir peur : je me dis que je n'aurais jamais dû venir. » Ludovic* ne le sait pas encore mais, pour lui, le rêve va bientôt virer au cauchemar.

« On n'a pas été pris parce qu'on était particulièrement bons, mais parce qu'on pouvait payer »

L'étudiant se lance dans la préparation de sa « carte blanche » : une liste de chansons françaises à travailler lors du premier semestre, qu'il présentera à ses professeurs. Le cours de piano le passionne. Les cours de droit l'intéressent. Mais, peu à peu, l'autre face de l'école se dessine. « Les plannings changent tout le temps sans qu'on ait toutes les infos, l'école semble désorganisée et les cours ne sont pas au niveau attendu. » Les quelque 9 à 12 heures de cours par semaine lui semblent bien trop peu nombreuses pour pouvoir progresser. « Surtout qu'on est environ une vingtaine par groupe en classe, donc c'est trop pour que tout le monde puisse faire de la pratique à chaque cours. On pouvait rester assis sans chanter, à regarder et à s'ennuyer pendant plusieurs cours de suite. »

À l'ennui s'ajoute l'attente. Les étudiants doivent parfois patienter deux ou trois heures entre leurs deux seuls cours de la journée. L'école n'a pas de foyer ni de salle de pause. « On n'a pas accès aux salles pour travailler car l'école est trop petite pour accueillir tout le monde. On est obligés de sortir de l'école, on ne peut même pas y manger. J'habitais loin donc je ne pouvais pas rentrer chez moi, alors je traînais dans le café du coin, je zonais, j'essayais de squatter chez des gens de la promo. L'hiver, quand il fait froid, c'est un peu dur. » Il me décrit la salle de répétition où les élèves « s'entassent », la salle régie « mal isolée », le studio d'enregistrement où finalement il ne mettra jamais les pieds, ou encore la pièce où se trouve un grand piano... que les étudiants n'ont pas le droit d'utiliser. Il me parle d'une école vieillissante, sombre, avec des salles sans fenêtres, des longues heures de cours sans voir le jour. À mesure que Paris s'enfonce dans l'hiver, Ludovic*, lui, se sent de plus en plus déprimé. « Au fil de l'année, je découvre qu'on a des niveaux très différents les uns et les autres et qu'en réalité on n'a pas été pris parce qu'on était particulièrement bons, mais parce qu'on pouvait payer. Ils ont accepté tout le monde, sans réelle sélection. J'ai la sensation de ne rien apprendre du tout et de perdre mon temps. » À la fin de la première année, il commence à se poser sérieusement des questions : « J'ai envie de partir, mais si j'arrête maintenant, que vais-je faire ensuite ? Je me dis que j'ai déjà dépensé trop d'argent pour abandonner. Je suis coincé dans une roue de hamster et je n'ai pas le choix, je dois faire un tour supplémentaire. » La deuxième année se révèle pire que la première. À en croire son récit, le quotidien devient rapidement insupportable. « L'école attise les compétitions entre élèves. Je vais de moins en moins en cours, je me sens de plus en plus isolé. Tous les jours, je me dis, ce n'est pas possible, je ne vais pas pouvoir continuer… »

Roma*, lui, a débuté le chant très jeune, quand il était enfant. Il connaît la scène, joue des instruments, écrit des chansons. En s'inscrivant au Cours Florent, il cherche à se perfectionner. « Je voulais comprendre comment fonctionne la vie d'un artiste en intermittence. J'ai vu que l'école promettait d'avoir tous les outils pour devenir professionnel de la musique, s'autogérer, connaître ses droits. Ils te proposent même un manager qui va te suivre et t'aider à la sortie de l'école ! » Le jeune homme vient d'un milieu modeste et n'a donc pas le choix : pour intégrer l'établissement, il doit souscrire un prêt étudiant. « Ma mère a écouté mes productions et m'a dit OK, je vais t'aider, c'est trop bien ce que tu fais. » Elle se porte garante. Argent en poche, Roma* passe son casting et intègre l'école. En septembre 2020, il commence son bachelor Musique dans la même promotion que Ludovic*.

Au téléphone, Roma* me décrit une expérience similaire à celle de son camarade : « On se fait chier en cours. Les profs ne sont pas assez disponibles. On se retrouve en compétition les uns contre les autres. On est trop nombreux par classe, donc on progresse très peu. On ne peut pas répéter, on n'a pas accès aux salles, aux instruments, aux studios. On ne peut rien faire en fait. » Roma* m'apprend que l'école propose des cours supplémentaires le samedi matin, mais ils sont payants : jusqu'à 300 euros par semestre. « Ils nous font payer pour des cours, en plus des 6 500 euros par an, c'est énorme ! » s'exclame-t-il. L'étudiant n'a pas les moyens. Il décide donc de s'inscrire dans un cours de chant en banlieue parisienne et de suivre gratuitement des vidéos sur Youtube. Dans le combiné, Roma* s'énerve : « Ils nous font de belles promesses sur la qualité pédagogique, mais je n'ai quasiment rien retenu des cours que j'ai suivis dans cette école. Quel est l'intérêt de payer plus de 6 500 euros l'année pour finir par se former sur Youtube ? »

« *Tout ce qu'ils veulent, c'est sauver leur réputation* »

Après deux ans de formation, Roma* doit se rendre à l'évidence : « J'ai compris que je perdais mon temps. Il fallait que je trouve un boulot pour rembourser mon prêt et donc que j'arrête l'école. » Il abandonne le bachelor avant la troisième année. « Ils m'ont pris mon argent pendant deux ans en jouant sur mes émotions. Ils m'ont dit : "Si tu paies, tu réaliseras ton rêve et tu seras heureux." J'y ai cru et j'ai payé… Tout ça pour ça. » Quelques semaines après le départ de Roma*, Ludovic* décide lui aussi de quitter le Cours Florent. « Mes parents avaient de plus en plus de difficultés à financer l'école. Je culpabilisais de leur imposer ce sacrifice alors que je n'apprenais rien. C'était difficile mais, une fois que ma décision a été prise, je me suis senti très soulagé », se souvient-il. D'autres élèves leur emboîtent le pas. Tous partent en silence. « Aucun mail, aucun message. Ils n'ont rien dit, ils s'en fichent de nous. On n'est rien pour eux », se désole l'étudiant.

En février 2024, je découvre qu'une *trend* (une tendance) se propage depuis quelques jours sur les réseaux sociaux, et plus spécifiquement sur les applications Instagram et TikTok : des internautes, face caméra, se filment en clamant des phrases du type : « On est au Cours Florent, bien sûr qu'on adore la comédie ! [...] On est au Cours Florent, bien sûr qu'on répète partout où on peut ! [...] Je suis au Cours Florent... Bien évidemment que je paie beaucoup trop cher pour avoir des chaises cassées. [...] » Je découvre d'autres vidéos publiées en ligne, dans lesquelles les étudiants partagent leurs mésaventures. Je décide d'écrire à Ludovic*. « Je suis content que des gens parlent ! Je me dis que je n'ai pas complètement déliré et que je ne suis pas seul à avoir vécu et ressenti tout ça », se réjouit-il.

Cette libération de la parole m'étonne. Dans ces établissements, la loi du silence prime. Les directions semblent prêtes à tout pour protéger leur réputation. « La direction de l'école nous faisait peur en disant que si l'école était mal vue, c'est parce que les étudiants en parlaient mal. Donc c'est notre responsabilité de toujours bien parler de l'école, parce que sinon, on ne trouverait jamais de boulot », me confie Marie*, une étudiante de l'école Bellecour à Lyon. La pression fonctionne. Les élèves ont peur que la dépréciation de leur diplôme ne soit un frein à leur insertion professionnelle.

Le groupe a d'autres cordes à son arc pour éviter que les déçus ne s'épanchent un peu trop. Chez Bellecour École, les étudiants sont régulièrement invités à présenter leurs formations lors des nombreuses journées portes ouvertes qui rythment l'année scolaire. Pour une demi-journée de participation, les étudiants lyonnais sont récompensés d'une carte-cadeau de 15 euros, à dépenser dans un grand magasin, comme Amazon ou Rougier&Plé. « Ils nous offrent des cadeaux pour qu'on dise du bien d'eux, ils achètent notre approbation », résume crûment Marie*. Certaines écoles rendent même ces interventions obligatoires, elles sont inscrites dans leurs unités d'enseignement et font l'objet d'une note, dans le cadre de la participation à la vie étudiante. La méthode est diablement efficace pour instaurer l'omerta auprès des étudiants : elle ne coûte rien et les élèves n'ont pas d'autre choix que d'adhérer aux éléments de langage transmis par la hiérarchie. Ce souvenir replonge Marie* dans la colère : « Tout ce qu'ils veulent, c'est sauver leur réputation pour continuer à recruter de nouveaux étudiants et récupérer leur fric. Du coup les étudiants mentent aux jeunes recrues sur la qualité des écoles. »

Je ne peux m'empêcher de penser à ce salon à la porte de Montreuil et aux arguments des étudiants tout sourire qui vantaient les mérites de leur établissement. Cette jeune femme qui me disait que « tout est fait pour faciliter la vie aux élèves dans cette école ! », ces promesses de « nouveau bâtiment avec des matériaux écologiques », et puis cet accompagnement hors pair des équipes – « limite t'en as marre à un moment d'être autant accompagné ! » osera même me dire l'un des ambassadeurs… Ont-ils reçu un cadeau pour leur prestation ? Ou bien le Cube est-il si vorace que…

Chapitre 3

BELLECOUR ÉCOLE, UN « NOM » CHER PAYÉ

Sa réputation, flatteuse, a depuis longtemps dépassé les frontières de la capitale des Gaules. Bellecour, à Lyon, est une institution de référence dans le domaine de l'art. Fondée en 1937, l'école d'arts appliqués est d'abord spécialisée dans la mode avant d'ouvrir, décennies après décennies, de nouvelles formations dans les domaines les plus novateurs des arts et techniques : jeux vidéo, effets spéciaux, graphisme, architecture d'intérieur, infographie ou cinéma.

André*, Marie* et Théo se sont rencontrés au début de leur cursus à Bellecour. Ils étaient inscrits dans la formation Game Design, une filière plutôt récente de la branche des jeux vidéo. La plaquette de communication du cursus en trois ans promet aux étudiants d'intégrer ensuite « les plus grands studios français et internationaux ». L'établissement s'annonce comme un formidable tremplin pour atteindre leurs objectifs professionnels. André* se souvient : « Bellecour est une vieille école avec une certaine renommée, donc quand ils disent sur leur site Internet qu'ils ont un super réseau, j'y crois et je me dis que je trouverai facilement un stage puis un emploi. C'est comme ça que je suis tombé dans le piège. » Théo est également attiré par les très bons taux d'insertion professionnelle mis en avant par Bellecour sur son site Internet : 88 % en moyenne aujourd'hui, « autour de 80 % à l'époque » six mois après la sortie de l'école pour les étudiants qui y ont passé cinq ans, se souvient-il. « C'est énorme, surtout à Lyon et dans un secteur professionnel bien bouché. Je me suis dit : je trouverai du boulot après, donc ça vaut le coup, ça justifie le tarif », raconte le jeune homme. En 2020, lorsque les étudiants débutent leur cursus, la première année de leur bachelor coûte 8 600 euros : 800 euros d'acompte à payer lors de l'inscription pour sécuriser sa place et 7 800 euros à la rentrée de septembre. Théo et André* bénéficient de l'aide de leurs parents. Marie*, quant à elle, opte pour un prêt étudiant de 30 000 euros.

Mais à Bellecour École, pour Marie*, André* et Théo, rien ne s'est passé comme prévu. Le récit des galères vécues par les trois amis lors de leurs années d'études est édifiant. « D'une manière générale, il y a un énorme souci d'organisation, résume Marie*. Ces problèmes internes ont de grosses conséquences sur la qualité de formation et donc sur nos chances de trouver un boulot après. On en est les premières victimes. »

« Ce qui était insupportable, c'étaient les cours annoncés, qui étaient supprimés sans que l'on sache pourquoi », renchérit André*. Il est le plus loquace, et peut-être le plus remonté des trois : « On avait un cours de droit par exemple, qui devait durer dix heures au total dans le semestre. On a eu les cinq premières heures et ensuite, plus rien. » En milieu d'année et du jour au lendemain, le cours disparaît des plannings. Les étudiants ne verront plus jamais leur professeur, ils ne pourront pas rattraper les heures perdues.

« Où est notre prof ? »

André*, à l'époque, alerte la direction de l'école. « Quand on leur a demandé pourquoi le volume horaire du cours avait été coupé de moitié, assure-t-il, ils ont botté en touche en disant que non, rien n'avait changé, et que ça avait été toujours prévu comme ça, qu'on avait mal lu. » Sur le forum de discussion de la promotion, les étudiants s'interrogent. « C'est trop bizarre, pourquoi ils nous disent ça ? Où est notre prof ? Quand est-ce qu'on va avoir nos cours ? On ne comprend pas. On a l'impression qu'on se fout de notre gueule », résume André*. D'autres heures de cours seront annulées et non rattrapées au fil de leurs trois années de bachelor : « Dans la matière Ux Design, on a six heures de cours qui ont sauté et qu'on n'a jamais rattrapées, alors qu'on paie pour ça. Et puis, c'est un énorme manque dans notre formation, ça pèse sur notre employabilité. »

Pour comprendre les raisons de ces suppressions d'heures, André* passe une partie de ses journées à la recherche d'informations. « J'étais tout le temps à l'étage de la direction, j'envoyais des mails sans cesse, j'essayais d'organiser des réunions pour y voir plus clair. » Peu à peu, il perd toute confiance en la direction. L'étudiant décide de fabriquer lui-même les emplois du temps, qu'il transmet aux camarades de sa promotion et à ses professeurs, souvent absents du fait de cette désorganisation générale. « J'allais à la pêche aux infos, auprès des profs et des intervenants, pour connaître les heures de cours, les créneaux, les salles… et puis je mettais en page le planning en essayant de rendre ça assez lisible. C'était du boulot, mais c'était la seule solution si on voulait suivre nos cours normalement. Ils m'ont épuisé… » Les déconvenues s'accumulent. « On a des cours en distanciel, mais pas de salle à disposition dans l'école, donc on doit rester chez nous. Mais cinq minutes après la fin de ces cours, on doit être dans l'école pour une classe en présentiel. Comment on fait, on se téléporte ? »

Faute de place dans les locaux pour accueillir une classe de trente étudiants, la promotion de Game Design n'aura jamais accès à la salle de travail promise par leur directeur en début de cursus. L'école sature. « Des personnes sont debout en cours, pas de places pour s'asseoir. Du coup, les salles sont super bruyantes, c'est dur de se concentrer, épuisant pour travailler, ça crée des tensions entre nous », me détaille André*. Sans oublier les ordinateurs qui ne fonctionnent pas correctement, la connexion qui n'est pas assez puissante pour que les étudiants mettent à jour leurs logiciels ou les écrans neufs promis qui n'arriveront jamais durant leurs trois ans d'études.

« On est moyens en tout, mais bons en rien »

Évidemment, le cursus des étudiants pâtit de ces changements intempestifs de plannings, de contenus de cours, d'intervenants. Avec la même méthode que LISAA, la direction modifie les contenus des formations pour que, de la première à la dernière année, les heures ne cessent de diminuer, si bien qu'en troisième année les étudiants n'ont plus qu'à se consacrer à leur projet individuel et à leur recherche de stage, sans acquérir réellement de nouveaux savoirs ou de nouvelles compétences. Ceux avec qui je me suis entretenue ne se sentent pas au niveau pour entrer sur le marché du travail. Ils pointent du doigt l'absence de cours de spécialisation dans l'ensemble de leur cursus, malgré les promesses de la direction de l'établissement. Théo se rappelle : « Ils nous avaient dit que la première année serait généraliste et qu'ensuite, on pourrait choisir entre plusieurs domaines. En réalité, on n'a rien eu de tout cela, donc on ne connaît rien des branches spécifiques, des métiers de niche. C'est un vrai problème pour trouver un emploi. On est moyens en tout, mais bons en rien. »

Selon Arthur*, un professeur de la section Game Design qui a quitté l'école, « c'est réellement en troisième année que l'on sent le manque de stabilité de direction pédagogique et de pertinence des maquettes de cours : il y a trop de flou ». Diplômés en fin d'année (l'école affiche 100 % de réussite à ses examens), les étudiants arrivent sur le marché du travail souvent démunis, avec des lacunes dans des compétences essentielles et sans spécialité leur permettant de se démarquer. À en croire leur récit, l'école n'aurait rien fait pour les aider dans leurs recherches de stage. Les fameuses portes du réseau professionnel promises aux élèves lors de leur inscription ne se sont jamais ouvertes : « Ils ont mis des logos partout dans les plaquettes de l'école mais en réalité ça ne correspondait pas à des partenariats spécifiques, ça voulait juste dire qu'ils avaient eu une fois un intervenant de tel ou tel studio », assure André*. Il y a bien eu des accompagnements pour l'écriture de leur CV, ainsi que des journées *job dating*, mais là encore André* est tombé de haut : « Les boîtes nous disaient que de toute façon elles n'embaucheraient personne et qu'elles ne venaient que pour faire plaisir à l'école Bellecour. » Les étudiants perdent peu à peu espoir.

Sans compter qu'à Bellecour, comme à LISAA, les frais ont augmenté année après année depuis l'arrivée de Galileo. En 2012, avant d'en devenir l'un des directeurs de département, Thibault Catimel y était lui-même étudiant. Il se rappelle que sa première année de bachelor lui avait coûté 5 900 euros. En 2019, le tarif a bondi à... 8 300 euros. Deux ans plus tard : 8 600 euros pour les bachelors les plus chers. En 2022, 8 800 euros. Théo, André* et Marie*, eux, décideront d'aller au bout, malgré tout. Mais peu de diplômés réussissent finalement à trouver un emploi.

Marie* fait partie de celles qui galèrent. Malheureusement, le temps presse. Elle raconte : « J'ai eu un petit CDD de trois mois, mais je suis de retour au chômage. Le prêt va bientôt me tomber dessus. Je dois absolument travailler pour le rembourser. »

Une situation précaire, pesante, que connaissent nombre d'étudiants. Le *board* du groupe s'en soucie-t-il ? Après tout, tant que les parents d'élèves disposent de comptes en banque suffisamment fournis...

Chapitre 4

Le portefeuille des parents d'élèves

Anne n'avait pas les moyens financiers pour payer les études de sa fille, Cillian*. Comme tant d'autres. À plus de 8 000 euros l'année, l'école LISAA Animation est hors de la portée de la famille. « On aurait bien aimé l'inscrire dans le public, mais les rares écoles du domaine sont hyper élitistes et il est très difficile d'y entrer », me raconte Anne. Heureusement, Cillian* décroche un prêt étudiant à taux zéro, de 15 000 euros, lui permettant de s'inscrire dans l'école privée de Galileo et de payer les deux premières années. Ses parents mettent en place des mensualités : ils rembourseront la banque de leur poche. « Je ne voulais surtout pas qu'elle bosse pendant son année scolaire, car ça génère trop de pression, et on voulait tout miser sur ses études », me dit Anne. Alors ils paient. Après tout, le jeu en vaut la chandelle, pensent-ils : « Grâce à la réputation de LISAA, on se disait qu'elle trouverait un bon emploi ! » La jeune femme suit son cursus, non sans encombre. Anne me parle du turnover des directeurs, du matériel coûteux à acheter dans l'année, et surtout d'une école qui ne prépare pas assez ses étudiants à entrer dans l'emploi : « On ne leur dit rien sur les statuts professionnels, la rémunération, ou sur le fait que le secteur embauche très peu… On ne les aide pas non plus assez pour trouver des stages. » Cillian*, malgré tout, achève ses études après trois ans de bachelor, réussit à se dégoter un stage, puis des petits boulots en free lance, comme illustratrice. « Mais il y a beaucoup de reconversions professionnelles, de gens qui font autre chose, qui changent de voie… parfois ce sont des personnes avec du talent… » se désole Cillian*. Sa mère se dit « sidérée » par la légèreté de l'établissement à l'égard des étudiants : « Beaucoup finissent précaires, parce qu'ils ont été mal préparés par leur école. »

« Le rêve d'Hermès*, c'était de dessiner », me lance Stéphanie par téléphone. Cette maman aussi croyait en son fils, en sa capacité à réaliser ses projets futurs. Elle croyait en l'Atelier de Sèvres. Cette école, souvenez-vous, est l'un des établissements d'arts appliqués parisiens vendus par Michel Glize à Galileo Global Education, fin 2012. « L'école était un peu chère, mais avait bonne réputation, alors on s'est dit pourquoi pas », raconte Stéphanie. Hermès* quitte Toulouse, sa ville natale, et met le cap sur Paris. « La première année c'est une sorte de prépa. On a payé l'école, sans oublier tous les à-côtés, le loyer à Paris, le nécessaire pour qu'il s'en sorte, se souvient Stéphanie. C'était une somme importante pour nous. Moi, je ne travaille pas, et mon mari est entrepreneur, il a sa propre entreprise, donc on avait un peu d'argent de côté, mais 8 000 ou 9 000 euros, c'est non négligeable pour notre famille. » Qu'à cela ne tienne, elle souhaite encourager son enfant. « Qu'il puisse aller là-haut, à Paris, réaliser son rêve d'avoir accès à cette école, c'était une source de fierté. »

Toute la famille déchante vite. La première année de classe préparatoire à l'Atelier de Sèvres ne répond en rien à leurs attentes. Stéphanie et Hermès* me racontent tous les deux leur déception lorsqu'ils ont compris que l'année scolaire s'achèverait en mars, à l'issue des concours d'entrée en bachelor. « On pensait que ce serait une année scolaire, comme à la fac, mais après cinq mois de cours, c'était fini… Ça fait cher le mois ! » s'agace encore Stéphanie. Les conditions de travail non plus ne correspondent pas à leurs espérances.

« Mon fils n'osait pas trop nous en parler »

L'élève s'accroche et entre malgré tout en bachelor. Il faut à nouveau débourser près de 10 000 euros, mais Stéphanie et son mari ne peuvent plus se permettre de payer une telle somme. Hermès* contracte un prêt étudiant : 30 000 euros. Malheureusement, cette deuxième année à l'Atelier de Sèvres débute mal : « Je me suis retrouvé dans une classe où je ne connaissais personne. J'ai demandé à changer et l'école a refusé. Je ne l'ai pas bien vécu, j'ai eu des problèmes personnels, et j'ai fait une sorte de burn out. Je ne pouvais pas trop aller en cours, et je n'ai plus eu de suivi. Si tu ne vas pas en cours, personne ne t'appelle pour savoir ce que tu fais. Alors j'accumule du retard, je n'ai plus envie d'aller en cours… » raconte l'étudiant.

À Toulouse, sa mère ne se doute de rien. L'école ne la contacte pas. « Mon fils n'osait pas trop nous en parler, pour ne pas nous décevoir, ce que je peux comprendre… confie Stéphanie. C'est pour cela que je reproche à l'école de ne pas nous avoir dit qu'il n'allait pas en cours. Bien sûr, ce ne sont plus des enfants, mais ils sont jeunes et dépensent beaucoup d'argent. Un peu de suivi, ce n'est pas grand-chose ! » se désole-t-elle toujours. Finalement, Hermès* décide d'abandonner sa scolarité. Une décision difficile à prendre : « Arrêter a été très dur, mes parents avaient payé, je m'étais endetté. C'est pour ça que je n'ai pas osé en parler à mes parents au début. Ils ont beaucoup investi dans mon avenir… je me sentais mal pour eux. » Le jeune homme finit par avouer la vérité à ses proches. « Pour mon père ça a été très difficile, il a été très déçu, il a arrêté de me parler pendant quelques mois », me dit-il. Sa mère se rappelle : « On a fini par dire OK, c'est sa vie, pas la nôtre. On était déçus mais c'était son choix… » Elle en est convaincue : le décrochage aurait pu être évité. « Si les choses avaient été prises à temps, si les conditions d'accueil des étudiants avaient été meilleures, avec un tout petit peu de suivi, ça aurait pu mieux se passer et on aurait surmonté cet épisode de grande détresse… »

Stéphanie demande à l'école le remboursement d'une partie du montant de cette deuxième année avortée, mais l'administration refuse. De son côté, son fils quitte Paris pour Montpellier et change d'orientation : il se lance dans un CAP Cuisine. Il travaille. Il a 20 ans et 20 000 euros de prêt à rembourser. « Il part dans la vie avec quelque chose de lourd, ce n'est pas drôle », observe Stéphanie.

Il n'est pas le seul. Au fil d'un an et demi d'enquête, combien d'étudiants, combien de parents m'ont parlé de leur déception et de leur colère ? Combien m'ont fait part de leur sentiment d'impuissance ? Sans compter les membres d'équipes pédagogiques…

« On vend du rêve à des jeunes qui n'ont pas d'argent »

Emmanuelle* est une ancienne salariée de LISAA. Elle préfère conserver l'anonymat, elle aussi. Elle vient du milieu de la mode. Sa carrière, elle l'a construite dans les plus grandes maisons françaises et internationales, avant de devenir chargée des relations extérieures à LISAA Mode. Emmanuelle* a quitté l'école moins d'un an après avoir été embauchée. C'est peu, et c'est ce qui pique ma curiosité, à la lecture de sa page LinkedIn. Je déniche son numéro de téléphone et je décide de l'appeler directement, sans savoir si elle acceptera de me parler. C'était mal la connaître. Non seulement elle est d'accord, mais elle me sera également d'une aide précieuse, tout au long de cette enquête, pour comprendre les coulisses de ces écoles, leurs rouages et surtout leurs dérives.

Nous nous rencontrons quelques semaines plus tard. Je la retrouve au bar d'un grand hôtel de la rive gauche de Paris. Je la reconnais de loin, avec sa veste blazer sombre, son jean slim parfaitement taillé, le téléphone dans une main, la mallette de travail dans l'autre. Emmanuelle* me détaille son passé dans le milieu de la mode, ses voyages aux quatre coins du monde. Elle parle fort, alterne entre l'anglais et le français, ne s'embarrasse pas et dit ce qu'elle pense. Elle me détaille, trois heures durant, le fonctionnement de LISAA Mode et les raisons pour lesquelles elle a claqué la porte, furieuse et le corps en miettes, quelques mois seulement après son embauche. « En arrivant dans l'école, je me disais que ce serait génial : faire de la transmission, accompagner des jeunes dans la mode ! Mais en fait ce n'est pas ça du tout. On vend du rêve à des jeunes qui n'ont pas d'argent, pas de réseau, pas de contacts, en leur disant qu'ils vont réussir. Mais c'est faux, ils ne vont pas tous réussir. »

À LISAA, Emmanuelle* a pour principale mission de créer des partenariats avec des entreprises de son réseau, pour y placer ensuite les étudiants en stage ou en apprentissage, dans l'espoir qu'ils y soient embauchés à la suite de leurs études. Elle connaît les arcanes de l'industrie, son carnet d'adresses est solide. « Sur le papier, ça ne devait pas être si difficile ! Mais l'école n'a pas une bonne réputation dans le milieu de la mode, donc ma mission s'est avérée bien plus compliquée que prévu. » Les portes du bureau d'Emmanuelle* sont toujours ouvertes pour accueillir les étudiants et les conseiller dans leurs recherches de stage ou d'emploi. Coaching, écriture de CV et de lettres de motivation, mises en relation avec des entreprises… Elle se démène pour accompagner les élèves. « Tu as des jeunes qui sont là juste parce qu'ils sont de catégories socioprofessionnelles supérieures, et que la mode, c'est cool, et tout un tas d'élèves qui n'ont pas un rond mais pour qui c'est perdu d'avance. Ça me fait mal au cœur pour les étudiants. L'école leur pompe leur argent. »

« Ces gamins, reprend-elle, viennent de la classe moyenne, vont dans des écoles moyennes et sortent moyens. On ne s'en sort pas comme ça dans un milieu aussi concurrentiel. Les gamins paient 30 000 euros les trois ans, quand même… » Selon un rapport interne de 2023, les frais de scolarité ont augmenté dans toutes les écoles LISAA de 6 %, depuis l'année 2017-2018. Alors qu'elles coûtaient 8 600 euros en moyenne à cette époque, les formations se chiffraient à 9 200 euros en 2022-2023, payés par chacun des 3 000 étudiants.

Le portefeuille des parents d'élèves

À force d'optimiser les coûts de formation et de diminuer le nombre d'heures de cours, la qualité s'en ressent. À force de tout focaliser sur la politique du chiffre, le budget, l'évaluation, l'effectif, les *reportings*, les tableaux Excel, les classements internes, les comparaisons, tout le monde est sous pression, des plus hauts postes de direction aux commerciaux des centres d'appels. Les étudiants, eux, se sentent considérés tantôt comme des clients, tantôt comme de simples produits de consommation. Leurs parents doivent payer, sans jamais avoir leur mot à dire. Le système capitalise sur leur inquiétude, leur envie d'assurer un avenir à leur progéniture. Ces mêmes parents qui fuient l'université pour foncer vers le trou noir, attirés par les taux d'insertion dans l'univers professionnel qu'ils fantasment tant.

Chapitre 5

Des diplômes en carton

Pour conserver sa crédibilité, un établissement doit à tout prix prouver que ses formations débouchent sur un emploi assuré. Les taux d'insertion, c'est le nerf de la guerre. Mais comment obtenir des statistiques enviables, quand les formations deviennent plus ou moins low cost, dispensées dans des conditions si souvent médiocres, créent des sous-diplômés peu recherchés ?

On en revient toujours aux échanges des fameux codir : « Je sais que, lorsqu'on offre les concours, les frais de concours ou les frais de candidature, ça nous génère des admis qui ne sont pas toujours d'une qualité extrême et qui n'iront pas forcément jusqu'au bout, on le sait tous », lance Alain Kruger, le patron du pôle Business, en plein comité de direction, le 16 février 2023. « On a une qualité qui a rarement été aussi mauvaise. Je fais le bon soldat, je fais ce que nous a demandé Alain », lançait un directeur lors d'une autre réunion, le 2 février.

« Ceux dont on est sûrs qu'ils vont échouer, on ne leur donne que le diplôme d'école, un document en carton »

À Lyon, Thibault Catimel aussi devait admettre le plus grand nombre d'étudiants, sans tri ni sélection. « Sauf les gens les plus désespérants », me précise-t-il. À Bellecour, « la consigne, c'est que si l'élève n'est pas assez bon pour entrer en bachelor, on l'admet automatiquement en prépa. Ça limite les trop grosses différences de niveau ». Mais pour les années supérieures, la sélection n'est pas meilleure. Thibault Catimel tente bien, parfois, de faire redoubler quelques élèves pour limiter la casse, surtout pour le passage en troisième année de bachelor, décisif avant la fin de la scolarité. « On me faisait comprendre que même cinq ou six élèves ce n'était pas trop possible, que c'était trop... » assure-t-il.

En conséquence, des étudiants en dernière année n'ont clairement pas les compétences attendues pour valider leur formation « diplômante ». Or il est extrêmement important pour les écoles que leurs étudiants réussissent leurs épreuves de certification. France compétences, organisme public censé vérifier les enseignements, leur demande d'obtenir de bons taux de réussite afin de prouver que la pédagogie est de bonne qualité. Le label de l'école en dépend. Mais comment rehausser les taux de réussite si les élèves ne sont pas au niveau ? Certaines écoles ont trouvé la solution, et elle est tellement simple, il fallait juste y penser. « Les élèves les plus mauvais ne sont pas présentés à la certification », m'explique Hervé*, l'un des anciens directeurs d'une école du pôle Business. « Les plus mauvais, ceux dont on est sûrs qu'ils vont échouer, on ne leur donne que le diplôme d'école, un document en carton, qui ne veut rien dire, comme ça on n'a pas de vrais taux d'échec », me raconte-t-il.

Autre méthode, encore plus simple : certifier tout le monde, pour faire grimper les taux de réussite. Hervé* confirme : « On certifie tout le monde, il suffit de signer le papier, et tout le monde est satisfait, nous, les étudiants, et on respecte les exigences de France compétences. » Selon Hervé* ou Thibault Catimel, un certain nombre d'entreprises seraient désormais réfractaires à recruter les étudiants sortant de certaines écoles Galileo. C'est un problème : quand les étudiants ne trouvent pas d'emploi, les taux d'insertion professionnelle mis en avant par les écoles diminuent. Or des taux trop bas constituent un handicap majeur pour le groupe, qui risque de perdre ses titres RNCP.

Un titre RNCP – pour Répertoire national des certifications professionnelles – atteste un niveau de qualification officiel. C'est un sésame pour les élèves, car une porte d'entrée vers le monde du travail. Ces derniers postulent en priorité au sein d'écoles dotées de titres RNCP. Mais pour conserver leurs titres, les écoles doivent prouver que les étudiants trouvent bel et bien un emploi à l'issue de leur formation.

Ce qui finit par poser problème dans les écoles Galileo.

Dans une note remise au CSE (comité social et économique), datée d'avril 2023, la direction de LISAA explicite les enjeux pour les écoles, notamment LISAA Game et Animation. En 2022, les taux d'insertion ont été si bas que l'école a été contrainte de ne pas déposer ses demandes de titres auprès de France compétences, de peur de se faire retoquer. La direction décrit ainsi : « Le non-dépôt des titres l'an dernier, lié non seulement à une adéquation insuffisante des programmes aux référentiels de compétences, mais également à un taux d'insertion des étudiants trop bas par rapport aux exigences de France compétences. » La perte des titres a secoué LISAA.

La direction de l'école décide donc d'emprunter le titre RNCP de sa sœur, l'école Bellecour, spécialisée elle aussi en jeux vidéo. Chez LISAA, les élèves passent ainsi une certification estampillée Bellecour. La solution est temporaire, jusqu'à ce que l'antenne de LISAA réussisse à impulser une nouvelle stratégie pour « retrouver un taux d'insertion professionnelle suffisant pour récupérer les titres ».

« On sait qu'ils ne trouveront pas de boulot »

Les pertes de titres ne sont pas anodines. Ni vraiment étonnantes. La multiplication du nombre d'écoles d'enseignement supérieur privé, de leurs filières et de leurs effectifs n'est pas sans conséquences sur l'insertion des étudiants dans le milieu professionnel. Ils sont désormais si nombreux à obtenir des certifications que les branches rencontrent des difficultés à les absorber sur le marché du travail.

La croissance est telle que les écoles et filières en animation se sont elles aussi multipliées, un peu trop, peut-être. « On a trop d'écoles et trop d'élèves par classe », confirme Claire Lefranc. Au sein de l'association Les Intervalles qu'elle a fondée, elle analyse les données d'insertion professionnelle des étudiants en animation, et communique sur le manque de transparence de certains établissements : « On estime qu'il y a environ trois mille étudiants qui sortent d'écoles d'animation chaque année en France, et on sait qu'ils ne trouveront pas de boulot, car il n'y a pas de travail pour tout le monde. » Le problème dépasse donc le groupe Galileo.

À leur arrivée à Bellecour, le directeur promettait à Marie*, André* et Théo des taux d'insertion importants, de 75 % à 90 %. « Tout à l'oral, bien sûr ! » s'emporte Marie*. Ces coups de com' n'amusent pas Thibault Catimel, leur ancien directeur de parcours : « Rien qu'à Bellecour on certifie presque trente élèves par an, tous les ans, et on n'est pas la seule école du secteur jeux vidéo à Lyon. Il n'y a pas du tout assez de postes dans la région ! » Thibault Catimel conteste ce chiffre car il a pu lui-même observer les méthodes de calcul du taux d'insertion de sa formation. Les résultats étaient loin d'être aussi bons.

Ce sont en effet les écoles qui ont la responsabilité de calculer les taux d'insertion sur leurs formations et de les communiquer à France compétences, qui centralise et communique ces données. Pour cela, les équipes doivent contacter un à un les anciens étudiants pour leur demander où ils en sont, six mois après la fin de leurs études : ont-ils trouvé un emploi, dans quel domaine et pour quelle rémunération ? Toutes ces données sont répertoriées dans des grands tableaux Excel, agglomérées, analysées. Mais parfois, il y a des couacs. C'est ce qu'il se serait produit sur le titre de concepteur d'expériences vidéo ludiques.

Selon les données que j'ai pu observer, en 2019, 27 étudiants ont obtenu leur certification, mais 3 n'ont jamais répondu à l'appel téléphonique de suivi d'insertion professionnelle. Qu'à cela ne tienne, les calculs du taux ont été effectués sur un total de 24 étudiants seulement. Sur ces 24 répondants donc, 20 disent être en activité, soit 83,3 %. Or seuls 19 travaillent dans le secteur professionnel visé, soit 79,7 %. Pas mal, mais l'école estime pouvoir mieux faire, communiquer sur un taux meilleur encore.

Alors, les équipes ont reçu une consigne : « Les stagiaires, poursuites études, contrat de pro et apprentissage et les personnes en incapacité de travail sont tous neutralisés dans les calculs de ces tableaux de stats », est-il écrit en majuscules sur le document qui m'a été transmis. La demande est simple : il faut supprimer des profils des calculs statistiques. En clair : il faut rendre les données plus attractives.

Reprenons le même tableau mais, cette fois, avec les élèves « neutralisés ». Dès le départ, les données changent. Ils ne sont plus 27 certifiés, mais 25 seulement. Deux étudiants ont été supprimés du calcul car ils entrent dans la catégorie des jeunes en « PE [poursuite d'étude], CP [contrat pro], CA [contrat d'apprentissage], stagiaires et incapacité ». À ces 25 élèves, il faut ensuite soustraire les 3 qui n'ont pas répondu au téléphone. Au total, la statistique sera établie à partir d'un total de 22 répondants. Parmi eux, 19 sont en activité, soit 86,36 %. 18 exercent dans l'une des fonctions visées par la formation : 81,82 %. C'est mieux. En neutralisant les étudiants, le groupe a réussi à dépasser le cap des 80 %.

En agglomérant les données sur plusieurs années, ce changement de mode de calcul permet d'augmenter drastiquement le taux d'insertion. Ainsi, de 2017 à 2019, sur un total de 84 élèves certifiés, seulement 59,26 % ont réussi à trouver un emploi dans le métier voulu, six mois après leurs études, selon le tableau englobant tous les profils d'étudiants. Après neutralisation d'une partie des effectifs, sur la même période, ils ne sont plus que 68 étudiants comptabilisés, et, au total, 70,77 % à avoir prétendument trouvé un emploi dans la fonction visée. Soit une augmentation de près de 12 %. Ces mêmes modifications ont été réalisées pour le taux d'insertion calculé deux ans après l'obtention du titre, invisibilisant une partie des étudiants. Les données 2017 et 2018 auraient ainsi dû permettre de constater que seuls 57,14 % des étudiants diplômés étaient finalement employés dans le métier désiré. Mais c'est le tableau des chiffres « neutralisés », avec ses 70,45 %, qui a été mis en avant.

Chapitre 6

TOUJOURS PLUS D'ÉTUDIANTS ET... ENCORE MOINS DE PROFS

Appelons-le Kévin*. Parce que ce professeur a peur et qu'il veut s'assurer un avenir, il entend rester discret. Kévin*, me dit-il, c'est « le prénom qu'utilisent les profs et membres de l'équipe quand ils veulent parler à la presse ». Comme dans les ZAD. « La grande question qu'il faut se poser, me lâche-t-il d'emblée, c'est comment Galileo phagocyte le vivier d'écoles en les développant de manière délirante. Quand on voit ce qu'ils ont fait à LISAA depuis 2012, on comprend. Ils ont flingué l'école. »

Ce prof n'est pas en colère ; désabusé serait un terme plus approprié. Il observe depuis des années le démembrement de l'école qu'il aimait tant, pièce par pièce, section par section. Grâce à lui, je récolterai au fil des mois de nombreux témoignages d'enseignants, d'étudiants et de membres des équipes pédagogiques des différentes écoles et antennes LISAA. D'appels en rendez-vous, de cafés en déjeuners, d'e-mails en visioconférences, j'obtiendrai finalement un faisceau d'éléments me permettant de documenter les dérives du groupe Galileo Global Education afin d'accroître sa rentabilité.

Des premières informations récoltées, je vais tirer une conviction : ce qu'a vécu Renaud Jungmann n'a jamais cessé depuis son départ. Baisse des volumes d'heures, augmentation des effectifs, précarisation des professeurs et salariés… c'est désormais comme cela que ça se passe chez LISAA.

« Chaque étudiant paie son école de 6 500 euros à 10 000 euros par an. Le calcul est assez simple : plus tu as d'élèves, plus il y aura de frais d'inscription, plus il y aura de bénéfices. Du coup, ils ont blindé les classes », m'explique Kévin*. Ces cinq dernières années, les écoles ont multiplié par deux le nombre d'étudiants, de 1 687 personnes en 2017-2018 à 3 507 en 2023. La croissance est impressionnante et s'opère de plusieurs manières. Il n'est bien entendu pas question de remplir les salles avec 50 ou 60 élèves, alors le groupe décide de multiplier le nombre de classes : on en comptait 58 en 2018, il y en a désormais 118 dans les antennes LISAA. Pour justifier cette croissance, le groupe a conçu de nouvelles spécialisations en fonction de l'évolution des marchés professionnels, et de nombreux mastères pour accueillir les étudiants une quatrième et une cinquième années supplémentaires. Kévin* ajoute : « Avant, on ne proposait que des formations en trois ans, mais le groupe a compris qu'en créant deux années de plus, ils garderaient les étudiants captifs plus longtemps ! À 8 000 euros l'année, c'est intéressant ! »

« Les écoles appartenant à des groupes privés ne sont pas là uniquement pour le bien-être des élèves »

Un cabinet d'audit a mené une étude sur les conséquences de cette politique. Dans ce rapport confidentiel d'avril 2024, le cabinet Progexa, mandaté par les membres du CSE, constate que le groupe a augmenté le nombre de classes et les effectifs d'environ 13 % par an, « permettant un taux de remplissage optimisé » des écoles. La stratégie semble fonctionner. Le problème, c'est que les établissements n'auraient pas nécessairement la capacité d'accueillir cette hausse des effectifs. Les professeurs, en première ligne, saturent.

Jusqu'en 2023, Claire Lefranc n'avait jamais enseigné à LISAA, mais en avait bien sûr entendu parler. Y passer quelques mois a été l'occasion pour elle d'observer de l'intérieur le fonctionnement de l'établissement. Dès la rentrée scolaire 2023, elle repère de sérieuses lacunes : manque d'ordinateurs ; élèves, à deux ou trois par machine, qui ont du mal à avancer sur leurs projets ; absence de souris d'ordinateurs, que les étudiants doivent acheter eux-mêmes ; tablettes à dessin trop petites, qui favorisent les tendinites ; vidéoprojecteurs qui fonctionnent mal avec des élèves qui ne voient ou n'entendent rien dans le fond des salles. Une professeure, obligée de se hisser sur une chaise pour allumer à la main un vidéoprojecteur logé dans le faux plafond, a même lourdement chuté. Sans oublier la mauvaise isolation des locaux, surchargés d'élèves suffoquant en plein été ; l'absence de salle de pause sur les campus, ou cette « micro-cafétéria » non adaptée aux effectifs, avec ses « vingt places et trois pauvres micro-ondes », comme me le raconte Claire Lefranc. « On sait que les écoles appartenant à des groupes privés ne sont pas là uniquement pour le bien-être des élèves, ce n'est même pas dans leur intérêt premier, elles veulent juste rameuter des jeunes qui vont payer », juge-t-elle. Avec une trentaine d'élèves par classe et dans de telles conditions d'accueil, la professeure ne peut pas suivre correctement l'évolution du travail de ses élèves. « On est submergés de travail, on n'a pas le temps de s'occuper d'eux et on ne peut de toute façon pas le faire, car les conditions d'enseignement nous en empêchent », assure-t-elle, avant de me lancer : « Le pire, c'est qu'ils ne font pas qu'augmenter les effectifs d'élèves ! Ils baissent aussi leurs heures de cours pratiques. Une catastrophe ! »

Tous les ans, dans le courant du mois de septembre, c'est un peu la même rengaine à LISAA. Les professeurs et intervenants découvrent les emplois du temps fraîchement élaborés par les directeurs pédagogiques. Et souvent, le nombre d'heures diminue. Mes interlocuteurs me l'assurent : les coupes ne sont pas dues au hasard mais font partie d'une stratégie délibérée d'optimisation des coûts de formation par Galileo Global Education.

« Revoir les orientations stratégiques de l'école »

En 2023, le groupe annonce par exemple vouloir « revoir les orientations stratégiques de l'école » à travers une « action pédagogique », pour relancer l'attractivité et la croissance de la marque. Pour cela, il lance une consultation auprès du comité social et économique (CSE) des écoles LISAA et appelle à réorganiser les plannings et les modalités d'évaluation de façon plus cohérente. Cette « révolution » porte un nom : l'harmonisation des programmes. J'ai pu obtenir un document interne créé par la direction de LISAA, détaillant sur une vingtaine de pages les objectifs stratégiques du programme d'harmonisation ainsi que les méthodes pour sa mise en œuvre. La direction y explique les projets d'ajustements horaires, école par école. Concernant LISAA Graphisme, le groupe projette de réduire la durée de la deuxième année comme de la troisième année de 26 semaines à 25 semaines de cours par an. Ces heures doivent être remplacées par une semaine de stage professionnel, puis un temps de préparation au projet de fin d'étude. Au total, 536 heures de cours seraient supprimées sur les deux années…

Chez LISAA Architecture, le programme prévoit la création d'une nouvelle matière pour aider les élèves à se professionnaliser, mais, en parallèle, l'annulation d'une centaine d'heures de cours, dans le but d'obtenir « des semaines moins chargées pour les étudiants, afin de libérer du temps pour travailler sur leurs projets ». De 26 semaines, l'année d'étude passe à 24. Jusqu'à 118 heures de cours en moins sur un an de formation, pour un total de 418 heures. Pas exactement un détail.

Du côté de LISAA Game et Animation cette fois, la direction réorganise carrément l'ensemble des formations et envisage la fermeture de sept classes dans la section Animation, tout en diminuant au passage les volumes horaires des deuxième et troisième années de plusieurs dizaines d'heures, pour atteindre une réduction de programme… de 536 heures. J'ai sorti ma calculette : au total, selon ce document, 1 490 heures de programme disparaîtraient dans le cadre du programme d'harmonisation !

Au printemps 2024, le groupe confirme sa volonté de supprimer des heures de cours, scandalisant les professeurs qui, chaque année, doivent reformater leurs enseignements au gré de ces réductions horaires. Les enseignants doivent non seulement passer des heures à réécrire leurs cours, mais aussi corriger davantage de copies, participer à plus de jurys…

Pour les professeurs qui auraient subi de trop grandes pertes de volume horaire et pour compenser les baisses de rémunération, la firme a imaginé une solution : ceux qui le souhaitent peuvent se porter volontaires pour des activités de coaching, surveillance d'examens, ateliers, présentation aux journées portes ouvertes, correction de rapports de stage, etc. Une quinzaine d'activités sont proposées… Rien à voir avec ce pour quoi ils sont là, à savoir enseigner ! Le mal-être grandit dans le corps professoral. Plusieurs enseignants me confient leur impression d'être devenus des données interchangeables, de simples pions dans le système.

En 2023 d'ailleurs, lorsque LISAA prépare le projet d'harmonisation des formations et donc la suppression des volumes horaires, la direction se doute bien que le projet ne fera pas l'unanimité chez les salariés. Alors elle ajoute une dernière option : une procédure de licenciement. Certains enseignants décident donc de partir. Ceux-là, ce sont ceux qui le peuvent : les anciens, les meilleurs, ceux qui ont du réseau, une longue expérience d'enseignement. Ceux qui trouveront facilement des contrats ailleurs. Et il y a les autres, ceux qui restent, prêts à accepter la diminution de leurs heures, la détérioration de leurs conditions de travail, le tout face à des étudiants toujours plus nombreux. En bref, travailler plus pour gagner… moins. Ceux-là sont les professeurs les plus jeunes, les moins formés, les plus précaires : ceux qui n'ont pas le choix.

En 2022, la direction de LISAA avait déjà commandé un rapport interne pour examiner la politique sociale et les conditions de travail et d'emploi dans ses écoles. Les conclusions de l'audit sont particulièrement éloquentes. Le cabinet note la part grandissante des CDD d'usage, qui « s'explique principalement [...] par le faible nombre d'heures allouées aux enseignants ». Cette année-là, un tiers du personnel des écoles, soit 72 personnes, est en CDD d'usage : des contrats courts, flexibles, reconductibles, qui ne donnent pas droit à la prime de précarité. Ils viennent remplacer les salariés en CDD et CDI sur le départ, permettant de gagner en flexibilité sur les contrats, au cas où il faudrait de nouveau diminuer les volumes horaires l'année suivante. À LISAA, ces employés précaires sont soit des enseignants, soit des modèles vivants (qui interviennent dans les cours de dessin). Ces employés ne travaillent que sur des petites portions horaires hebdomadaires, moins d'une dizaine d'heures seulement, et sont moins bien payés : en moyenne 15 % de moins que les CDI dans les écoles d'animation et de graphisme de LISAA.

Enfin, le groupe capitalise sur un dernier type de contrat, encore plus flexible, encore plus rentable, mais aussi encore plus précaire : les free-lances.

Chapitre 7

Des profs ubérisés

Dans son domaine, Rébecca* est une experte. Professionnelle de l'animation reconnue, cette femme n'est, en revanche, en aucun cas une enseignante. Alors, à l'automne 2023, quand une professeure de LISAA Animation l'appelle pour lui proposer un remplacement en urgence, de trois mois, elle hésite avant d'accepter. Elle a déjà fait de la formation, mais c'était il y a plusieurs années, pendant quelques mois seulement. Elle ne s'estime pas vraiment compétente. Au téléphone, sa consœur la rassure et lui communique les informations essentielles : il s'agira d'un TD pour les troisièmes années de bachelor en Motion Design. Il suffira de leur apprendre à utiliser un logiciel bien spécifique. Pas besoin d'être experte. Rébecca* accepte. De toute façon, elle n'a pas trop le choix. Depuis quelques années, le milieu de l'animation est de plus en plus concurrentiel, les postes free-lance sont moins nombreux.

En débarquant à l'école le premier jour, la jeune femme est un peu inquiète. Elle raconte : « Je ne connais rien des élèves que je vais avoir, je n'ai pas d'infos sur leur niveau, sur leur cursus… L'administration ne m'a rien envoyé, je suis lâchée dans la nature. » Malgré tout, Rébecca* donne le change et les élèves semblent satisfaits. Alors que sa mission approche de son terme, une autre professeure l'appelle et lui propose de la remplacer pour la même classe, mais dans un tout autre domaine, très technique, à partir d'outils que Rébecca* n'utilise pas. Elle hésite longuement et téléphone à l'administration : « Je ne suis pas capable de donner ce cours, je n'ai pas les mêmes techniques que celles utilisées par la professeure, et donc pour les élèves, ça risque d'être un peu compliqué », explique-t-elle alors. Voici, à en croire son récit, ce qu'elle se serait entendu répondre : « Ce n'est pas grave, le premier remplacement s'est super bien passé donc aucune raison que ça pose souci sur celui-ci. En plus, il ne s'agit que de quelques heures techniques et ensuite, à partir de mars, il suffira juste d'accompagner les étudiants dans les projets qu'ils mènent pour leur diplôme. » Malgré ses doutes, Rébecca* accepte. Mais une nouvelle fois, elle se sent seule, abandonnée par sa direction : « On ne m'a rien envoyé : aucun planning horaire détaillé sur les semaines à venir, pas d'emploi du temps précis, je ne connais pas le nombre d'heures de cours que je vais devoir donner. Je n'ai jamais signé le moindre contrat, rien n'était écrit nulle part me concernant. Je suis une travailleuse volante, je vais et je viens au gré de leurs demandes. »

« Les élèves se rendent bien compte que la formation n'est pas au niveau »

Quand elle se plaint, l'administration se confond en excuse : ils sont en sous-effectifs, submergés par le travail…

Voilà ce qu'on lui dit. Le temps passe et l'intervenante manque toujours des outils nécessaires pour mener ses cours à bien. N'ayant pas été informée du nombre d'heures qu'elle doit dispenser durant le semestre, elle peine à construire ses programmes de formation. Rébecca* fait ce qu'elle peut. Les étudiants eux, s'agacent, s'impatientent… « En cours, relate-t-elle, ils expriment leur colère, me disent qu'ils ne sont pas contents de la manière dont l'école s'occupe d'eux… » La jeune femme tente de les rassurer, sans succès : « Les élèves se rendent bien compte que la formation n'est pas au niveau. Mais nous, les prestataires, nous sommes impuissants. » Au fil des semaines et de ses échanges avec les élèves, Rébecca* comprend peu à peu dans quel bourbier elle a mis les pieds. Les étudiants n'ont presque pas de cours techniques mais principalement des heures en classe dédiées à leurs travaux de fin d'études, qu'ils mènent seuls, simplement guidés par des free-lances non formés à l'exercice et pas toujours compétents pour les épauler dans leurs travaux.

Rébecca* aimerait pouvoir en discuter avec des collègues, demander des conseils. Le problème, c'est que ceux-ci sont jeunes, vraiment très jeunes… et qu'ils sont pour beaucoup d'anciens étudiants de l'école. « La plupart des professeurs que je croise sont tout juste sortis de leur formation, résume-t-elle. Ils sont au chômage, galèrent à trouver du boulot, donc quand l'école les appelle pour leur proposer quelques missions d'enseignement, ils acceptent. » Kévin* m'a fait part de ce même constat. Lui aussi croise parfois d'anciens étudiants, fraîchement diplômés, dans les couloirs de leur école, sans aucune expérience professionnelle ni réelle légitimité. Pour Galileo, comme d'autres groupes privés d'ailleurs, ces jeunes actifs sont des perles rares. En recherche d'emploi, ils sont vulnérables et ne sont pas en situation de se plaindre de leur volume horaire ni de leur rémunération. Loyaux envers l'école qui les a diplômés, ils sont dociles. « Ils ne l'ouvrent pas, tranche Kévin*. Ce sont des bons petits soldats. Il n'est qu'à voir les contrats qu'ils signent, c'est absolument n'importe quoi. »

J'ai pu lire l'un de ces contrats « de prestations service enseignement ». Il y est écrit que le groupe ne cherche pas des professeurs en tant que tels, mais bel et bien des intervenants qui exercent « une activité professionnelle principale en dehors de l'école ». Pourtant, le contrat en ma possession prévoit plus de 300 heures de cours sur l'ensemble de l'année scolaire, soit plus de deux mois de travail à temps plein. À ces heures de cours s'ajoutent « la rédaction de sujets et la correction de copies, d'examens, des contrôles et copies de rattrapage ». Pour un non-professionnel de la formation, la masse de travail à abattre est titanesque. Les prestations sont payées 77 euros par heure d'enseignement, toutes taxes comprises. « Pas mal pour une école privée », admet Rébecca*. Mais, comme souvent, ce sont les détails qui comptent. Il faut savoir lire entre les lignes. Ici, par exemple, les heures induites, c'est-à-dire le temps de préparation des cours, ne sont pas rémunérées. « Dans certaines écoles publiques, les heures induites sont payées au même tarif que les heures de cours. Là, rien. En gros, on n'est pas payés la moitié du temps de travail », m'explique Rébecca*, la prestataire, qui ne signera jamais de contrat.

Chez LISAA, les contrats obligent les formateurs à concéder à l'école, « à titre gratuit et pour le monde entier, les droits d'utilisation, à titre non exclusif, sur l'ensemble des créations, à l'exclusion des vidéos diffusées en direct ou en replay par l'Intervenant ». L'école peut adapter ou autoriser un tiers à adapter tout ou partie des cours, y apporter toute modification, les mettre à jour ou les sous-titrer dans d'autres langues, tout cela gratuitement, pour toute la durée du contrat (l'équivalent d'une année scolaire) et douze mois supplémentaires. En d'autres termes, l'école peut décider de ne pas renouveler son prestataire tout en s'appropriant au moins temporairement ses outils et ses cours.

Le free-lance ne doit d'ailleurs pas seulement céder ses supports écrits, il doit aussi accepter de céder sans exception ni réserve, pour l'école et dans le monde entier, l'ensemble de ses cours vidéo réalisés dans le cadre des programmes en distanciel. Cette cession est même détaillée dans une annexe du contrat : une autorisation de diffusion « image et voix », remplie et signée par chacun des prestataires au profit d'IDAA, la société mère des écoles LISAA, détenu par Galileo Global Education. L'image, le visage, la voix, les cours : tout appartient désormais au groupe. Pour 77 euros brut de l'heure. Sans garantie de renouvellement des contrats. « On se demande si ça ne relève pas de la clause abusive », s'interroge Kévin*.

« C'est le dialogue social qui s'effondre, avec les conséquences durables sur la qualité des établissements et des enseignements »

Lauriane Raynaud, avocate au barreau de Paris, exerçant en droit du travail, a accepté de me parler. Elle m'explique : « Précarisation, réduction d'heures, conditions de travail dégradées sont des constantes, dans la plupart des écoles privées que j'ai à connaître. Dans ces mêmes écoles, on observe un recours important aux prestataires (en lieu et place des enseignants salariés). Les directions peuvent leur imposer des clauses de cession de droit de propriété intellectuelle et des clauses de cession de droit à l'image complètement décorrélées de leur mission d'enseignant et tout à fait disproportionnées. » Selon Me Raynaud, « le recours à des prestataires pour réaliser des missions d'enseignement questionne. Un enseignant qui ne choisit pas ses horaires, son taux, qui doit rendre des comptes a-t-il vraiment la liberté d'un prestataire ou bien est-ce du salariat déguisé ? ». Les intervenants n'ont pas toujours connaissance de leurs droits. Et même quand ils en ont connaissance, ils n'ont pas d'autre choix que d'accepter la situation en l'état. « Le problème, c'est que les prestataires ne bénéficient pas de la protection qu'offre le droit du travail et qui reste protecteur des salariés. Les prestataires n'ont pas autant de leviers pour se faire entendre et pour faire valoir leurs droits, avec le risque d'être sur la sellette s'ils expriment que les conditions de travail ne leur conviennent pas, donc ils sont fragiles face à l'employeur », reprend l'avocate. « Plus on aura de prestataires dans les écoles privées en lieu et place des enseignants salariés, moins il y aura de résistance et de protection des droits en interne. C'est le dialogue social qui s'effondre, avec les conséquences durables sur la qualité des établissements et des enseignements. »

Chez LISAA, le nombre de « prestations pédagogiques externes » a augmenté de… 61 % en 2021 et de 73 % en 2022 ! Ces changements ont des conséquences sur la santé mentale des équipes. En 2023, un rapport d'information interne fait la synthèse des risques psychosociaux dans l'ensemble des établissements de la marque LISAA. Il constate une trop grande intensité de travail, des conflits de valeurs, des difficultés dans les rapports sociaux au travail, une trop forte exigence émotionnelle... L'expertise dresse la liste des symptômes identifiés chez les salariés : manque de confiance, sentiment d'inutilité et d'irritabilité, anxiété, douleurs aux cervicales, fatigue chronique, troubles du sommeil, troubles alimentaires, consommation de produits addictifs, et des états dépressifs.

La maison mère a pourtant mis en œuvre un plan d'action en matière de conditions de travail, de santé et de sécurité, prévoyant notamment un programme d'écoute et d'accompagnement psychologique 24h/24 et 7j/7. Ce plan, présenté par la direction du groupe fin octobre 2022, vise les écoles LISAA mais aussi l'ensemble du pôle Art et Création, soit une vingtaine d'établissements. Or, selon le rapport interne, « au vu des facteurs de RPS [risques psychosociaux] et des troubles psychosociaux identifiés dans le cadre du rapport d'expertise présenté en septembre 2022, soit sept mois après, ce plan d'action nous apparaît très largement insuffisant et nous amène à souligner la minimisation par la direction des impacts potentiels des RPS :

– Il s'agit de mesures de prévention secondaires et tertiaires uniquement, pour lesquelles la déclinaison opérationnelle concrète sur le terrain n'est pas décrite.

– Aucune mesure concrète n'est envisagée pour prévenir les situations problématiques soulevées en matière de charge de travail, d'autonomie, de collectif de travail, de reconnaissance, de sens au travail, d'insécurité de la situation professionnelle ».

Avant de conclure : « En ce sens, la direction s'attache davantage à soigner les salariés, fragilisés par leur travail, que le travail lui-même, ce qui ne lui permet pas de répondre à son obligation en matière de santé et de sécurité. »

La direction ne respecterait pas toujours parfaitement ses obligations légales. En principe, chaque entreprise qui embauche au moins un salarié a l'obligation d'établir un « document unique d'évaluation des risques professionnels » (DUERP). D'après l'article R.4121-1 du Code du travail, l'employeur doit y consigner et y mettre à jour les résultats de l'évaluation des risques pour la santé et la sécurité auxquels peuvent être exposés les salariés. Or, toujours selon cette expertise, le DUERP 2022 des écoles LISAA est incomplet, la méthode d'analyse et les outils ne sont pas indiqués, il n'est pas utilisé comme outil de prévention et certains éléments n'ont pas été mis à jour depuis 2020. Pire, ce DUERP sous-estime les risques psychosociaux dans les écoles : « Ne pas faire apparaître l'ensemble des risques [...] c'est passer sous silence une grande partie des troubles vécus par les salariés des différentes écoles », argumente l'audit. Autre problème : le Programme annuel de prévention des risques professionnels et d'amélioration des conditions de travail (Papripact), un document proposant des mesures concrètes en prévention et gestion des risques, lui aussi obligatoire selon le Code du travail, ne semble pas exister. Selon ce rapport réalisé en 2023, les établissements de la marque étaient donc, à l'époque en tout cas, hors la loi, comme aveugles aux conditions de travail de leurs salariés.

Aveugles à leurs impacts sur la qualité des enseignements.

« Ces "prestas" ne sont ni briefés, ni formés à l'enseignement »

Valentine* est salariée de l'une des écoles LISAA. Toujours en poste aujourd'hui et soumise à certaines pressions internes, elle tient à conserver son anonymat. Ses missions lui permettent de bien connaître les professeurs, de constater les diminutions d'heures de cours et l'instabilité pédagogique grandissante. Elle m'a confié, longuement, sa lente désillusion, son désespoir face au mal-être grandissant des équipes. Une chose la révolte tout particulièrement : la baisse de qualité des enseignements chez LISAA.

« Le groupe semble avoir oublié que notre rôle en tant qu'école, c'est de créer du partage de connaissances, du savoir, et ce n'est pas ce que l'on fait, car nous, on fait du chiffre. C'est dramatique », déplore Valentine*. Elle constate que les établissements ont des difficultés à recruter de nouveaux prestataires, ce qui les conduit à baisser leurs exigences, notamment en allant chercher des personnes n'ayant jamais enseigné de leur vie, comme certains anciens élèves de l'école : « Ces "prestas" ne sont ni briefés, ni formés à l'enseignement. Ils ne savent pas ce qu'il faut faire, ils sont livrés à eux-mêmes. Ce sont des jeunes qui n'ont jamais bossé, ils sont insuffisamment capables de préparer les élèves à leur avenir professionnel », me dit-elle. Pire encore : de plus en plus de professeurs, quels que soient leurs contrats, sont chargés d'enseigner dans des matières pour lesquelles ils ne sont pas ou peu spécialisés. « Attention, je ne dis pas qu'ils sont nuls. Mais il n'y a pas de coordination pédagogique. L'école les place dans l'urgence pour combler des vides, et ça pose de vrais problèmes de qualité de la formation », affirme-t-elle.

Non seulement une partie des enseignants ne sont pas suffisamment formés, mais, en plus, les programmes de cours, plus maigres au fil des ans, sont uniformisés et perdent donc de leur originalité et leur intérêt, me raconte Valentine* : « Comme on a des centaines d'heures de cours en moins, on doit donner la priorité aux heures qui permettent aux étudiants d'obtenir les compétences nécessaires à l'obtention de leur certificat de fin d'études. Ça veut dire qu'on ne leur laisse pas le temps de réfléchir, on leur enlève leur esprit critique. » « On devrait leur enseigner des savoirs fondamentaux, proposer des options pour qu'ils découvrent de nouvelles choses. Mais non, on leur apprend la compétence travail, c'est du formatage et ça me choque. » Valentine*, comme tous ses collègues, Claire Lefranc, Kévin* ou Rébecca*, appelle à une prise de conscience, pour qu'enfin la pédagogie revienne au cœur de l'école.

Chapitre 8

UN DIRECTEUR EN COLÈRE

Tout avait si bien commencé… Quand Thibault Catimel est sollicité, en 2020, par la direction de l'école Bellecour pour devenir responsable pédagogique d'une formation, il accepte la proposition avec joie. Pour lui, Bellecour a une valeur symbolique : c'est son ancienne école, celle qui l'a formé pendant cinq ans et lui a ouvert les portes du milieu professionnel qu'il visait. C'était en 2012.

À l'époque, Thibault est jeune bachelier et s'imagine professionnel du jeu vidéo. Il intègre la première promotion Game Design de Bellecour. L'étudiant y suit un cursus en cinq ans et en sort diplômé en 2017. Sans emploi, il accepte un CDD d'un an proposé par l'école, dans l'administration. « Ça se passait bien mais au bout d'un an j'ai voulu partir, ce n'était pas ça, mon rêve, moi je voulais bosser dans les studios, faire du jeu vidéo », relate-t-il. Thibault Catimel a un seul objectif en tête : créer son propre studio. Trois ans plus tard, l'école le rappelle, avec une nouvelle proposition. Cette fois, il s'agit d'une mission orientée vers la pédagogie et d'un poste à responsabilité : directeur des parcours Game Design. L'offre est alléchante : non seulement il aura des moyens pour améliorer la formation, mais, en plus, le poste est à temps partiel, ce qui lui laissera la liberté de mener à bien ses projets professionnels en parallèle. À l'époque, Thibault Catimel a déjà entendu des rumeurs sur Bellecour : à Lyon, depuis l'acquisition récente de l'établissement par le groupe Galileo, l'école fait parler d'elle. L'ambiance aurait changé, l'organisation interne aurait été modifiée et des coupes budgétaires auraient été opérées. Des connaissances lui déconseillent d'accepter le poste. Mais le nouveau directeur n'y prête pas spécialement attention. Il a une rentrée scolaire à organiser.

« Bref, le bordel, quoi »

Thibault Catimel se souvient de son premier jour comme si c'était hier. Le jeune homme se rend de bonne heure au 18, rue François-Dauphin, l'antenne Bellecour du 2ᵉ arrondissement, à quelques pas de la célèbre place lyonnaise. Il est attendu pour la passation de poste et arrive plus enthousiaste et motivé que jamais. Malheureusement, la rencontre consiste en un simple échange « sur un coin de table » et ne dure qu'une heure et demie. La nouvelle recrue n'obtient que quelques informations basiques et une poignée de documents. Thibault Catimel se retrouve seul derrière son bureau, avec l'année à préparer, sans savoir par où commencer. Le rôle de directeur pédagogique est particulièrement important. Il est assez simple sur le papier : faire le lien entre les étudiants, l'administration et les professeurs. Organiser les plannings et les emplois du temps en fonction des disponibilités des intervenants et des salles, trouver de nouveaux professeurs quand certains ne peuvent plus venir, réadapter les grilles de programmes en fonction des avancées technologiques, de l'évolution des secteurs professionnels et des écoles concurrentes, tout cela en respectant scrupuleusement le budget alloué. Il s'agit aussi de constituer des passerelles entre les étudiants et leurs futurs employeurs, en organisant des rencontres professionnelles, des *job datings*. Parfois, les responsables pédagogiques doivent aussi superviser les journées portes ouvertes de leurs cursus. « On doit s'assurer que le programme pédagogique est cohérent et que les élèves qui sortent du bachelor ont les compétences nécessaires pour trouver du boulot », résume-t-il.

Bien sûr, il y a toutes les autres missions, davantage symboliques mais qui, elles aussi, demandent du temps. Il faut être l'épaule sur laquelle les étudiants peuvent se reposer, régler les aléas de la vie quotidienne au sein de l'établissement : les petites guerres entre élèves qui dégénèrent en violences physiques ou morales, la prévention contre le harcèlement et les discriminations... Thibault Catimel a bien conscience que la fiche de poste est impressionnante. Mais avec de la volonté, une bonne organisation et un peu de moyens, rien ne lui semble impossible. À première vue, du moins. Dès le premier jour, il dresse un état des lieux, qu'il s'agisse du programme de la filière ou des professeurs qui l'animent. Ce sera sa première douche froide : « Je constate qu'à trois semaines de la rentrée il reste pas mal de choses qui n'ont pas du tout été préparées. Certains profs ne sont pas encore recrutés et il y a de grosses incohérences, comme des projets individuels qui démarrent avant que les cours soient prodigués, des durées de jury absolument ridicules pour 32 élèves par classe ou des intervenants avec parfois des sauts de trois semaines entre deux cours. Bref, le bordel, quoi. » Il ne panique pas, mais s'interroge.

Comment est-il possible que l'école soit aussi désorganisée ?

« Le professeur de défense contre les forces du mal »

Durant plusieurs années, Arthur* a été professeur dans le cursus Game Design. Peu de temps après la pandémie de Covid, il a décidé d'arrêter d'enseigner dans l'école. Il se souvient encore de la belle époque, avant l'arrivée de Galileo Global Education : « Quand approchait la fin de l'année scolaire, vers juin, on avait un bilan avec la personne chargée de la direction pédagogique sur l'année écoulée, et on discutait de l'aménagement horaire et des cours pour l'année suivante, en fonction des désirs de l'école et de nos disponibilités. » À l'issue de cette réunion, professeurs comme responsables inscrivaient les heures et les programmes dans des plannings, confirmés quelques semaines plus tard par courrier. La rentrée était anticipée. Chacun pouvait partir en vacances en toute sérénité. Après l'acquisition de l'école par la firme, tout a changé. « Dès 2019, au lieu d'envoyer les plannings en juillet et de pouvoir en discuter pendant l'été, ils nous ont fait attendre la réunion de rentrée, fin août-début septembre, pour qu'on puisse découvrir notre planning à ce moment-là, affirme-t-il. C'était donc compliqué pour nous de faire les modifications, et il y avait plein de problèmes de planification : des profs n'étaient plus dispos, les cours ne correspondaient pas à la discipline des intervenants, les cours étaient très mal organisés… » C'est lors de cette même réunion de rentrée que la direction annonce l'acquisition de l'école par Galileo et la restructuration à venir. « On n'a pas compris le rapport : pourquoi l'arrivée de Galileo devait modifier une organisation qui, selon moi, fonctionnait relativement bien depuis des années ? » s'interroge Arthur*. La direction de Bellecour souhaite avant tout optimiser les fiches de postes, dans une démarche de réduction des coûts, à commencer par l'administration. « Ils ont créé un département consacré à l'organisation des emplois du temps, qui ne faisait que ça, mais sans connaître le contenu des formations et sans dialogue avec la pédagogie », m'explique-t-il. C'est ainsi que débute la grande désorganisation.

Comme à LISAA, Galileo ne tarde pas à mettre en place ses « process » : débutent alors les coupes budgétaires, les optimisations horaires. Selon mes informations, de 800 heures par an pour les étudiants en classe préparatoire et en bachelor en 2020, l'école passe à 650 heures en 2023. Comme à LISAA, les intervenants n'ont que deux options, celle d'accepter leur sort ou de partir. L'école multiplie les contrats à faible volume horaire et recrute des prestataires. Comme à LISAA, la direction compartimente les équipes, les isole, les prive de lieux de rencontre. Comme à LISAA, la réputation de Bellecour en pâtit, les professionnels sont de moins en moins nombreux à souhaiter y travailler. Comme à LISAA, pour diminuer les coûts, la direction embauche de plus en plus de jeunes profs, sortis de l'école quelques années plus tôt, et leur demande de donner des cours dans des matières qui ne relèvent pas de leur spécialité.

Dans les coulisses, les directeurs pédagogiques, comme Thibault Catimel, se voient contraints d'appliquer une marge de 20 % sur tout ce qui englobe l'enseignement, tels que les salaires des professeurs et le volume d'heures de cours. Cela s'appelle une marge pédagogique. « Je dois aller à l'économie la plus extrême pour faire de la marge pédagogique, je n'embauche pas assez de profs, je ne prends pas le temps de les former. Forcément, ça crée des problèmes à tous les niveaux, et pour les étudiants en priorité », juge Thibault Catimel. Il communique ces informations au compte-gouttes, tant bien que mal, à la centaine d'élèves dont il a la charge. Désormais, les étudiants viennent même directement frapper à la porte de son bureau. Ils ont besoin d'informations, sont furieux... Thibault Catimel aimerait leur répondre qu'il est d'accord avec eux, que lui aussi est en colère, au bout du rouleau. Il ne peut pas. La tête dans le guidon, il avance. Il n'a pas le choix.

Après quelques mois passés à travailler quarante-cinq heures par semaine au lieu de son temps partiel, à habiter l'école du matin au soir, week-end compris, Thibault Catimel ressent à son tour les symptômes de l'épuisement physique et moral. On lui demande de courir après le temps, et surtout l'argent... Les étudiants l'ont surnommé le « professeur de défense contre les forces du mal », le seul capable de les protéger de l'autorité suprême, cette direction qui décide de tout mais ne permet rien. Mais ils ne sont pas dupes. Ils savent qu'il risque de sauter à tout instant. D'exploser en vol, comme tous les autres avant lui. Au total, rien que pour le cursus Game Design, une dizaine de directeurs pédagogiques se sont succédé ces douze dernières années. Certains ne restent que quelques mois. Thibault Catimel quant à lui jette l'éponge après un an. Il s'en veut de toutes ces fausses promesses faites aux équipes, intervenants et étudiants. Avant de démissionner, au début de l'été 2021, il rédige une longue lettre, destinée à la direction de Bellecour. Il écrit notamment : « C'est notre éthique professionnelle qui nous force à tout donner, car les élèves, pour la plupart, ont leur vie qui se joue. Si on fait mal notre travail, les répercussions peuvent être titanesques. On parle de 9 000 euros l'année pour étudier, sans compter le loyer, la bouffe et tout le reste qu'ils ont à payer… On a des étudiants qui s'endettent de 30, 40, voire 50 000 euros pour faire ces études. Si c'est pour qu'on leur dise “oui, oui, tout va bien, mon petit poulet” et qu'ils se prennent un train en pleine tête en troisième année parce qu'ils n'ont rien branlé toute leur scolarité et que jamais personne ne va les embaucher… c'est terrible, et ça trouble le sommeil, ça. »

L'ancien directeur est aujourd'hui à la tête de son propre studio et revisite avec recul ces mois de galère passés à Bellecour. « Je ne suis pas traumatisé, Bellecour ne m'a pas broyé comme certains. Mais je suis dégoûté. C'est du gâchis. On fait des métiers magnifiques, on pourrait offrir des opportunités incroyables aux étudiants. Tout ça est gâché par quoi ? L'argent. »

Depuis son départ, l'organisation de Bellecour ne semble pas s'être améliorée. À l'été 2023, le directeur de l'école, Nicolas Sanchez, en poste depuis le rachat quatre ans auparavant, a quitté la direction. Contacté, il n'a pas donné suite à mes sollicitations. Fin août 2023, à quelques semaines de la rentrée, dix professeurs manquaient toujours à l'appel. Enfin, au printemps 2024, le nouveau directeur annonçait à son tour son départ. Moins d'un an après son arrivée.

Chapitre 9

L'INJONCTION AU BONHEUR

Ça paraît presque incongru, à la lueur de ce qui précède ; parler de bonheur au sein de l'empire Galileo. Mais c'est le credo de l'entreprise. Il faut soigner son image, quoi qu'il en coûte. Les écoles doivent susciter du fantasme et de l'envie.

Le groupe ne propose pas seulement de l'enseignement, mais avant tout une expérience hors norme, de celles auxquelles on aspire adolescent en regardant les films américains à la télévision. Galileo permet d'accéder à l'inaccessible. Les écoles sont si belles et si neuves, jurent les commerciaux et ambassadeurs de GGE, c'est ce qui les différencie des campus vieillissants des universités. Les ordinateurs sont du dernier cri, il y a des cafétérias avec une nourriture de choix, des parcs verdoyants où se promener, des associations pour coopter, des soirées pour célébrer, des alumni (les anciens étudiants de l'école) pour aider à s'insérer, un directeur sympa et accessible, des équipes aux petits soins…

Ces écoles ne vendent pas que du savoir. Elles proposent un séjour de trois à cinq ans tout compris, services et diplômes à la clé. Et les équipes se plient en quatre pour satisfaire non pas l'étudiant, mais le « client ». D'ailleurs, chez Galileo, le bonheur est quantifiable et fait même l'objet d'une prime, dont peuvent bénéficier les salariés.

Pour aider les employés dans cette tâche, la direction a élaboré un précepte, à suivre à la lettre : le *Happy Student Maker* (en français : « Rendre les étudiants heureux »). En interne, la formule est appelée HSM et les employés sont obligés d'en appliquer les trois grands commandements : Servir, Exiger, Faire grandir. Tout est détaillé dans les fiches de postes des salariés. Servir, c'est prendre le temps d'écouter, tenir compte de l'état émotionnel de l'interlocuteur, faire preuve d'empathie, s'adapter, demander des *feedbacks* sur « sa posture ». Exiger, c'est adopter un comportement juste dans le respect et la politesse, formuler des demandes claires, « coconstruire une réponse », s'assurer que les échanges soient équilibrés. Faire grandir, c'est partager les bonnes pratiques, valoriser les talents, « *challenger* son interlocuteur », encourager l'initiative et l'expérimentation.

Le concept ne vient pas de nulle part. Il a été imaginé par l'ancienne présidente française du groupe, Vanessa Diriart, partie en décembre 2023. Avant d'intégrer Galileo en 2019, la P-DG a mené une belle carrière dans le marketing stratégique. Pendant près de six ans, elle a notamment occupé le poste de directrice générale de Center Parcs, propriété de Pierre et Vacances, spécialiste des voyages détente. Vanessa Diriart connaît donc tout des séjours bien-être et compte en appliquer les principes. Dès ses débuts à la présidence de Galileo, la satisfaction commence donc à être quantifiée et mesurée. La firme utilise le *Net Promoter Score* (NPS) de la société de gestion d'expérience client Medallia. Un outil de mesure et d'évaluation des probabilités de recommandation d'une entreprise, fondée sur une ribambelle de critères qualitatifs et surtout relativement subjectifs : la scolarité, la pédagogie, l'accompagnement professionnel ou encore les installations, l'environnement global de l'établissement, la vie scolaire ou la « confiance en l'avenir » des étudiants.

« Ces écoles-là sont des machines à volumes, à faire du fric »

Tout au long de l'année, les étudiants sont invités à remplir des questionnaires en ligne, mettre des notes, ajouter des commentaires. À l'issue de ces votes, un score, de – 100 à + 100, est donné pour chacun des critères ainsi qu'une note globale à l'établissement.

Comme pour le Cube, le résultat est affiché en vert pour les bonnes notes, en rouge pour les mauvaises.

Comme pour le Cube, la jauge est scrutée et observée régulièrement, objectivée par des variables, sources de nombreuses discussions et surtout de pressions.

Comme pour le Cube, surtout, c'est le rouge qui domine chacune des évaluations, semestre après semestre, année après année, dans quasiment toutes les écoles.

C'est ainsi qu'en 2021, sur 6 484 clients-étudiants répondant à l'une des évaluations, 2 528 se disent mécontents de leur formation. Cette année-là, le NPS général des écoles est de – 19/100. Le NPS scolarité de – 25,1. Le NPS pédagogie de – 2,7. Plus grave, le NPS accompagnement professionnel tombe à – 39,3.

Et l'année suivante est pire encore. En 2022, les résultats du premier semestre révèlent une dégradation du score global du groupe, à – 25,9/100. Bellecour est intégralement dans le rouge : – 76,9/100 de score global. PSB, l'école de commerce parisienne, affiche – 55/100. IICP, l'école de journalisme de Galileo (depuis rebaptisée Narratiiv), – 49,2/100. « En général, plus une école est grosse, plus la note est mauvaise, car ces écoles-là sont des machines à volumes, à faire du fric », m'affirme, sous le sceau de l'anonymat, une source interne au groupe.

En 2023, l'école du Web Hetic semble toucher le fond. Son score NPS affiche le catastrophique score général de – 83,3/100. Ce résultat n'est pas étonnant. À force de coupes budgétaires, de mutualisations ou de suppressions de classe, de surbooking et de travaux non effectués, sa réputation s'est effondrée. Les étudiants n'en peuvent plus et le font savoir à leur direction, notamment par des commentaires confidentiels, laissés à l'occasion de ces nombreuses enquêtes d'opinion internes.

En voici quelques-uns :

« Utilisez votre argent dans l'école et non la publicité de l'école, les murs s'écroulent, les gens partent, les gens se plaignent mais vous faites les sourds. Écoutez vos élèves qui savent mieux que QUICONQUE comment redresser votre école. »

« Nous sommes livrés à nous-mêmes dans une école à la dérive… Investissez dans l'école au lieu de simplement récolter l'argent des inscriptions ! »

« Des locaux qui se délabrent, une “sur-population” voulue dans un but de rentabilité. Nous sommes des étudiants et notre avenir est en jeu. »

« Le recrutement est trop large et permet à des personnes peu intéressées par Hetic de rejoindre l'école et d'être un poids pour les autres étudiants, les intervenants qui ne sont pas formés pour intervenir et transmettre des informations aux étudiants. »

« Une honte, de pire en pire. À part être un *pay to win*, je ne vois pas à quoi sert l'école cette année. »

Des avis comme ceux-là, il en existe des dizaines d'autres. Et pourtant, rien ne semble changer. Le directeur de cette école, dépassé, quitte le groupe au début de l'année 2023. Les équipes restent seules, désarmées.

« Il y a un gros manque de tri et d'aiguillage à l'entrée »

15 mars 2023. Chez Hetic ce jour-là, personne n'aurait pu imaginer recevoir un tel courrier. Personne n'aurait pensé que les étudiants auraient osé.

« Mesdames, Messieurs… » La lettre est adressée aux quatre personnes les plus influentes de l'école : le directeur du développement, le responsable marketing et communication, la directrice pédagogique et le fondateur de l'école. Le ton est formel. Froid, même.

« Suite à un mécontentement général exprimé par un grand nombre d'étudiants, nous avons décidé de vous transmettre une lettre ouverte, écrite et signée par des étudiants qui se sentent concernés et en accord avec les propos ci-dessous. Étant conscients que notre vie professionnelle dépend de nos études et donc de notre école, cette lettre a pour but de vous faire passer des messages importants. Nous espérons que notre initiative ne sera pas vaine et qu'elle, en somme, bénéficiera à l'école. »

Sur près de six pages, assorties d'un long mail explicatif, les étudiants listent les nombreux manquements de l'établissement. En premier lieu, l'absence de sélection lors des admissions. « Il y a un gros manque de tri et d'aiguillage à l'entrée d'Hetic. [...] Ceci résulte en un manque considérable d'investissement des étudiants au sein de l'école. » Comme à Bellecour, les élèves d'Hetic reprochent aussi à leur direction une profonde désorganisation au quotidien, liée à des sous-investissements constants et contrastant fortement avec les moyens très importants injectés dans la communication et les campagnes de recrutement. La pédagogie ne répond pas non plus à la promesse d'être « la première école du Web », formulée par Hetic. Les étudiants accusent : « Nous ne sommes pas suffisamment informés sur les objectifs à atteindre, les compétences à acquérir et les détails des cours et des projets proposés. Nous ne savons pas ce qui nous attend et notre confiance en vous [l'administration] est mise à l'épreuve. » Les deux dernières pages du courrier consistent en un long tableau, regroupant les noms et prénoms des 186 étudiants signataires de la pétition. Ils assument leurs propos, ne craignent pas les représailles. Tous s'estiment même parfaitement légitimes à exprimer leur mécontentement, dans la mesure où le groupe a instauré vis-à-vis d'eux une relation client. « Bien que jeunes, nous restons clients et le produit est défectueux », vont-ils jusqu'à affirmer.

Le courrier fait l'effet d'une petite bombe. Et si les étudiants commençaient réellement à communiquer sur leur mal-être ? Et s'ils n'avaient plus peur ? Et si le mouvement se déployait au-delà d'Hetic, dans les autres écoles du pôle, voire pire encore, dans tout le reste du groupe ?

Effectivement, la contagion menace...

Novembre 2023.

« À l'attention de l'administration de LISAA

« Nous nous permettons de vous adresser cette lettre pour vous exprimer collectivement notre déception concernant la formation qui nous est proposée cette année en G3 Motion. Nous allons exposer les raisons de notre déconvenue en plusieurs points. »

G3 Motion correspond à la troisième année en Motion Design chez LISAA Graphique Design, la classe du jeune Pierre*, que j'ai pu interroger au téléphone. Les incohérences de programme, les changements de modalités d'examen, les annulations de cours, les remplacements au dernier moment ont eu raison de la patience des élèves. Les mots sont durs, violents, aussi violents que leur expérience, tellement décevante qu'ils en viennent à regretter d'avoir choisi de faire leur cursus à LISAA. « Nous trouvons difficilement acceptable de payer une formation coûteuse dont l'information est inexacte et de nature à remettre en cause notre choix de parcours universitaire et notre bonne insertion sur le marché du travail. »

Ils ont également peur. Peur de leurs « compétences amoindries », peur de ne pas pouvoir « poursuivre le cursus dans de bonnes conditions », peur de leur « entrée sur le marché du travail ».

Certains parents signent également la pétition : après tout, ce sont souvent eux qui ont déboursé les près de 8 000 euros nécessaires au paiement de la formation. « Ils sont un soutien majeur, donc c'était important pour nous qu'ils participent à la lettre. Ça donne plus de poids à notre propos », m'explique Pierre*. « On a reçu des messages de responsables pédagogiques après l'envoi du mail, ils nous ont dit qu'on avait eu raison, qu'ils étaient d'accord avec nous ! Je me dis qu'on a bien fait, que ça peut changer les choses. » Le jeune homme ne croit pas si bien dire. Leur mouvement de protestation aura bel et bien des répercussions.

« J'ai trouvé les élèves extrêmement perdus, perturbés », me raconte Rébecca*, l'intervenante-remplaçante chez LISAA que nous avons déjà croisée. « J'ai tenté de les rassurer, mais le lien de confiance était profondément brisé. Ils remettent tout en question, de l'organisation interne de LISAA jusqu'à ce que nous, professeurs, pouvons leur enseigner. »

Pendant de longues semaines, Rébecca* entend leurs craintes, leur détresse, s'en alarme, sans savoir quoi en faire. En tant que free-lance, elle n'a quasiment aucun contact avec l'administration de l'école – elle-même peine d'ailleurs à communiquer avec la direction concernant ses contrats et rémunérations. Elle est démunie.

« J'aurais dû me taire, ne pas écrire ce mail »

Début 2024, la situation s'envenime. Alors que l'un de ses cours commence tout juste, un élève se lève et prend la parole. Devant ses camarades, seul face à Rébecca*, il explose. Il annonce ne plus vouloir adresser la parole aux membres de l'administration. Désormais, il ne parlera plus qu'aux professeurs. C'est à eux, ceux qui n'y peuvent rien mais qui sont en première ligne, qu'il exprimera sa colère. Il dit en avoir marre de l'école, marre du nombre insuffisant de cours, marre qu'on se moque des élèves. Ses camarades l'écoutent en silence. Certains acquiescent d'un signe de tête. Rébecca* est émue. Elle décide d'agir. Elle écrit plusieurs mails à la direction de l'école, dans lesquels elle explique le mal-être des étudiants : « Pour ma part, je fais cours à des jeunes en colère », explique-t-elle d'abord, avant de poursuivre dans un second message : « Ils sont stressés et semblent livrés à eux-mêmes, en grande demande d'aide. » L'intervenante profite de ces échanges avec l'administration pour dire qu'elle aimerait être contractualisée sous la forme d'un CDD. Elle m'explique ce qui l'y a encouragée : « Je me sens hyper concernée par la situation des élèves, j'ai envie d'être présente, et puis qu'on formalise les choses. » Rébecca* s'imagine peut-être qu'en s'impliquant auprès des étudiants elle prouvera à la direction son degré d'engagement dans la vie de l'établissement. Assez rapidement, un manager lui répond : « Nous avons également eu quelques échanges avec les étudiant·es afin de mieux comprendre les frustrations. J'aimerais faire le point avec toi sur la situation. Serais-tu disponible lundi en fin de matinée en visio pour en discuter ? » Rébecca* accepte le rendez-vous. « Super, à demain ! » lui répond sa hiérarchie. Le ton est jovial. L'intervenante est confiante.

Rébecca* et moi ne sommes pas seules dans le petit troquet où nous sommes attablées. Elle a baissé la voix. Ses mots sont hésitants. Elle n'a pas honte, non, mais elle ne sait pas encore tout à fait quoi penser de ce qu'il s'est passé. « Je n'arrive toujours pas à comprendre, et je crois sincèrement que je ne le veux pas vraiment. J'ai peur de la réponse. Ce que je sais, c'est que j'aurais dû me taire, ne pas écrire ce mail. Je pense que c'est en partie à cause de ça qu'ils m'ont renvoyée. »

Début mars, donc, Rébecca* est convoquée en visioconférence. Son argumentaire est prêt, en deux parties. Il y a sa demande de CDD, bien sûr, mais surtout, et c'est sa priorité, la détresse des étudiants dont elle souhaite parler. Dès le début de la conversation, elle sent cependant que quelque chose cloche. L'attitude de sa responsable, froide et distante, la déstabilise. De fait, sa demande de contractualisation est instantanément refusée. L'administratrice de l'école n'argumente pas, mais ajoute seulement cette phrase, violente et définitive. « On va s'arrêter là. Ça ne va pas. » Rébecca* reste bouche bée. Choquée.

Les minutes passent, l'administratrice déroule ses arguments, mais derrière son écran, la prestataire ne parle pas, n'entend pas. Et puis elle ferme finalement le clapet de son ordinateur. « Je ne me suis pas battue. J'étais atterrée, absolument sidérée par ce qu'elle venait de me dire. Tout ce que j'ai fait, c'est dire que j'étais du côté des élèves. C'est donc comme ça que ça se passe dans ces écoles, c'est marche ou crève ? Quel manque d'humanité. » Que s'est-il passé ? « Ils m'ont fait comprendre que les étudiants n'étaient pas contents de ma prestation de prof, qu'ils s'étaient plaints de moi. C'est comme ça qu'ils ont justifié mon licenciement », assure Rébecca*.

Chez Galileo, les professeurs sont scrutés. Et même, désormais, notés, comme dans d'autres groupes d'enseignement. Mais chez Galileo cette notation a peut-être d'autres finalités. En faisant part de ses doutes, Rébecca* aurait enfreint les règles. L'article 8 des conventions de prestataire de LISAA 2023 précise en effet que « l'Intervenant s'engage à adopter une attitude positive, et à ne pas mettre l'École en péril ni discuter de ses préoccupations personnelles (vie privée ou professionnelle) avec les étudiants ». « J'ai osé dire tout haut ce que tout le monde pense tout bas : que l'école a des problèmes et que les étudiants sont mécontents. Ça ne leur a pas plu, ça c'est sûr », analyse-t-elle.

Lors de mes entretiens, de nombreux professeurs et responsables pédagogiques m'ont dit s'inquiéter de devoir changer d'attitude pour plaire aux élèves et s'assurer d'obtenir de bonnes évaluations. Ne pas les froisser, leur faire plaisir, les abreuver de bonheur... quitte à ne plus rien leur dire, ne plus rien leur apprendre, ou quitte à les surévaluer, laisser tout passer. Et si plus personne ne les alertait sur les risques qui pèsent sur leur avenir ? « La réalité, c'est que si l'école prenait réellement soin d'eux, elle leur dirait dès la première année qu'ils n'ont pas le niveau », conclut Rébecca*.

Dans ces groupes d'écoles privées à but lucratif, bon nombre des étudiants sont déprimés, endettés, et, mais ils l'ignorent encore, sans perspective. Ils constituent les rouages d'un système devenu une machine à fric, développée à bas bruit, dans les béances d'une administration française consentante.

Partie 3

UN « MODÈLE » DE BUSINESS

Chapitre 1

Béni soit Emmanuel Macron !

La holding Galileo porte très bien son nom. Elle est construite comme une véritable galaxie. J'ai malgré tout essayé d'y voir plus clair, d'en comprendre le fonctionnement, de cartographier ses sociétés. La structure juridique de la firme est complexe, autant sur ses implantations que sur la transparence de ses comptes. Son soleil, c'est sa société mère : Galileo Global Education Strategy, anciennement GGE TCo 1. Autour d'elle gravitent des planètes, des holdings qui elles-mêmes supervisent d'autres sociétés, et sous ces entreprises, s'en cachent encore d'autres, notamment les écoles : Cours Florent, Cifap, Hetic, Cifacom, ESGCV, Strate, etc. Au total, plusieurs centaines d'entités juridiques. Les actionnaires principaux de ces sociétés sont Marc-François Mignot Mahon, président monde, et d'autres cadres dirigeants, membres du conseil d'administration. Ces structures sont principalement des sociétés à actions simplifiées, parfois unipersonnelles. Pour la holding, le contrôle de ces nombreuses sociétés commerciales comporte de sérieux avantages, comme le fait de jouer sur l'intégration fiscale : les résultats sont ouverts et clos en même temps, puis centralisés au niveau de la maison mère, qui sera la seule à finalement payer l'impôt sur les sociétés. Les bénéfices et les déficits sont gérés au niveau de la holding, afin de réduire la pression fiscale des entreprises.

Galileo Global Education s'y connaît en optimisation, sait identifier les failles, s'y engouffrer. En profitant notamment de celles créées par Emmanuel Macron, le président « pro business » par excellence.

Le butin des VAE

Depuis son arrivée au pouvoir, l'actuel chef de l'État n'a eu de cesse de viser le plein-emploi. Pour ce faire, il a multiplié les réformes, concernant notamment le chômage et les retraites. Ces grands projets convergent dans un seul et unique but, diminuer le taux de chômage, que les jeunes et les seniors aient un emploi, quitte à travailler plus tardivement, à baisser les allocations-chômage et à diminuer les durées d'indemnisation.

En 2022, la loi Marché du travail pose de nouveaux jalons à ce dessein : elle modifie les règles d'indemnisation des demandeurs d'emploi, supprime les allocations en cas d'abandon de poste et après le refus de deux CDI, et prévoit la possibilité de moduler la durée d'indemnisation en fonction de l'évolution du climat économique. La loi Marché du travail va aussi permettre aux demandeurs d'emploi d'accéder à des certifications et des diplômes professionnels plus facilement, en dépoussiérant un dispositif vieux de vingt ans : la validation des acquis de l'expérience, la VAE. Objectif : 100 000 bénéficiaires par an. De quoi attirer l'attention des centres de formation privés. Et notamment de Galileo.

La VAE permet d'obtenir une certification inscrite au RNCP (un diplôme, un titre, un certificat de qualification...) grâce à une expérience professionnelle. Le dispositif existe depuis 2002 mais a été largement flexibilisé en décembre 2022 dans le cadre de cette réforme : accessibilité, allègement des démarches administratives, raccourcissement des délais de traitement, possibilité de suivre des formations complémentaires courtes... Pour les candidats, la VAE est très accessible, sans question d'âge, de statut, de niveau de formation. Seul prérequis : justifier d'au moins une année d'expérience en relation directe avec le titre. Galileo Global Education ne pouvait laisser passer une telle opportunité.

Du côté du groupe, ça turbine sans fin. Pas un codir où l'on ne célèbre le saint Ebitda, au son des anglicismes de rigueur. Pas un codir, surtout, où l'on ne déniche une nouvelle façon de verdir le Cube. En 2021, alors que le texte de loi est encore en préparation, la holding fonde une filiale spécialisée : Galileo VAE. En avril 2023, la loi votée et le texte mis en application, le dispositif est enfin présenté aux directeurs d'école du pôle Business. La direction est fière de cette nouvelle perspective stratégique : un futur business, encore plus facile à mettre en œuvre que l'apprentissage, plus rapide, plus flexible que l'alternance, et adaptable à toutes les écoles et toutes les formations titrées. Le groupe n'a presque rien à faire, si ce n'est organiser un entretien avec le candidat pour définir sa situation et identifier le titre qui lui correspond le mieux. Puis l'école rédige un « livret de recevabilité », demande les financements, intègre l'apprenant et l'accompagne jusqu'à sa certification. Les frais de parcours sont pris en charge à 100 % par les institutions : CPF, employeur, France Travail, Opco (opérateurs de compétences) ou les conseils régionaux. Financièrement, la VAE est particulièrement intéressante pour la holding, car l'accompagnement des candidats n'engendre presque aucuns frais : peu d'heures de formation, peu de personnel sollicité, 100 % à distance... Dernier avantage, et non des moindres : la VAE peut être sollicitée par une personne, ou par une entreprise, pour l'ensemble de ses salariés. Dans une vidéo promotionnelle de 2022, Galileo appelle ainsi les sociétés privées à solliciter l'aide du groupe pour « transformer les expériences [des salariés] en diplôme », en vantant les mérites de son portefeuille de plus de quarante titres RNCP éligibles à la VAE. Le dispositif est alors particulièrement adapté pour les reconversions internes : le nouveau credo de Galileo.

« Partenaire privilégié des entreprises »

Ce n'est pas tout : et si, au lieu d'aller chercher les candidats un par un, il était plus simple d'opérer un tir groupé ? D'aller les cueillir directement là où ils travaillent, là où les besoins en formation sont constants, et surtout très importants ? Cette réflexion, la holding la fait sienne, à travers Galileo Global Education Entreprises (GGE Entreprises). Le groupe souhaite, selon le site Internet de la filiale, devenir le « partenaire privilégié des entreprises comptant plus de 500 collaborateurs » en travaillant avec les directions des ressources humaines pour former leurs employés. Bureautique, prise de parole en public, anglais, marketing... Plus de 900 programmes et 85 000 ressources pédagogiques figurent dans le catalogue. Ce sont les mêmes programmes que ceux proposés par les écoles, à la différence près que ceux-ci sont divisés en modules et blocs de compétences, afin d'être très courts, très ciblés et très rentables.

Cette fois encore, la VAE est indiquée comme une solution particulièrement adéquate. GGE Entreprises peut ainsi créer des formations « sur mesure » pour les besoins des entreprises (en piochant dans les blocs de compétences du catalogue), concevoir des programmes de formation préalables à l'embauche...

Enfin, GGE Entreprises fait de « l'*outplacement* centralisé », une activité réputée dans le cadre de plans sociaux, consistant à aider les entreprises à replacer leurs salariés, à la suite de licenciements collectifs. Avec Galileo, jamais emploi et formation n'ont été si imbriqués. Et ce n'est pas près de s'arrêter.

« Écosystème unique d'open-innovation »

Parmi les réformes portées par Emmanuel Macron, celle de l'apprentissage a réveillé l'appétit de l'ogre Galileo.

Parmi les établissements du groupe, l'un a particulièrement attiré mon attention. Son nom ? La Web School Factory, une « grande école du numérique », proposant un cursus en cinq ans, au cours desquels les élèves sont formés au design, au marketing et aux technologies numériques, et travaillent en collaboration directe avec des entreprises pour répondre à leurs besoins. La Web School est un établissement d'enseignement supérieur technique privé, détient la certification Qualiopi (un label officiel qui garantit la qualité du processus de formation) et est habilitée à délivrer apprentissage, VAE ou actions de formation. Ce n'est pas l'école en soi qui m'intéresse, mais sa forme juridique. La Web School Factory est une société par actions simplifiée, comme la plupart des écoles de la holding. Néanmoins, en fouillant sur son site Internet, je découvre qu'elle est détenue par une association loi 1901, nommée Innovation Factory. Cette association a vu le jour en 2013 et se vante d'« accompagner les entreprises dans leur innovation digitale », de développer « un écosystème unique d'*open-innovation* », pour « répondre de manière pragmatique aux exigences et aux bouleversements de notre économie ».

Cette association est elle-même cofondatrice, avec le groupe AccorHotels, d'une organisation placée sous l'égide de la Fondation de France : la Fondation Factory. L'organisme de bienfaisance a pour but d'encourager l'ascenseur social dans le domaine de l'enseignement supérieur, et plus particulièrement dans le numérique, en « aidant les étudiants les plus méritants et notamment ceux de la Web School Factory à financer leur scolarité ». La fondation permet de financer un tiers de la scolarité des étudiants bénéficiaires, soit 2 500 euros par an pendant trois ans. Il est aussi possible de donner à la fondation pour cofinancer les bourses étudiantes. Elle lance également des appels au don ou au parrainage, encourageant les contributeurs à investir pour bénéficier des avantages fiscaux générés par les donations.

Pour simplifier, le groupe Galileo possède une école privée, la Web School Factory, détenue par une association 1901, la Innovation Factory, elle-même à l'origine d'une fondation, la Fondation Factory, qui récolte des dons pour financer les filières des étudiants de l'école privée. Réaliser une « bonne action » ne serait donc pas la seule motivation à l'origine de ce montage. Cela permet effectivement de financer les études de ceux qui n'en ont pas les moyens, mais cela pourrait aussi permettre de réinjecter des fonds provenant de dons défiscalisés dans les caisses du groupe. Et le montage juridique présente un autre avantage : il autorise le groupe à récolter une manne supplémentaire, normalement hors de la portée des écoles d'enseignement supérieures privées lucratives : la taxe d'apprentissage.

La taxe d'apprentissage est un impôt dû par les entreprises visant à financer les formations professionnalisantes destinées aux jeunes. Son taux correspond, pour 2023, à 0,68 % de la masse salariale des entreprises. La part principale de la taxe, 87 % plus exactement, permet le financement général de l'apprentissage. Demeure alors un solde de 13 %, et chaque entreprise est libre de choisir l'école qui en sera la bénéficiaire. Un des enjeux pour les centres de formation est donc de convaincre les entreprises de les choisir.

Le Code du travail définit à l'article L6241-5 la liste des établissements et organismes de formation habilités à percevoir la taxe : pour l'enseignement supérieur, seuls les établissements publics ou les établissements privés gérés par des organismes à but non lucratif y ont droit. Les établissements Galileo, organismes privés à but lucratif, ont ainsi un gros souci : il leur est impossible de récolter cette taxe.

Sauf… Vous l'avez compris, à passer par la Web School Factory, puisque celle-ci est gérée par une association loi 1901 à but non lucratif. Sur le site Internet de l'école, une page est dédiée au versement de la fameuse taxe. Et selon plusieurs sources, les écoles du groupe réussissent à capter les montants de la taxe.

Séverine Ruhaut, l'ancienne salariée de LISAA, m'assure avoir reçu des directives à ce sujet : « Ce n'était pas un discours proactif, mais si une entreprise nous demandait comment elle pouvait nous verser la taxe d'apprentissage, on leur proposait de la verser à la Web School Factory. » Ainsi, des salariés des écoles privées lucratives de Galileo encourageraient les entreprises accueillant leurs apprentis à verser le solde de leur taxe d'apprentissage à la Web School Factory, via la structure associative Innovation Factory, dont le fondateur, Marc-François Mignot Mahon, est le président monde de Galileo Global Education. Ce n'est pas illégal. Juste astucieux.

Les comptes sociaux de la société mère ont bien été publiés, à deux reprises : en 2021 puis en 2022. Quant aux autres sociétés, elles savent rester discrètes. Certaines publient leurs comptes, d'autres non. Certaines les ont rendus publics un temps, avant de se raviser.

Finalement, plutôt qu'à une galaxie, Galileo s'apparente à une nébuleuse. Qui enfle, démesurément, en s'engouffrant dans les failles de la loi.

Chapitre 2

UN SÉSAME NOMMÉ RNCP

Pas le choix, il va (encore) falloir en passer par d'obscurs sigles pour pénétrer dans le cœur de la matrice.

Dans le jargon, les formations dispensées par Galileo le sont dans le cadre des titres RNCP, pour Répertoire national des certifications professionnelles, que j'ai déjà brièvement évoqué mais sur lequel il est nécessaire de s'arrêter. Car le RNCP, c'est le sésame, la clé du coffre.

Créé par la loi de modernisation du 17 janvier 2002, ce répertoire recense tous les diplômes, les titres et les certifications professionnelles délivrés par les ministères de l'Enseignement supérieur et du Travail ; il vise à garantir le niveau de qualification professionnelle des étudiants à leur entrée sur le marché du travail. Les formations y sont validées en fonction des compétences concrètes qu'elles permettent d'acquérir et du taux d'employabilité des étudiants sortants. Le RNCP homologue ainsi des formations qui répondent aux besoins du marché, dans le but de favoriser l'insertion professionnelle des jeunes. Rien à voir avec les classiques « licences-masters-doctorats » (LMD) délivrés par les universités et grandes écoles d'enseignement supérieur.

Ce qui intéresse les acteurs privés de l'éducation, avec ce répertoire RNCP, ce sont les certifications professionnelles. Ces titres sont classés par niveaux de qualification et domaines d'activité. Chaque niveau correspond aux années d'études des élèves : le niveau 3 correspond à un équivalent CAP, le niveau 4 au bac, le niveau 5 au bac + 2, le niveau 6 au bac + 3 et + 4, le niveau 7 au bac + 5 et le niveau 8, au bac + 8. Pierre*, par exemple, avec ses trois ans de bachelor en motion design à LISAA Graphique Design, obtiendra à la fin de son diplôme un « titre RNCP de niveau 6 ».

Ces titres constituent une mine d'or pour le privé hors Parcoursup. Ils leur permettent de recruter en dehors des circuits universitaires classiques tout en communiquant malgré tout sur une « reconnaissance par l'État ». En 2022, selon l'annexe au projet de loi de finances pour 2024 sur la formation professionnelle, sur un total de 4 434 formations certifiées, 1 817 étaient dispensées par un organisme privé à but lucratif. Mais surtout, ces titres leur permettent de débloquer les financements de l'apprentissage. Chez Galileo, le totem RNCP est donc affiché fièrement sur les pages d'accueil des sites Internet des écoles, sur tous les bas de pages des brochures et bien sûr dans les argumentaires de vente des *phoneurs* de la centrale d'appels. Pour présenter ces certifications, les « conseillers en formation » multiplient les éléments de langage. Le libellé « reconnue par l'État » est légion et essentiel pour convaincre les candidats, tout comme les « diplômes bac + 3 ou bac + 5 ».

Taux de réussite, taux d'insertion professionnelle, notes de satisfaction d'étudiants, voire futurs salaires auxquels les candidats pourront prétendre, sont aussi mis en avant. Sous la pression constante des managers, les commerciaux vont parfois jusqu'à abuser de ces beaux discours. Dans des enregistrements d'appels que je me suis procurés, j'ai constaté que certains d'entre eux éludent les questions des candidats concernant la reconnaissance des diplômes. Quand une étudiante demande par exemple à une *phoneuse* si le diplôme qu'elle vise est bien reconnu par l'État, la commerciale rétorque : « C'est un RNCP de niveau 7 qui valide un titre », sans jamais répondre concrètement à la question de la jeune fille. Dans un autre entretien, un commercial explique au candidat au bout du fil qu'il obtiendra bel et bien un diplôme bac + 5 à l'issue de sa formation. Or ce n'est pas tout à fait vrai. L'étudiant aura une certification mais ne pourra pas pour autant s'inscrire dans une formation universitaire pour une poursuite d'études. Les titres RNCP ne permettent pas toujours de suivre un chemin d'enseignement classique. La passerelle est possible… uniquement au bon vouloir des universités.

Plus un établissement possède de certifications, plus il peut recruter facilement des étudiants. Sa valorisation est donc directement liée à l'ampleur de son portefeuille de titres. La démarche est gratuite, certes, mais elle est régulée, on l'a vu, par un organisme d'État, France compétences. L'institution publique a été créée le 1er janvier 2019, dans la droite ligne de la loi Avenir 2018. Elle est l'autorité régulatrice du système de formation professionnelle et d'apprentissage, et la responsable de la gestion du Répertoire national des certifications professionnelles. France compétences régule les certifications en fonction des besoins concrets du marché. Pour obtenir l'aval de cette institution, les écoles doivent respecter tout un tas de critères, notamment attester que le marché professionnel qu'elles visent est en tension. Les écoles doivent également expliquer leurs objectifs, détailler leur « ingénierie pédagogique », c'est-à-dire le contenu du programme de la formation, son articulation sur l'ensemble de sa durée, les blocs de compétences proposés et les modalités d'examens. Les taux d'insertion sur le marché de l'emploi doivent être analysés, ainsi que la liste des emplois auxquels les étudiants pourront prétendre. C'est beaucoup, mais ce n'est pas tout.

Avant d'obtenir un titre, les écoles doivent prouver que leur formation existe depuis deux ans et avoir diplômé au moins deux promotions, dans le but de présenter à l'organisme les taux d'insertion professionnelle des jeunes certifiés. Ce suivi, l'école devra continuer à l'opérer régulièrement après avoir obtenu la certification. Pour France compétences, l'objectif est simple : chaque titre RNCP doit prouver sa pertinence sur le marché du travail pour pouvoir être renouvelé. Si ce n'est pas le cas, en cas de contrôle, il sera tout simplement supprimé.

Valentine*, salariée de LISAA, a participé à la rédaction de plusieurs demandes de certification pour son école. Elle en connaît les rouages et, surtout, les difficultés. « C'est une galère à faire, me dit-elle, mais ça vaut le coup car si on obtient la certification et qu'on a des bons taux d'insertion, on est tranquilles jusqu'à cinq ans pour former nos étudiants. Par contre, si France compétences a quelques incertitudes sur la légitimité de notre certification sur le marché du travail, on peut nous mettre en sursis une année et ne plus nous renouveler. Donc le but c'est d'être hyper carrés dès le départ, et ça demande un temps de dingue. »

Galileo, pour optimiser les demandes et l'obtention de ses certifications, a décidé de monter en interne une équipe entièrement dédiée à la gestion des titres. La méthode est particulièrement efficace. En quelques années seulement, selon la communication du groupe, Galileo se serait forgé le catalogue le plus large et le plus divers de France, avec un total de 60 titres certifiés et tout un panel de compétences supplémentaires inscrites elles aussi au répertoire.

France compétences régule le nombre de titres préparés sur l'ensemble du territoire. Chaque titre prépare l'étudiant à une famille de métiers, mais les écoles ne peuvent pas fabriquer tous les titres qu'elles souhaitent. Si une certification existe déjà chez France compétences, il y a de fortes chances que la demande de certification soit refusée et que l'école soit contrainte d'utiliser le titre d'un autre établissement de formation. Les titres sont donc partagés entre les écoles. Le but de France compétences ? Limiter le nombre total de certifications professionnelles sur le territoire afin de ne pas rendre les contrôles impossibles. France compétences souhaite vérifier le nombre d'étudiants qui entrent et sortent sur des formations titrées, et maîtriser leur insertion sur le marché de l'emploi. L'objectif est de ne pas dépasser un certain seuil pour ne pas saturer le marché et de conserver des taux d'insertion professionnels élevés. Sur le principe, la démarche semble logique.

Néanmoins, quelque chose cloche dans les données. En janvier 2023, lors de la dix-huitième Université d'hiver de la formation professionnelle, Galileo annonce s'être constitué un catalogue « de 900 formations certifiantes ». 900 formations certifiantes pour 60 titres RNCP, cela signifie que chacun d'eux est partagé, dilué, étiré entre des dizaines de filières, des dizaines de cursus, dans l'ensemble des écoles. En interne, les équipes du groupe appellent la pratique

« stretcher » les titres. Le stretch, c'est cette matière que l'on peut étirer jusqu'à l'infini. Ces titres RNCP sont donc étirés jusqu'à former des centaines d'étudiants, et à perdre leur sens premier... en l'occurrence en diminuant leur employabilité.

« Ce n'est qu'un titre qui ne sert à rien et que tout le monde a »

Avant de confirmer son inscription à LISAA, Pierre* a longuement hésité : les offres de l'établissement l'attirent toutes, surtout les spécialisations Motion Design, Design Graphique et Illustration. Les intitulés sont précis, techniques. Les pages de présentation de chacune des formations déroulent longuement le programme de cours, les emplois auxquels il pourra prétendre. Le jeune homme craint de faire le mauvais choix. Pierre* décide finalement de s'inscrire en Motion Design. « Je pensais que j'aurais un diplôme spécialisé en motion design, puisque c'était la spécialité du cursus et que le site Internet présentait longuement la spé. Mais j'avais faux », rapporte-t-il. En réalité, les bachelors Design Graphique spécialité Communication visuelle, Design Graphique spécialité Illustration, Design Graphique spécialité Motion Design, mais aussi Illustration/Design d'auteur, et Art & Design, autrement dit la totalité des 5 bachelors de cette école LISAA, délivrent toutes un seul et même titre professionnel : le RNCP 37409, une certification de niveau 6 visant le métier de « concepteur designer graphique » qui mène, selon le répertoire, à travailler dans « tous les secteurs économiques (le commerce, l'industrie, la santé, la culture, l'éducation, l'événementiel, la communication, le tourisme, les services, le luxe, les transports, l'automobile, la banque, l'assurance) ».

Le titre est délivré par un panel bien vaste d'établissements, comme les écoles de commerce ESG, l'école de design et audiovisuel Cifacom ou la plateforme de *e-learning* Studi, toutes appartenant à Galileo. Pierre*, qui rêvait d'obtenir un diplôme reconnu dans le domaine artistique, tombe de très haut. « J'étais hyper déçu parce que je me suis dit que mon diplôme n'était pas du tout spécialisé, qu'il n'aurait pas de vraie plus-value dans mon domaine sur le marché de l'emploi, ce n'est qu'un titre qui ne sert à rien et que tout le monde a aussi », se désole-t-il.

La méthode du stretching est légale et fait gagner du temps et de l'argent à Galileo. Le groupe n'a pas besoin de multiplier les demandes de validation auprès de France compétences ou d'attendre les deux années réglementaires pour certifier une nouvelle formation et faire valoir sa reconnaissance par le ministère. Et tout cela sans réelle régulation de la part de l'État.

« Les vaches à lait »

Une fois le titre générique en poche, Galileo n'a plus qu'à créer les filières qui lui permettront de faire rayonner la certification. Si la firme souhaite créer un nouveau cursus dans le domaine du design par exemple, il suffit de lui octroyer le titre de « concepteur designer graphique » qu'elle possède déjà.

Et le phénomène est le même en ce qui concerne l'extension des certifications dans toutes les régions de France. Hervé*, l'ancien directeur d'école, m'en a détaillé le fonctionnement. « L'équipe de certification va constater que, dans telle région de France, il y a un secteur qui est en tension et qu'il y a des manques de formation, par exemple dans le secteur du sport, avance-t-il. Il suffit alors de monter une antenne ESG Sport dans ce coin-là. Pour se simplifier la vie, le siège va créer un cursus banal de type marketing du sport, pour lequel le groupe a déjà un titre tout aussi banal, de commercial par exemple. Ils vont monter la filière marketing du sport, avec le titre commercial, et ensuite ils vont lui donner un super nom qui donne envie, pour attirer les jeunes de ce coin-là. Et voilà. »

En interne, ces écoles portent un petit nom : « les vaches à lait ». Les vaches à lait recrutent beaucoup et rapportent énormément. Vous les connaissez déjà. Elles portent le nom de Digital Campus, LISAA, ou encore le Cours Florent. L'ESG est certainement la plus connue. Cette marque d'écoles de commerce privées, appartenant à Galileo, n'a cessé de se développer sur l'ensemble du territoire depuis sa création en 1975. Désormais composée de treize antennes, elle propose des dizaines de formations à Paris, Rouen, Rennes, Nantes, Tours, Bordeaux, Toulouse, Montpellier, Aix, Lyon, Dijon, Strasbourg et en Guadeloupe. L'ESG s'est par ailleurs diversifiée dans ses franchises et dans ses domaines d'activité : l'immobilier avec ESG Immo, les ressources humaines avec ESGRH, le commerce international avec ESGCI, les métiers du luxe avec ESG Luxe, le sport avec ESG Sport, le tourisme avec ESG Tourisme, la communication, la gestion et la finance avec ESG et MBA ESG. La marque est une machine à recrutement d'étudiants, une usine à effectifs, avec des formations pour toutes les bourses, pour tous les goûts et dans toutes les régions de France. Et, bien sûr, avec un très grand nombre de filières dites « reconnues par l'État », homologuées RNCP.

En fouillant dans les brochures téléchargeables sur les sites Internet des écoles, j'ai retrouvé l'exemple de la formation dans le sport cité par Hervé*. Il s'agit du titre RNCP numéro 36610 de niveau 6, préparant au poste de « responsable du développement commercial ». Sur son site Internet, France compétences détaille les contenus du programme, créé et pensé par les équipes de Galileo : stratégie commerciale, pilotage d'un plan d'action, performance, marketing, portefeuille clients... sur les trois ans de formation l'étudiant apprendra donc les bases du métier de commercial. Les modalités d'évaluation sont elles aussi prédéfinies. Ce sont essentiellement des projets professionnels et des mises en situation en entreprise. Le tronc commun est vaste, si vaste qu'il permet finalement au titre d'être décliné dans tout un tas de domaines : immobilier, responsable commercial chez ESG Immo, commerce et marketing spécialisation internationale chez ESGCI, tourisme et développement commercial chez ESG Tourisme, responsable développement commercial chez MBA ESG... ou encore le fameux Sport et business chez ESG Sport.

Ce qui m'étonne particulièrement à la lecture de ces programmes, c'est que tous semblent faire l'impasse sur un élément primordial : les spécialisations. Elles n'existent tout simplement pas, ni dans les obligations de cursus, ni dans les modalités d'évaluation pour obtenir les certifications. « C'est compliqué de créer des titres sur des métiers de niche car les jeunes sont attirés plutôt par des domaines de formation larges, et ensuite ils se spécialisent au fil de leurs expériences professionnelles, faut quand même leur laisser le choix », m'explique Valentine*. « Donc le groupe n'a pas vraiment d'obligation à la spécialisation, et ça, c'est un énorme avantage pour stretcher les titres à fond. » Les écoles ne doivent donc pas évaluer les étudiants sur leurs domaines de spécialité, mais uniquement sur ce vaste tronc commun, générique, partagé entre un très grand nombre de formations.

Or rappelez-vous, les écoles optimisent leurs coûts pédagogiques, notamment en limitant le nombre d'heures de cours. « Comme on doit faire des économies sur les coûts de formation, on focalise nos programmes sur les objectifs de la certification RNCP parce que ce sont les cours qu'on est obligés de donner aux étudiants pour conserver nos titres, et on est contrôlés sur ça, précise Valentine*. Du coup, quand on coupe les budgets, on enlève en priorité tous les apprentissages non obligatoires, c'est-à-dire les spécialités. On garde le minimum pour la forme et pour que les étudiants ne soient pas trop saoulés, c'est tout. »

C'est ainsi que Pierre* a constaté, au fil de son cursus à LISAA, que certains de ses cours en Motion Design étaient peu à peu remplacés par d'autres, davantage orientés vers le graphisme, afin de mieux coller au référentiel du RNCP. De nombreuses sources, étudiants, directeurs comme professeurs, partout en France et dans de nombreuses écoles, m'ont assuré que les intitulés de cursus aux noms « stylés » n'étaient qu'une façade cachant des formations uniformisées et formatées, façonnées à tour de bras à la façon d'étagères Ikea, en fonction des titres RNCP, montées par blocs de compétences, assemblées les unes après les autres et déclinées sous toutes les formes, sous tous les noms, dans toutes les villes de France.

La pratique est autorisée mais néanmoins encadrée par France compétences, comme expliqué dans son *vademecum* publié en 2023. Mais les titres ont-ils encore une valeur dans ces écoles ? Ou ne sont-ils qu'une bonne méthode pour attirer des étudiants crédules dans le cadre d'un juteux marché ?

Car oui, figurez-vous, il y a un marché des titres RNCP.

Chapitre 3

Titre RNCP à louer !

Bienvenue au grand supermarché des titres RNCP ! Un univers dans lequel on peut gagner beaucoup d'argent, sur fond de cynisme décomplexé.

En réponse à la croissance du secteur privé, France compétences a durci peu à peu les conditions de validation des titres. En ajoutant des contraintes supplémentaires, elle a ainsi légèrement diminué ses taux d'acceptation. En 2020, selon l'institution, 64 % des demandes d'inscription au RNCP étaient validées. Deux ans plus tard, dans un nouveau rapport d'activité, elle affirme qu'elles sont descendues à 50 % (après avoir même chuté à 41 % en 2021). La diminution marque la tendance. Cela ne signifie pas pour autant que les écoles ont une chance sur deux d'obtenir leur précieux titre. Les organismes de formation qui réussissent à les décrocher sont ceux ayant une bonne connaissance des attentes de France compétences, des équipes formées qui ont le temps de s'y consacrer pleinement, et bien entendu de l'argent… En bref, décrocher un titre n'est pas à la portée de tout le monde, et surtout pas des petites écoles indépendantes. Heureusement pour elles, la loi autorise les centres de formation à nouer des partenariats entre eux pour se partager les titres. Ainsi, une école qui ne détient pas de certification peut demander à emprunter celle créée par un établissement concurrent. Le titre sera donc stretché entre les formations.

Officiellement, cela se rapproche surtout d'un système de portage. L'école qui emprunte est « préparatrice », et celle qui partage son titre, « certificatrice ». Cette dernière sera responsable de la validation du titre de l'étudiant à la fin de la formation. Ce n'est donc pas un simple prêt, mais un service à part entière qui nécessite une transaction financière. Les écoles parlent de « location de titres ». Aucune règle n'est clairement définie s'agissant des modalités de location, surtout pas sur les prix : de quelques centaines à plusieurs milliers d'euros en fonction du niveau de la certification et des tarifs de formation. Du côté des bailleurs, l'addition est très salée. Les patrons de Galileo, eux, y ont vu une formidable opportunité. C'est ainsi qu'est né Galileo Global Education Entreprises, le service annexe du groupe tourné vers les centres de formation et les entreprises, dédié à 100 % au juteux business de la certification.

« De pâtissier à gestionnaire de patrimoine »

Sur son site Internet, GGEE alpague ses futurs clients avec des chiffres qui donnent le vertige : 54 marques-écoles, 60 titres RNCP, 900 formations certifiées, 250 blocs de compétences, 120 formations diplômantes en distanciel et présentiel et jusqu'à 85 000 modules de formation en ligne. Grâce au « plus grand catalogue de certification de France »,

Galileo promet de certifier les étudiants partout sur le territoire, dans tous les domaines ou presque, de « pâtissier à gestionnaire de patrimoine, du CAP au doctorat, de niveau 2 à 8 ». Seule condition : « Répondre aux exigences des préparateurs de certification Galileo », autrement dit, respecter les demandes de France compétences afin que la holding puisse conserver ses titres. Le nombre de certifications par domaine étant limité, chaque fois que le groupe se positionne sur un domaine d'activité et obtient une certification, cela empêche un autre organisme de formation de monter son propre titre dans ce domaine. Les petites écoles sont coincées. D'un côté, elles n'ont pas les moyens de développer leurs titres. De l'autre, il leur est impossible de recruter des candidats sans faire valoir une reconnaissance du ministère du Travail. « Les petites écoles ne peuvent pas suivre la cadence, elles n'ont pas les moyens de monter des équipes dédiées comme le fait Galileo, ça laisse le champ libre au groupe pour développer ses propres titres », m'affirme Valentine*, qui connaît bien le dossier. « Avoir une certification ça coûte très très cher et ça saigne les petites écoles qui n'ont pas les moyens de créer leur propre titre », ajoute Valentine*.

La plupart des petits centres de formation d'apprentis (CFA) préfèrent diminuer leur marge pour louer des titres aux grands groupes, qui les façonnent et arbitrent sur leur tarification, sans contrôle ni régulation. Certains de ces titres sont partagés au maximum, parfois sur une quarantaine de formations différentes, internes et externes au groupe. C'est le cas du titre 36610, pour devenir « responsable du développement commercial ».

Aux dizaines de formations ESG qui préparent ce titre, s'ajoutent aussi le centre de formation de l'Accor Académie (CFA du groupe Accor), l'entreprise de *e-learning* ACF Neobridge, ou encore Century 21, l'Institut Escoffier, et même une salle de sport. À plusieurs centaines d'euros la certification par étudiant, la location est très rentable mais interroge sur la qualité des enseignements délivrés.

Si les titres sont construits pour répondre aux besoins du marché de l'emploi, ils sont aussi imaginés par les écoles dans le but de coller à leurs projets pédagogiques et surtout à leur marque. D'une certaine manière, les écoles certificatrices forment mais surtout façonnent le profil des travailleurs de demain. « On a libéralisé le principe de la certification professionnelle et du titre. Le ministère du Travail a délégué à des groupes privés le soin de certifier ou non des étudiants. On casse le service public. Je ne comprends pas. Comment l'État peut laisser faire ça ? » s'indigne Valentine*, avant de conclure : « C'est grave, car c'est de la vie des étudiants qu'il s'agit. »

Chapitre 4

La tambouille des certifications

20 mars 2023. Les membres du pôle Business sont de nouveau réunis en comité de direction.

Les certifications sont inscrites à l'ordre du jour de la discussion. Peu de temps avant cette réunion, les directeurs ont reçu un document détaillant la manière dont ils doivent évaluer les élèves pour qu'ils obtiennent leur certification de fin d'études. Les écoles sont libres d'imaginer leurs programmes comme elles l'entendent, mais lorsqu'il s'agit des examens, elles doivent respecter un cahier des charges prescrit par France compétences. Mémoire, évaluations écrites, oraux, elles sont obligées de suivre les règles de l'institution, au risque de perdre leurs titres. Sur la note interne, les prérogatives de France compétences sont rappelées en lettres rouges.

« Une tambouille qui sera presque une ratatouille »

J'ai obtenu des enregistrements audio de ce énième codir. En voici quelques retranscriptions.

À la lecture du document évoqué en début de réunion, l'un des directeurs prend conscience que de nombreuses écoles ne respectent pas les normes de France compétences, et ce depuis plusieurs années déjà : l'organisme leur demande de faire faire aux étudiants des mémoires professionnels de fin d'étude, sauf qu'ils n'en font pas. « Qu'est-ce qu'on fait ? » demande-t-il. L'un de ses collègues renchérit : « Tous les cycles certifiants [...] et tous les niveaux 7 doivent se terminer avec une épreuve notée et évaluée avec la soutenance d'un mémoire pro. C'est obligatoire, cette année comme l'année dernière ou l'année prochaine. » L'inquiétude du directeur d'école est forte. Plusieurs de ses étudiants n'ont jamais écrit de mémoire, ni en 2022 ni durant l'année en cours, 2023. Il ne reste plus que six mois avant les certifications. Il faut trouver une solution au plus vite. « À mon sens, tu peux faire une tambouille... mais alors une tambouille qui sera presque une ratatouille... » argumente un directeur, légèrement hésitant. « Déjà, reprend-il, tu demandes à ceux qui viennent d'arriver en cinquième année de faire leur mémoire maintenant... et ceux qui étaient déjà là en quatrième année [...], tu les fais soutenir sur un dossier qu'ils ont fait l'année passée. Ils ont dû faire un dossier écrit, non ? » Le cadre propose de biaiser les certifications pour une partie des étudiants. Pour les autres, ils n'auront qu'à écrire un dossier dans l'urgence. Tant pis si cela leur génère du stress. De toute façon, ils seront certifiés. Outre la méconnaissance des règles de France compétences et l'amateurisme manifeste de certains cadres de l'entreprise, cela prouve surtout que l'ingénierie pédagogique est conçue dans l'urgence, par l'empilement de critères, sans réflexion globale sur la cohérence et la qualité de l'enseignement.

Le procédé agace les équipes pédagogiques et surtout les élèves, mécontents d'apprendre au fil de leur formation qu'ils doivent rédiger des mémoires, passer des oraux, sans en avoir été informés auparavant.

À LISAA aussi les équipes doivent faire des « tambouilles » pour respecter les critères d'évaluation des certifications. Pierre*, l'étudiant du bachelor Motion Design, dit d'ailleurs en avoir été victime : « En deuxième année (2021-2022), on a passé toute la deuxième partie de l'année à travailler sur la création d'une courte vidéo, un générique, qui devait prouver nos compétences techniques. Presque tous nos cours étaient consacrés à cette création, qui devait constituer la principale évaluation certifiante, me raconte-t-il. Deux semaines avant les dates de rendu des projets de fin d'année, on a eu un appel des équipes comme quoi on devait aussi rendre un "portfolio", un dossier dont on avait vaguement entendu parler en début d'année mais pour lequel on n'avait eu aucun cours ! » La nouvelle provoque chez les étudiants une vive angoisse : s'ils échouent, ils ne valident pas leur bloc de compétences et leur deuxième année de bachelor sera loupée. Pierre* réussit malgré tout à terminer et passe en classe supérieure. Son soulagement sera de courte durée.

En troisième année, les étudiants remarquent qu'ils ont moins de cours de motion design. À la place, de nouvelles matières ont été ajoutées, comme ce cours UX/UI, une spécialité dédiée au design de l'expérience utilisateur sur un site Web, une application ou un logiciel, qui ne leur est, en principe, pas destinée. Pierre* et ses camarades doivent également suivre un enseignement de marketing en ligne, obligatoire, « complètement nul », selon lui. Le programme de l'année semble changer. Il s'uniformise autour d'un tronc commun mutualisé entre les trois bachelors qui partagent, souvenez-vous, un seul et même titre. Dans les coulisses, l'école adapte les programmes pour que les formations soient davantage en phase avec le référentiel du titre.

« On est motion designer, on devrait être notés sur de la vidéo, pas sur des compétences de graphistes »

Mais ces changements ont de graves répercussions sur la promotion de Pierre*. « Pendant un long moment, l'école ne nous a rien dit sur les modalités d'examen, on ne savait pas ce qu'on devait faire. Et puis en cours d'année, comme ça, on nous annonce qu'on doit pondre un énorme dossier de soixante pages, avec, en plus, un carnet de recherches de quarante pages... Pour nous, ça n'a absolument aucun sens. On est motion designer, on devrait être notés sur de la vidéo, pas sur des compétences de graphistes », s'emporte-t-il.

Que s'est-il passé ? La certification a évolué, dans le but de mieux respecter les référentiels de France compétences, mais l'école, selon une source au sein du corps professoral, n'aurait pas prévenu les étudiants. Pierre*, comme les autres élèves de sa promotion, s'attendait à devenir motion designer, à réaliser des projets vidéo pour obtenir son diplôme, cette fameuse certification tant attendue depuis trois ans. Finalement, il passera des semaines à monter un volumineux dossier, tout cela pour obtenir un titre qui n'a rien à voir avec celui pour lequel il pensait s'être préalablement engagé.

« C'est délirant en termes de coûts, le passage de la certif par Piou-piou »

27 mars 2023. Cette semaine, les directeurs du pôle Business écoutent attentivement l'une de leurs collègues. Moi aussi, grâce au dernier enregistrement que j'ai reçu.

Cette femme est membre d'un groupe de travail sur la tarification des formations et elle leur décrit son chef-d'œuvre : un grand tableau agglomérant en détail les *reportings* des coûts de certifications, c'est-à-dire les frais générés par l'organisation des modalités d'évaluation prescrites par France compétences. Les chiffres correspondent aux coûts d'organisation des examens, au montant des salaires des intervenants recrutés pour lire et corriger les mémoires individuels ou encore aux rémunérations des surveillants lors des examens finaux. À ces frais s'ajoutent les salaires des référents, chargés d'accompagner les étudiants sur les examens techniques : 60 euros de l'heure en moyenne par professeur pendant toute une semaine, soit 2 100 euros au total. Enfin, il faut aussi compter les surveillants à 15 euros de l'heure qui viendront deux ou trois jours, soit près de 350 euros supplémentaires.

Les directeurs écoutent attentivement. Derrière son écran, l'un d'eux a déjà sorti sa calculatrice. L'air inquiet, il demande à prendre la parole. « J'ai fait quelques calculs rapides, moi, pour les troisièmes années de bachelor, ça me coûte 25 000 euros, juste pour les épreuves RNCP ! Faut qu'on soit conscients qu'en termes de marges ça risque de piquer un peu quand même ! J'ai 90 gamins en troisième année, multipliés par 252 euros, ça me fait du 22 000, et ça hors coûts de surveillance ! Faut en avoir conscience, vu qu'après on va nous dire qu'il faut *challenger*. Mais les coûts, on ne pourra plus les réduire ! » Le directeur du pôle Business acquiesce : « On n'a pas d'autres solutions pour évaluer les petits jeunes strictement dans les règles. [...] Mais effectivement, c'est délirant en termes de coûts, le passage de la certif par Piou-piou. »

« Votre ingéniosité permettra de trouver d'autres solutions »

Ce n'est pas la première fois que les dirigeants du groupe s'interrogent sur les coûts des certifications. Quelques semaines plus tôt, un compte rendu interne, envoyé aux équipes après une réunion de direction, leur proposait déjà des solutions pour « réduire un maximum les frais pédagogiques associés » aux certifications. Quatre propositions y étaient formulées. La première suggère de « contractualiser avec une plateforme *online* [en ligne] d'accompagnement et de suivi à la rédaction de mémoire », pour optimiser le coût des salaires. Le groupe annonce alors avoir déjà envoyé une demande de devis à une société spécialisée dans le domaine. La deuxième option consiste en « la création de contenus *online* sur la méthodologie de mémoire et l'encadrement collectif » : la digitalisation permet elle aussi de faire d'importantes économies. Le groupe préconise en troisième lieu une « réallocation du budget initialement prévu pour l'accompagnement des binômes en diminuant le nombre d'heures d'encadrement par étudiant ». Une baisse de volumes horaires, classique. La quatrième solution est un simple « brainstorming collectif » : « Nous sommes convaincus que votre ingéniosité permettra de trouver d'autres solutions », encourage la direction en conclusion.

Quelques semaines plus tard, le codir du 27 mars est l'occasion de phosphorer sur ces nouvelles idées pour diminuer les coûts des certifications. Une directrice propose d'actionner le levier de la masse salariale. « Ce qui est préconisé pour les évaluations, c'est un référent [un professeur responsable] sur site pour un groupe entre 40 et 150 étudiants. Après, ça dépend de l'architecture et de comment est configurée votre école. Si vous pouvez tous les avoir sur un même palier ou sur des salles regroupées, alors vous pouvez avoir un seul référent pour 150. » La discussion concerne une évaluation en gestion, organisée via une plateforme en ligne, qui demande la présence d'un formateur pour guider les élèves en cas de souci technique. « Si on a 150 gamins dans 5 salles de 30 places situées côte à côte, alors on peut ne mettre qu'une seule personne et ne payer que 2 100 euros pour tous les étudiants. » En d'autres termes, le groupe souhaite ne payer qu'une seule personne pendant toute une semaine d'examen (pour un total de 2 100 euros la semaine) : une personne qui supervisera, seule, 150 étudiants répartis sur cinq salles. Moins cher que de recruter un surveillant par salle de cours.

Ce n'est pas tout.

Diminuer le nombre de référents sur site ne suffit manifestement pas. Une directrice propose une seconde idée : « Je vois que le référent est à 60 euros de l'heure, sauf que là il n'est présent que pour dépanner s'il y a des problèmes de maintenance… […] Je serais d'avis de ne le payer qu'à mi-taux. » Finalement, lors de ces examens de certification, il n'y aura qu'un seul professeur, seul pour guider 150 étudiants, répartis sur cinq salles différentes. Il sera payé deux fois moins que la normale. Les étudiants obtiendront leur certification, quelle qu'en soit la qualité.

Les écoles, quant à elles, auront bien respecté les demandes de France compétences, et conserveront leurs titres. Comme toujours, à moindre coût.

« Sur les 60 écoles qui ont été vues, il n'y a aucun programme, aucune offre de formation qui soit conforme »

Communication agressive auprès des étudiants, incohérence des programmes, cours supprimés ou ajoutés, projets de fin d'études communiqués au dernier moment, professeurs payés au rabais pour surveiller les examens dont le déroulé se passe dans des conditions toujours plus détériorées… À ce stade de l'enquête, je m'interroge : jusqu'où les groupes peuvent-ils aller pour optimiser les coûts des certifications inscrites au RNCP ? À quel point peuvent-ils jouer avec les règles de la certification ? Et surtout, comment tout ce système est-il régulé ?

La direction de Galileo a bien conscience qu'elle est sur le fil. Les équipes font régulièrement remonter des problèmes de qualité, lancent des signalements internes. C'est pourquoi, début 2023, le siège décide d'auditer 121 programmes de formations dans 12 écoles de la holding, afin de vérifier la manière dont sont commercialisées ses formations certifiées. De nombreux critères sont analysés : intitulés des formations, prérequis demandés, programmes, débouchés ou encore modalités d'évaluation. Après une première salve d'écoles observées, l'une des responsables de l'étude communique les résultats en comité de direction, le 16 février 2023. Ils sont absolument catastrophiques. « Sur les

60 écoles qui ont été vues, il n'y a aucun programme, aucune offre de formation qui soit conforme. Je dis bien aucune, car c'est aucune. Pas une seule », annonce-t-elle solennellement. Ses camarades sont stupéfaits. « Tu peux donner un exemple ? Je suis interloqué », demande l'un d'eux. Elle déroule sa liste : des intitulés d'offres non réglementaires, des oublis dans la liste des blocs de compétences… Il y a aussi des faits plus graves, comme ces écoles qui communiquent sur des titres qui ne sont plus valables, en cours de renouvellement, ou qui expirent quelques mois plus tard, tout en continuant de recruter les étudiants.

Je relance l'enregistrement audio. Est maintenant évoquée la page Web d'une école vantant les qualités d'une formation en « immobilier », qui indique que la certification permettra à l'étudiant de devenir agent immobilier, ce qui est absolument faux. « C'est un métier réglementé […], et nous on délivre un titre de responsable de développement commercial, donc là ça détourne la finalité du titre », explique la cadre du comité de direction à ses collègues. Combien d'étudiants, sans le savoir, se sont inscrits en pensant qu'ils pourraient obtenir une carte professionnelle, obligatoire pour exercer ce métier ?

En cas de contrôle, Galileo risque gros : suspension de l'utilisation des titres, annulation de leur enregistrement… France compétences tape fort, et là où ça fait mal, dans le recrutement et le porte-monnaie des écoles. Depuis 2019, l'institution aurait d'ailleurs adressé des mises en demeure à Galileo, à en croire les propos tenus par les équipes du groupe, lors du codir du 16 février, ainsi que le compte rendu de réunion de ce même jour, que je me suis également procuré. Pour certains salariés du groupe, ces contrôles restent néanmoins insuffisants. « France compétences est un miroir aux alouettes, les vérifications sont inutiles pour la plupart », m'affirme même l'un d'eux, sous couvert d'anonymat.

On ne touche pas aux certifications. « Tout ce qui peut les mettre en danger doit être absolument proscrit », met en garde Alain Kruger, le directeur du pôle Business, en comité de direction. « Vous savez ce que rapporte un titre ? reprend-il, c'est sans doute l'actif le plus précieux qu'on ait chez nous, en dehors des hommes et des femmes qui composent cette entreprise et, bien évidemment, de nos chers étudiants. » Les certifications professionnelles sont devenues incontournables. Galileo doit les conserver et faire enfler son portefeuille de titres inscrits au RNCP.

Car le titre ne permet pas uniquement de recruter des étudiants : il se marchande également. Et puis, il y a une manne providentielle. Celle de l'État.

Chapitre 5

Les milliards de l'État

130 millions d'euros. C'est le montant des financements publics dont aurait bénéficié Galileo Global Education en 2022, selon l'avis sur le projet de loi de finances pour 2024, présenté à la Commission des affaires culturelles et de l'éducation de l'Assemblée nationale. Il ne s'agit que d'une estimation. Car en réalité il est presque impossible de connaître précisément les montants des fonds publics perçus par la holding, tant la stratégie d'optimisation est élaborée, tant les montages financiers paraissent opaques. À quoi cet argent public est-il destiné ? Et, de manière générale, comment l'enseignement supérieur privé lucratif peut-il bénéficier d'autant de financements de l'État ?

Pour le comprendre, il faut remonter le temps, de quelques années seulement, et se plonger dans les coulisses d'une réforme phare du premier quinquennat Macron : la loi Avenir professionnel du 5 septembre 2018. Elle devait révolutionner la formation professionnelle, via l'apprentissage notamment. Finalement, elle s'est transformée en une formidable gabegie financière. Inefficace pour mener les jeunes vers l'emploi, insoutenable pour les caisses de l'État, mais une véritable mine d'or pour le marché de l'enseignement supérieur privé.

Ses dispositifs de soutiens financiers accompagnent tous les acteurs de l'apprentissage : les apprentis bien sûr, les entreprises aussi, et enfin les centres de formation des apprentis (CFA). Au programme : simplification des financements, multiplications des aides, flexibilisation d'ouvertures d'écoles. Ces trois grands leviers vont radicalement transformer le paysage de l'enseignement supérieur en France, en faisant exploser le nombre de contrats d'apprentis, certes, mais en permettant surtout le développement massif des groupes d'écoles privées lucratifs.

En 2017, dans les colonnes du *Journal du Dimanche*, Muriel Pénicaud promettait une « révolution copernicienne de l'apprentissage ». L'ancienne ministre du Travail n'aurait pas pu utiliser un terme plus juste. La révolution du secteur de la formation aura bien lieu. Pour le plus grand bonheur de l'enseignement supérieur privé.

Pour grossir les effectifs d'apprentis, encore faut-il dépoussiérer l'image de ces types de contrats. Pour atteindre le million d'apprentis, l'État n'a pas le choix, il doit chercher de nouveaux profils, des jeunes plus âgés, plus diplômés : ceux du supérieur. C'est le premier levier : la loi ouvre largement ce type de contrats aux élèves post-bac, dans des filières allant jusqu'au niveau 7 des certifications RNCP ou master, et orientés vers des métiers de service tels que le commerce, l'immobilier, le luxe, la finance, les ressources humaines, etc. Les contrats deviennent accessibles aux jeunes de 29 ans révolus, contre 25 auparavant, ainsi qu'aux personnes en reconversion professionnelle. Les durées de contrats sont élargies et les rémunérations minimales des apprentis sont revalorisées.

L'incitation fonctionne à merveille. Les étudiants se ruent sur les contrats d'apprentissage. En 2022, trois contrats sur quatre sont désormais signés dans le secteur tertiaire et majoritairement dans le supérieur. Les étudiants ne paient aucun frais d'inscription lorsqu'ils suivent une formation en alternance, ils sont donc d'autant plus attirés par ces CFA, ces écoles à quelques milliers d'euros l'année, celles qu'ils n'auraient jamais pu s'offrir sans cette loi.

Galileo a repéré l'opportunité. Au siège, dès 2018, on comprend que l'apprentissage va devenir un exceptionnel produit d'appel pour recruter de nouveaux étudiants et contenter le Cube. Imaginez : on augmente le nombre d'étudiants, mais ces derniers sont absents des salles de classe les trois quarts de l'année. Davantage d'élèves, aucune répercussion sur leur nombre en classe, et en plus, moins d'heures de cours, donc moins de coûts pédagogiques et moins de frais de fonctionnement… Nul doute, l'apprentissage répond exactement à la stratégie d'optimisation de Galileo. Rapidement, le groupe lance une grande campagne de développement interne, centrée sur la formation professionnelle. Objectif : obtenir son habilitation à délivrer des contrats d'apprentissage.

Cette opportunité a aussi été largement facilitée par l'État. Désormais, l'ouverture d'une école n'est plus conditionnée à une autorisation préalable du Conseil régional, mais à une simple déclaration auprès des services des Directions régionales de l'économie, de l'emploi, du travail et des solidarités. Ce n'est qu'une première étape. Une fois ouvertes, les écoles doivent encore obtenir leur habilitation officielle pour délivrer des formations en apprentissage. Pour cela, il leur faut le tampon Qualiopi, le label qui prouve la conformité de l'organisme avec les critères d'évaluation du référentiel de compétences, et être autorisées à délivrer des diplômes reconnus ou les fameuses certifications RNCP.

« L'apprentissage, c'est le grand scandale du moment »

Alors Galileo ne perd pas de temps. Le groupe fait grandir son portefeuille de certifications RNCP. Puis il partage ses titres dans le plus d'écoles possibles pour démultiplier le nombre de formations éligibles aux contrats d'apprentissage. Le groupe mise spécifiquement sur le développement des contrats des titres de niveau 6 et 7, correspondant à ses dernières années de bachelors et à ses mastères. Les premières années ne sont presque jamais proposées en alternance. Résultat : les étudiants sont « captifs » pendant leurs deux premières années d'études. Ils les paient, mais ils savent que la dernière année, en apprentissage, sera gratuite et leur permettra même de travailler. L'apprentissage devient une sorte d'appât pour les attirer et les encourager à patienter. Pour les entreprises aussi, cette attente constitue un avantage : l'étudiant en deuxième ou troisième année sera plus mature, mieux formé, et donc plus intéressant à placer sur un poste fixe. Presque prêt à entrer officiellement dans le monde du travail.

À la rentrée de septembre 2019, un an seulement après le vote de la réforme, Galileo reçoit son habilitation à délivrer des formations en apprentissage. La firme lance une grande campagne de communication pour convaincre les futurs apprentis de s'inscrire, et multiplie les argumentaires coups de poing : les formations, qui coûtent normalement entre 6 000 et 10 000 euros, sont désormais accessibles gratuitement ! Mieux encore, les apprentis sont rémunérés tout au long de leur alternance. Ils sont directement sur le terrain de l'entreprise, apprennent des compétences essentielles à leur insertion dans l'emploi. Comment y résister ? Pour les étudiants précaires, ceux qui ne peuvent pas se payer une grande école, pour les non-éligibles aux formations Parcoursup, l'alternance devient la voie royale, celle qui leur permettra d'être recrutés, de dénicher un emploi stable.

La stratégie va extrêmement bien fonctionner. Dès la première année, en 2019, le groupe réussit à signer 1 973 contrats. Cinq ans plus tard, leur nombre atteint 22 800.

Bien sûr, Galileo n'est pas la seule firme à investir ce marché. Pour chaque contrat signé avec un apprenti, les écoles reçoivent une enveloppe de quelques milliers d'euros. Ces contrats aidés sont devenus une nouvelle source de revenus majeure pour les groupes privés.

Certes, le système de l'alternance interdit en principe aux écoles de faire payer la moindre somme aux apprentis, mais cela ne veut pas dire que les formations sont devenues gratuites. L'étudiant, moins présent dans l'école, y suit malgré tout des cours, est accueilli dans les locaux, utilise les outils à disposition, passe des examens, etc., tout cela engendre des frais, des millions d'euros, qui, à défaut d'être payés par les élèves, sont pris en charge par les finances publiques.

En 2021, selon un rapport de la Cour des comptes de juin 2022, 5,3 milliards d'euros ont ainsi été distribués par les institutions de l'État à l'ensemble des centres de formation du territoire, au titre des contrats d'apprentissage.

D'où viennent ces milliards ? Ils sont tirés des cotisations obligatoires des entreprises. Depuis la réforme, celles-ci ont l'obligation de verser à l'URSSAF une contribution unique à la formation professionnelle et à l'alternance. Cette somme, estimée à environ 10,3 milliards d'euros en 2022 (selon la Cour des comptes, en juillet 2023), est ensuite centralisée par France compétences qui la répartit entre onze opérateurs de compétences.

Ce qui est étonnant, c'est qu'il existe déjà un contrat en alternance, qui a fait ses preuves, et qui coûte bien moins cher à l'État : le contrat de professionnalisation, qui semble s'être fait doubler par le petit nouveau, l'apprentissage dans le supérieur, qui, lui, a grimpé en flèche ! Après une croissance faible jusqu'en 2018 (de l'ordre de 5 %), les effectifs ont augmenté de 15 % en 2019, 42 % en 2020 et 39 % en 2021, selon un rapport de la Cour des comptes de juin 2022.

Les deux types de contrats sont pourtant similaires. Ils permettent d'alterner des périodes en entreprise et d'autres en école, aident à acquérir une bonne qualification professionnelle, accélèrent les chances d'insertion professionnelle et peuvent délivrer des certifications RNCP. Que peut donc bien avoir l'apprentissage de plus pour faire tant d'ombre au contrat de professionnalisation ? Alors que ce dernier ne dépasse les douze mois que sous certaines conditions, l'apprentissage, lui, peut facilement durer trois ans. Le contrat d'apprentissage bénéficie également d'importantes exonérations de cotisations patronales et d'un avantage non négligeable : son financement est très intéressant. Très lucratif. Depuis 2018, avec l'apprentissage, l'État fait en effet d'énormes cadeaux aux CFA et aux entreprises.

Du point de vue des écoles, le contrat de professionnalisation est ainsi bien moins rémunérateur que l'apprentissage. « L'apprentissage, c'est le grand scandale du moment. Avec des financements d'apprentissage aussi intéressants, n'importe qui a plus intérêt à privilégier ce type de contrat, plutôt que des contrats de professionnalisation. Ils en profitent, c'est évident », m'assure Dominique Sciamma, l'ancien directeur de l'école Strate. Pour les écoles, c'est un jackpot. Alors tout est fait pour encourager les jeunes à se diriger vers l'apprentissage.

Le souci, c'est que cet argent – ces millions d'euros – appartient à l'État. En 2020, l'Inspection générale des affaires sociales et l'Inspection générale des finances s'interrogent déjà sur ces niveaux de prise en charge. La Cour des comptes s'en alarme d'ailleurs cette même année : en 2020, selon l'institution, le déficit de France compétences dépasse les 4,6 milliards d'euros. En 2021, il avoisine encore les 3 milliards. Dans son bilan de 2024, France compétences livre sa propre analyse. Pour l'institution, le taux de marge moyen des écoles serait de 11 %. Mais les structures privées feraient bien plus : 20,9 % de marge en moyenne pour les sociétés anonymes. Un très joli cadeau de l'État.

Chapitre 6

Faire « cracher » les entreprises

Lundi 27 mars 2023, jour de codir. Cette fois, il est question des NPEC. Encore un sigle… Celui-ci signifie « niveaux de prise en charge des contrats d'apprentissage ».

« Les NPEC, au mois de juillet, vont baisser, on prévoit une baisse de 7,5 % exactement », s'inquiète Nizarr Bourchada auprès des directeurs des écoles du pôle Business. Le cadre connaît le dossier sur le bout des doigts. Avant de devenir directeur alternance France de Galileo en 2021, il a occupé pendant deux ans le poste d'adjoint au directeur branches et partenariats en charge de l'alternance pour l'Opco Atlas. Pour lui, l'annonce de la baisse des NPEC n'est pas un problème. Au contraire, il y a vu une nouvelle opportunité pour le groupe. « Cette année, on a augmenté de plus de 8 % en moyenne les tarifs [des écoles] du pôle Business. […] Entre l'augmentation des tarifs et la baisse des NPEC, vous avez le terrain de jeu du reste à charge qui explose », annonce-t-il. Le reste à charge ? Il s'agit des frais que le groupe facture aux entreprises qui recrutent les apprentis, dans le but de compenser la différence entre le coût de la formation et la prise en charge des Opco. Plus les prises en charge de l'État diminuent, plus le reste à charge des entreprises augmente. Et les écoles telles que celles de Galileo en profitent.

Les entreprises qui recrutent les apprentis sont réputées être les grandes gagnantes de la réforme de l'apprentissage. C'est vrai, elles touchent bel et bien des aides de l'État, dans le but de les encourager à recruter des apprentis : 4,4 milliards, rien qu'en 2022. Avant 2018, elles bénéficiaient déjà d'exonérations de cotisations sociales pour les contrats d'apprentissage mais, à elles seules, elles ne suffisaient pas à inciter les entreprises, notamment du tertiaire, à embaucher ces jeunes du supérieur. L'État lance donc, via la réforme de 2018, un nouveau dispositif de soutien financier : une aide unique à l'embauche. Lors de son instauration, cette aide est d'abord réservée aux entreprises de moins de 250 salariés et aux contrats préparant un diplôme équivalent au bac. Elle est versée pendant la totalité du contrat et son montant est dégressif : 4 125 euros pour la première année, 2 000 euros pour la deuxième, 1 200 euros pour la troisième.

Mais un an après la mise en œuvre de la mesure, la pandémie du Covid-19 vient bouleverser les prédictions d'emplois du gouvernement. C'est la catastrophe : Emmanuel Macron avait promis de mettre les jeunes au travail, mais le marché s'effondre. Alors, en juillet 2020, le Président annonce son grand plan de relance pour remettre les jeunes sur le chemin du travail. Le programme se nomme « 1 jeune 1 solution » et prévoit une mesure extrêmement incitative à destination des employeurs : une aide exceptionnelle à l'embauche des apprentis. Cette fois, tous les employeurs peuvent en bénéficier, même les sociétés de plus de 250 salariés (sous certains critères), afin de recruter massivement des personnes âgées de moins de 30 ans et à tous niveaux d'apprentissage, notamment dans le supérieur.

Pour la première année de chaque contrat, l'État promet le versement d'une aide financière allant jusqu'à 5 000 euros pour un apprenti de moins de 18 ans et jusqu'à 8 000 euros pour un majeur. Cette aide est versée tous les mois, avant le paiement du salaire de l'apprenti. Or, en 2020, les apprentis sont rémunérés la première année et en fonction de leur âge, de 400 à 1 500 euros par mois : les entreprises n'ont presque plus rien à débourser pour rémunérer leurs employés. En 2023, l'aide est finalement plafonnée à 6 000 euros et pérennisée jusqu'au 31 décembre 2024. Pour le plus grand plaisir des écoles privées et des entreprises.

Quand les financements des Opco ne suffisent pas à compenser la totalité du coût des formations des écoles, les entreprises s'acquittent du reste à charge. C'est tout à fait légal, et logique dans la mesure où l'apprenti ne doit pas payer sa formation. Pourtant, quelque chose semble clocher. D'un côté, les rapports officiels affirment que les écoles privées touchent des NPEC supérieurs aux frais réels de leur formation, jusqu'à réaliser des marges de 20,9 %. De l'autre, ces écoles privées disent ne pas recevoir assez, au point de faire payer un reste à charge aux entreprises qui recrutent les apprentis. C'est là que le bât blesse.

Les écoles perçoivent-elles vraiment trop de NPEC ? En réalité, oui, les écoles reçoivent souvent un surplus de financements. Oui, elles augmentent le prix de leurs formations pour se générer un revenu ayant plusieurs sources, venu des Opco et du reste à charge, qu'elles font payer aux entreprises, qui ne sert ni aux formations, ni à la pédagogie, ni à améliorer les conditions de travail des salariés. Il abonde tout simplement les marges des écoles.

J'ai obtenu des documents confidentiels à ce sujet : des fiches de négociations commerciales, datées de 2021, remplies par des chargés d'admission lors de la signature d'un contrat d'apprentissage avec une entreprise. Les écoles ne communiquent jamais sur les montants réels des formations en apprentissage, ni sur ce qu'elles perçoivent. Ces documents révèlent comment les écoles établissent leurs tarifs pour facturer des restes à charge très élevés aux employeurs des apprentis.

La première fiche de négociation concerne un contrat d'apprentissage d'une durée de deux ans, dans le cadre du mastère de Direction artistique, certifié par Bellecour École, mais préparé chez LISAA Mode. Selon la note, l'Opco prend en charge les frais pédagogiques à hauteur de 15 170 euros, soit 7 585 euros par an. Ce montant semble cohérent avec le tarif facturé aux élèves qui prennent la voie du mastère en initial, c'est-à-dire à temps plein dans l'école et donc sans contrat d'apprentissage : 7 690 euros la première année et 8 990 euros la seconde.

« On n'a pas besoin de cet argent supplémentaire, et ce n'est pas normal »

LISAA aurait pu s'arrêter à ce montant mais en a décidé autrement. Voici ce qui est écrit :

« – Coût de la formation : 22 000 euros (11 000 euros l'année).

– Coût négocié : 20 900 euros (10 450 euros l'année). »

Le reste à charge de l'entreprise s'élève finalement à 5 730 euros. La somme est conséquente. Tout cela afin de participer aux coûts pédagogiques et aux frais de fonctionnement d'une formation que l'étudiant suivra majoritairement depuis l'entreprise, alors même que les tarifs pratiqués en formation initiale, avec des élèves présents en cours toute l'année, sont moins élevés.

Cette négociation est très avantageuse pour l'école et elle n'est pas anecdotique. La deuxième fiche commerciale présente les données budgétaires concernant le mastère Management mode et luxe de LISAA Mode. La formation en apprentissage de deux ans est financée à hauteur de 14 300 euros par l'Opco, qui a légèrement surévalué le coût général du cursus : cette année-là, la formation initiale, 100 % en ligne, est facturée 5 590 euros chaque année, soit 11 180 euros les deux ans. L'école décide malgré tout d'augmenter le prix de la formation en apprentissage à 9 500 euros l'année, soit 19 000 euros au total. Finalement, au terme de la négociation, le prix est arrêté à 15 000 euros. Le reste à charge, à 700 euros.

En augmentant les tarifs des filières en apprentissage, les écoles bénéficient finalement des fonds des entreprises et, indirectement, des aides qui leur sont versées par l'État. Une ancienne chargée d'admission, qui souhaite elle aussi rester anonyme, me raconte ceci : « La négociation, elle se fait en *one to one* avec les entreprises. Et le prix est complètement variable, en fonction de ce qu'elles sont capables de payer ou non. Moi, je me suis vu annoncer à des entreprises que ma formation coûtait 9 500 euros et que l'Opco en prenait en charge 4 700, tout ça pour toucher des milliers de reste à charge, alors qu'on n'a pas besoin de cet argent supplémentaire, et ce n'est pas normal. » Le système est légal. Et lucratif, en effet.

Le groupe se justifie en affirmant utiliser ces fonds supplémentaires dans le cadre du suivi professionnel de ses apprentis : coaching, accompagnement, etc. Une salariée d'une des écoles LISAA, toujours en poste, m'assure que cet argument est contestable. Selon elle, l'accompagnement des étudiants sans apprentissage, lors de leur période de stage, prend tout autant de temps que l'accompagnement des apprentis. Toujours selon elle, les frais supplémentaires des formations en apprentissage pourraient être réduits.

« On a presque oublié qu'on parlait d'éducation »

Cette augmentation de prix ne serait ainsi qu'une marge brute à destination du pot commun de la holding. Alors, pour faciliter les négociations des commerciaux, le groupe a transmis à ses équipes un document technique très utile : un simulateur de coût-contrat. Durant mon enquête, plusieurs personnes m'enverront ce même tableau, l'un des plus éclairants sur l'ampleur de l'optimisation financière organisée par le groupe pour capter le reste à charge des entreprises.

Pour prendre la mesure des marges réalisées, j'ai décidé d'y simuler des coûts en fonction d'un contrat type : un an d'apprentissage dans une seule et unique branche professionnelle, débutant en septembre 2022 et s'achevant en septembre 2023. Durée totale de la formation et du contrat : 13 mois. Je me suis concentrée sur les certifications RNCP en cours détenues par le groupe uniquement, et de niveau 6 et 7, donc correspondant à des bachelors ou des mastères. Cela fait un total de 55 certifications dans des secteurs d'activité très diversifiés : assistant réalisateur, chargé de commercialisation d'œuvres et d'objets d'art, architecte d'intérieur, chef de projet multimédia, concepteur technique de l'image animée et des effets spéciaux, responsable marketing et commercial, manager de communication, expert en stratégie et développement digital… Les écoles concernées sont nombreuses : les ESG, LISAA, Bellecour, Hetic, CLFC, ECAD, Digital Campus, Studi, Web School Factory, Cifacom ou IESA arts&culture. Toutes les simulations sur ces formations de niveau 6 et 7 laissent apparaître des restes à charge pour les entreprises.

La marge générale dégagée par ces revenus est colossale. Élargie à l'échelle du groupe, il n'est pas question d'un contrat unique et de 55 certifications. Il est question de certifications partagées entre des centaines de formations, sur des dizaines d'écoles et auprès de milliers d'étudiants. Rappelez-vous, le groupe se vante, en 2024, de comptabiliser plus de 22 800 apprentis.

Résumons.

Premièrement, lorsque Galileo augmente son nombre d'apprentis, il génère de nouveaux financements de l'État.

Deuxièmement, lorsque Galileo augmente les tarifs de ses formations, il accroît le delta entre les versements publics et le prix global du cursus et donc fait s'élever le montant des restes à charge facturés aux entreprises.

Troisièmement, lorsque le niveau des prises en charge des Opco diminue, le delta augmente d'autant plus et le reste à charge également.

Ce sont donc les entreprises qui paient la différence, une nouvelle fois.

Retour en codir. Ce 27 mars 2023, Nizarr Bourchada explique aux directeurs du pôle Business comment le groupe compte profiter de la diminution des NPEC pour augmenter les objectifs à atteindre sur le reste à charge. « La baisse des NPEC est propice à l'augmentation de l'évolution du reste à charge. » Le manager vise du + 50 %. « Si on met + 50 % dans le budget, ça veut dire qu'on met des objectifs plus haut ? » s'inquiète une directrice. Nizarr Bourchada la rassure : l'année passée, les commerciaux auraient déjà atteint les + 41 %.

Pendant plusieurs minutes, le manager détaille les nouveaux objectifs. « Sur les 4 000 euros de variable, il y a HSM [*Happy Student Maker*], comme on a tous. Il y a l'atteinte de 350 contrats [...]. Et le troisième critère, c'est l'atteinte de plus de 20 % de reste à charge au palier 1. [...] Le palier 2, c'est + 35 % d'atteinte. [...] Le commissionnement sera déclenché à partir du palier 2. » Le cadre promet des rémunérations variables, versées en fonction des montants de ces restes à charge. De quoi inciter les commerciaux à redoubler d'efforts.

Pendant une dizaine de minutes, les directeurs comptent les niveaux de prises en charge, simulent les coûts-contrats, comptent les objectifs. Tout le monde parle en même temps, et, dans le brouhaha de la conférence, une voix s'élève, un homme prend la parole, doucement. « C'est dingue, on a presque oublié qu'on parlait d'éducation. » Ses paroles résonnent, mais personne ne l'entend.

L'État a été bien généreux avec les écoles privées.

Laissez-moi maintenant vous parler du *e-learning*.

Partie 4

LA CAGNOTTE DU *E-LEARNING*

Chapitre 1

Main basse sur le CPF

La France se confine, mais le secteur de la formation privée, lui, s'ouvre en grand. Nous sommes en mars 2020. Traumatisés par la pandémie, bon nombre de Français disent vouloir changer de carrière, se reconvertir, quitter la ville, se former vite et depuis leur domicile. Les plateformes de visioconférence se développent, l'apprentissage en ligne devient la norme. Les pratiques changent, que ce soit dans les universités ou dans les écoles privées. En 2020, le monde se connecte, parle en ligne, échange en ligne, apprend en ligne.

Galileo veut se faire une place dans le monde d'après : il faut surfer sur la crise et développer la stratégie de « digitalisation des formations ». Dans un rapport financier interne confidentiel de septembre 2023, le groupe reconnaît que « la crise sanitaire a incontestablement accéléré la transition numérique des établissements privés avec un déploiement à très grande échelle des cours en ligne ». Les écoles du groupe développent des mastères en ligne, comme LISAA Mode, d'autres mettent au point des outils spécialement dédiés au *e-learning*, comme l'école Penninghen et sa

« Penninghen TV ». Les innovations locales sont nombreuses, mais c'est finalement Studi, l'école 100 % en ligne de Galileo, leader en France dans son domaine, qui s'imposera bientôt comme la nouvelle vache à lait du groupe.

À sa création en 1999, Studi n'était qu'une petite école de comptabilité domiciliée à Soissons, dans l'Aisne, et appelée Comptalia. Pierre Charvet, son créateur, développe son bébé dans le sillage de la croissance des technologies numériques : premier cours en *live* en 2003, premier studio de production de cours en ligne en 2007, première application mobile en 2010. En 2012, Charvet monte Ecolems, petite sœur de Comptalia, dédiée aux métiers de la petite enfance, des services à la personne, de la beauté et du bien-être. Comnicia, *business-school* en ligne, suivra en 2015. Entretemps, Charvet obtient des habilitations à préparer des certifications RNCP, des contrats de professionnalisation et dépasse le millier d'apprenants. En 2015, le groupe devient Studi, et trois ans plus tard il est revendu à Galileo Global Education, qui a flairé la belle affaire.

Grâce au distanciel, les écoles s'affranchissent de millions d'euros de frais de fonctionnement, d'électricité, de ménage, de sécurité, de gestion des normes ERP. En ligne, pas besoin de compter le nombre d'élèves par mètre carré : les classes se remplissent à distance et un seul professeur peut, en visioconférence, donner cours à des groupes de cinquante, cent, voire deux cents élèves. Les centres de formation paient ainsi moins de professeurs et diminuent les volumes horaires : l'optimisation des coûts pédagogiques est phénoménale.

« Vous aussi, changez de vie et apprenez le métier de vos rêves »

Studi intègre Galileo et Pierre Charvet gagne une place au conseil d'administration de la holding. Le groupe s'attelle alors à massifier la formation en ligne, en rachetant Elephorm, la plateforme de formation spécialisée dans l'apprentissage de logiciels métiers, et lance des collaborations avec les écoles du groupe pour délivrer des formations dans des domaines aussi divers que la finance, la comptabilité, les ressources humaines, le code, le marketing digital et la communication, l'immobilier, le commerce, la petite enfance et les services à la personne, le management, le droit, la banque, le tourisme, l'esthétique, la coiffure, etc. Les formations Studi bénéficient des logos des établissements Galileo : l'ESG, Digital Campus, Hetic, LISAA, le Cours Florent notamment, affichés en tête de gondole sur le site Internet de la plateforme et permettant de légitimer la qualité des formations proposées. Studi a l'ambition de se développer dans le plus de domaines possibles afin de truster le marché post-Covid de la reconversion.

En 2022, l'entreprise lance Academee, une école en ligne pour développer « ses talents », en partenariat avec la chaîne de télévision M6. Le groupe publie plusieurs vidéos sur son compte Youtube. Sur la première, des hommes et des femmes coupent des légumes en souriant. « Vous aussi, changez de vie et apprenez le métier de vos rêves grâce aux formations Top chef ! » lance une voix. Philippe Etchebest, le célèbre chef de l'émission, apparaît à l'image. « C'est pas mal, vous vous en sortez bien ! » dit-il à trois personnes connectées en visioconférence : « Academee, faites de vos talents un métier », conclut la campagne de publicité. Le même jour, d'autres vidéos sont publiées. Sur l'une d'elles, la styliste Cristina Cordula prend la parole. Elle est présentée comme « marraine Academee beauté » et demande, toujours en visioconférence : « Alors, cette formation, ça se passe comment ? » Puis on découvre les visages de Jeanne, ex-artiste peintre, et Linda, ex-fleuriste : « Vous aussi, changez de vie et apprenez le métier de vos rêves », répète la voix off. Le groupe s'associe également avec l'agent immobilier Stéphane Plaza. La campagne de communication est bien menée car, en réalité, tous ces cursus existent sur la plateforme depuis parfois plusieurs années. Studi souhaite étendre sa force de frappe pour recruter au plus large : les jeunes précaires, les seniors en reconversion, les dégoûtés du salariat, les anciens confinés qui rêvent d'une autre vie... Les profils des apprenants sont variés mais leurs objectifs sont similaires : ils souhaitent se former à un métier, rapidement, à moindre coût, et, si possible, obtenir une certification RNCP.

Studi rend tout cela possible. La plateforme délivre les mêmes certifications que ses écoles partenaires, pour un prix de formation moins élevé et pour une durée plus courte. Chez Studi, un titre de bachelor s'obtient en six à dix mois seulement, au lieu de trois ans dans une école en présentiel. Son prix n'est que de 4 000 euros en moyenne, contre 8 000 euros dans un parcours classique. Et ces formations ont un dernier avantage : comme pour l'apprentissage, il est désormais possible de les faire financer en grande partie par l'État.

La loi Avenir professionnel de septembre 2018 n'a en effet pas seulement ouvert les vannes de l'apprentissage.

L'État a aussi simplifié les modalités d'accès au compte personnel de formation, le CPF. Permis de conduire, cours de langues étrangères, formations titrées au RNCP, VAE, bilan de compétences… le CPF permet d'accéder à une grande variété de formations, à moindre coût. Se reconvertir n'a jamais été aussi facile.

Du côté des centres de formation aussi, le dispositif a été largement facilité. Comme pour l'apprentissage, l'État doit agir pour inciter les écoles à se positionner sur ce nouveau segment de marché. Leur éligibilité est donc également simplifiée. Le principal prérequis ? Que l'école prépare à une certification ou à un bloc de compétences inscrit au RNCP ou au Répertoire spécifique (RS). Comme pour l'apprentissage, les centres de formation peuvent se louer les titres les uns les autres. Chez Galileo, rien de bien nouveau. Les incitations fonctionnent et la réforme est un succès. Studi n'aurait pas pu rêver mieux pour exploser sur le marché.

Désormais, la plateforme en ligne propose 250 formations, dont plus de 160 accessibles via le CPF, à un effectif écrasant de 70 000 apprenants, soit 40 % de l'ensemble des étudiants inscrits dans le groupe Galileo Global Education.

En 2021, le chiffre d'affaires de l'école aurait dépassé les 120 millions d'euros, et l'entreprise visait les 200 millions en 2022. Une grande partie étant directement générée par les aides de l'État. Comme souvent, les étudiants s'inscrivent, l'État finance, l'école encaisse. Et les désillusions abondent.

Prenez Justine*. En quittant son poste de graphiste à Paris pour retourner vivre dans son Sud natal, elle savait qu'elle ne retrouverait pas facilement un emploi. Heureusement, elle avait tout prévu. Il lui suffisait de se dégoter de petites missions de free-lance pour obtenir des contrats courts, pas trop chronophages, ce qui lui laisserait le temps de s'inscrire pour suivre une formation de motion design en ligne, obtenir un diplôme supplémentaire et se faire une meilleure place sur le marché de l'emploi. En quelques clics seulement, la jeune femme découvre la plateforme Studi, qui propose un bachelor Motion designer en partenariat avec Digital Campus, célèbre école du groupe. « La formation est à distance, ce qui me convient bien, me raconte-t-elle. Je suis dans le sud, sans gare à proximité, donc je préfère rester chez moi. J'ai passé 30 ans, donc je n'ai pas très envie de revenir dans une école avec des gens plus jeunes que moi. En plus j'organise mon temps comme je veux pour ma mission free-lance. La formation est aussi éligible CPF, donc je ne mets pas de sous de ma poche. » D'autant plus qu'en octobre 2021, lorsque Justine* souhaite s'inscrire, ce sont les soldes chez Studi : la formation motion design est à 50 % de réduction, soit un peu plus de 2 000 euros : « Pile ce qu'il me restait sur mon compte formation ! Je ne me suis pas posé de questions, j'ai foncé. »

Audrey* a aussi profité d'une promotion Studi pour s'inscrire. Après une première partie de carrière dans le social, elle décide de bifurquer vers l'animation en 2023. Elle fait des recherches, sans grand succès : « Quasiment toutes les écoles sont privées, coûtent cher, même celles en ligne. Souvent il n'y a pas de diplôme à la clé, ou elles ne prennent pas le CPF, ou elles ne sont valables que jusqu'à 26 ans… » Elle découvre finalement la brochure d'un bachelor Animateur 2D et 3D chez Studi. Elle enregistre ses coordonnées sur la plateforme pour recevoir quelques informations et est rapidement rappelée par un conseiller.

Elle me confie : « On m'a dit que c'était financé par le CPF. La formation coûtait 4 000 euros et moi je n'avais que 3 000 euros, donc ils m'ont proposé une réduction pour que je n'aie rien à payer. » Le conseiller lui parle de coaching, de démarches simplifiées, d'encadrement, de forts taux d'insertion. « Je me suis dit, autant se lancer. » Laëtitia*, elle, en avait assez d'être serveuse : « Je voulais me reconvertir et le site du CPF conseillait Studi et Openclassroom, mais j'ai préféré aller chez Studi car la plateforme avait plein d'avis positifs. J'aimais aussi que ce ne soit que sur un an. » 3 000 euros de CPF dépensés plus tard, en avril 2022, elle démarre une formation en développement Web.

« Un diplôme prestigieux, reconnu par l'État et par les entreprises »

Les profils comme Justine* et Audrey* sont nombreux. Les apprenants Studi sont en quête d'une vie meilleure, d'un salaire plus élevé, d'accomplissement. Ils sont encouragés à se lancer dans leur reconversion par l'État, incités par la facilité d'utilisation de leur CPF, et surtout attirés par Studi, qui multiplie les promesses. L'école se veut « 100 % en ligne, 100 % humaine » et permet aux apprenants de reprendre leur « carrière en main », avec l'aide d'une équipe dédiée, d'un coaching personnalisé, d'un service d'assistance et d'une plateforme de discussion en ligne permettant de créer du lien entre les équipes et les apprentis. La période d'essai de sept jours, sans engagement, est 100 % gratuite, et la formation est associée à une « double garantie réussite et diplômé ou remboursé ». L'école prévient : on avance à son rythme, on commence quand on veut, on gère son emploi du temps, mais on rejoint « la grande école en ligne », avec à la clé « un diplôme prestigieux, reconnu par l'État et par les entreprises », et une meilleure intégration sur le marché de l'emploi, avec des élèves qui travaillent à présent chez Canal +, Free, Fnac-Darty, Leclerc, Natixis, Orange, Orpi, Safran, SNCF, Thales, Harmonie Mutuelle… Studi, ce sont 5 070 avis sur Trustpilot avec une note de 4/5. 97 % de diplômés satisfaits de leur formation, 98 % des diplômés considérant que la formation est adaptée à leur projet professionnel. Ce sont des accréditations et partenaires institutionnels : la région Île-de-France, France Travail, l'UE ! Et puis Studi est une école profondément égalitaire : les élèves ne paient rien ou presque, car les formations sont éligibles au CPF, aux financements de France Travail, des régions, à l'alternance… En bref, Studi promet d'être une belle expérience, un tremplin pour accéder à cette nouvelle vie.

Mais Studi a aussi un autre visage : un gouffre financier parfois ; une perte de temps fréquemment ; une déception trop souvent.

Chapitre 2

LA « VISIO » QUI RAPPORTE GROS

Je ne suis pas au bout de mes surprises. Comment sont montées les plaquettes de formation de Studi ? Qui rédige les cours ? Qui organise les formations, la diffusion des *lives*, la publication des blocs de compétences ? Que peut-il bien se passer, dans les coulisses de l'école, pour que la prestation soit aussi décevante ?

Nul besoin d'être une petite souris pour se faufiler dans les bureaux de Studi. De nombreuses personnes, internes à l'entreprise, ont accepté de me raconter en détail les secrets de fabrication de ces formations en ligne. La face cachée de Studi, ce sont des formations low cost, fabriquées à bas coût, avec notamment un but : faire grossir encore et toujours son Ebitda, à la faveur des financements étatiques, avec de lourdes conséquences pour les demandeurs d'emploi.

En 2021, Léa* est à la recherche d'un job. Elle habite à Montpellier et a récemment entendu parler d'une nouvelle entreprise qui embauche à tout-va dans la région, spécialisée dans le *e-learning* et qui ne cesse de se développer, prévoyant même d'ouvrir bientôt de grands bureaux aux portes de la ville. Cette société, c'est Studi. Depuis quelques années déjà, l'école a délocalisé une partie de ses activités à Pérols, une commune située entre Montpellier et Palavas-les-Flots. C'est là-bas que toute son activité pédagogique s'opère. Là-bas que les cours sont conçus. Là-bas que Léa* prend ses quartiers, en 2021. Studi lui confie la responsabilité d'un parcours de formation proposé par sa filiale Ecolems, dédiée aux métiers du soin et de l'aide à la personne. Léa* découvre ses missions. Chez Studi, les formations sont fabriquées en interne, même celles tamponnées aux couleurs d'une école physique du groupe. Quand bien même les responsables pédagogiques ne sont ni enseignants ni professionnels du domaine abordé, quand bien même ils ne sont pas formés à l'écriture de modules pédagogiques, c'est à eux de contacter des professionnels pour qu'ils les aident à rédiger les programmes, réaliser les évaluations et les corrections. Car Studi optimise ses coûts. C'est ainsi que Léa* se retrouve, sans aucune connaissance en matière sanitaire, à devoir relire et corriger des cours préparés par des professionnels, dans le domaine de la santé, dont elle ne connaît rien. La jeune recrue est atterrée : « Je dois m'appuyer sur ma confiance envers les experts métiers que je sollicite, me renseigner en ligne… J'apprends en même temps que je fais les corrections des contenus. »

L'autre méthode de Studi pour réduire les coûts pédagogiques consiste à piocher directement dans des formations déjà existantes sur la plateforme. Créer des doublons, avec des intitulés de cours différents. Ainsi, selon plusieurs membres de l'équipe avec qui j'ai échangé, une grande partie des cours produits sur Studi sont partagés entre ses différentes formations. « Le business model, c'est de mutualiser un max de cours : donc si on a un cours basique de marketing, on va le réutiliser pour le plus de formations possibles. On a tendance à le faire de façon trop poussée, à produire trop vite, donc on a trop de cours mutualisés, trop de doublons, on perd en expertise... » me confie Léa*.

Je me suis intéressée à une formation en particulier : Responsable du développement commercial en immobilier, délivrée chez Studi en partenariat avec l'ESG Immobilier. Au programme : 450 heures de cours, sur dix mois, 100 % en ligne. Prix de la formation : 4 890 euros. Une petite somme, prise en charge par les aides publiques : CPF, alternance, ou via le financement de France Travail. À l'issue de leur formation, les demandeurs d'emploi pourront prétendre au titre RNCP 36610, de niveau 6, soit « équivalent bac + 3 », dans le but d'accéder au poste de « Responsable du développement commercial » pour, selon France compétences, devenir un « acteur clé de la performance commerciale », travailler « en collaboration étroite avec la direction marketing de l'entreprise », avoir la charge « du développement et de la fidélisation d'un portefeuille client », entre autres.

Ce titre est préparé par plusieurs écoles ESG en parcours « présentiel » : ESG Act, Immobilier, Sport, Tourisme, mais également dans pas moins de six parcours en ligne de Studi : Responsable du développement commercial en grande distribution, Commerce international, Business developer, Responsable du développement commercial en sport, tourisme ou encore immobilier. Pour chacune des filières, Studi liste sur son site Internet les modules de cours à valider.

Je décide de faire, comme Galileo, un grand tableau Excel. Le but ? Lister chacun des modules et les comparer les uns avec les autres. Quels sont les cours identiques ? Quels sont les cours de spécialités ? À quel point les programmes de Studi sont-ils mutualisés ? Ces formations sont-elles différentes les unes des autres ? Les résultats sont encore plus surprenants que prévu : les programmes de formation sont à 100 % fondés sur un seul et unique tronc commun, le bachelor Business Developer. Puis chaque filière complète avec sa petite particularité. Soit un module « Développer et fidéliser sa clientèle immobilière » pour l'immobilier, un autre « Marketing relationnel et fidélisation dans le sport » pour le sport, ou encore « Définir et optimiser la gestion de la relation clientèle touristique » pour le tourisme.

En moyenne, chaque parcours comptabilise entre quarante-cinq et cinquante modules de cours. Seuls cinq ou six modules par formation sont des cours originaux. Tous les autres viennent du même tronc commun, ont le même nom. Derrière, ce sont donc les mêmes documents écrits, les mêmes vidéos, les mêmes quiz, les mêmes évaluations.

« Les textes de loi qui étaient présentés dans les formations n'étaient pas les bons »

Les économies réalisées sur les rédactions de cours ou sur le paiement des professeurs sont donc absolument colossales. « Studi fait d'énormes économies d'échelles, affirme Léa*. Cela permet de rationaliser les coûts des formations, car on prend les mêmes vidéos pour toutes les formations. On peut donc multiplier nos formations sur notre catalogue sans coût supplémentaire, utiliser les titres de toutes les écoles, segmenter pour augmenter notre capacité de recrutement en fonction des besoins de l'État en emplois. C'est facile ! »

En raison des manques de contrôle qualité des institutions publiques sur les formations, les équipes internes risquent de disperser aussi les fautes, les erreurs, les oublis, les obsolescences des contenus de cours dans toutes les formations. « On ne vérifie pas les cours qu'on doublonne, donc s'il y a une erreur de date sur une info, elle va se retrouver dupliquée dans plusieurs formations, et ce sera encore plus difficile ensuite de faire les corrections », me dit Léa*.

Ces contrôles sont une autre mission dont Léa* et les autres responsables pédagogiques ont la charge. Mais comment contrôler autant de formations, surtout quand on n'est pas expert dans le domaine en question ? « Il y avait une crise constante autour de ces formations car la qualité était vraiment très mauvaise. Par exemple, les textes de loi qui étaient présentés dans les formations n'étaient pas les bons, les questions étaient mal présentées, il y avait des erreurs dans les quiz, et des fois les réponses n'étaient même pas les bonnes. » Léa* reçoit de nombreux retours négatifs des élèves, via la plateforme, qui s'inquiètent de la mauvaise qualité des cours donnés : « Ils sont perdus, ils sont forcés d'aller voir des tutos sur Youtube pour se former à telle ou telle notion. » Toutes les formations ne sont pas concernées bien sûr. Mais le risque de nivellement par le bas est réel.

N'y a-t-il donc pas de professeurs chez Studi ? Si, l'école recrute bien des intervenants ! Ce sont des professionnels, spécialisés dans les domaines étudiés, appelés « formateurs ». Ils sont sollicités pour rédiger certains cours, corriger des évaluations, relire des mémoires ou pour mener des sessions de cours en *live* derrière leur écran d'ordinateur. Mais trouver des intervenants n'est pas si facile. Les rémunérations et les conditions de travail peinent à attirer.

Stan* fait partie du pool de professionnels qui interviennent chez Studi. Lui y est prestataire depuis plus de deux ans. « L'activité principale, ce sont des *lives*, à l'instar de ce qu'on retrouve sur des plateformes de streaming comme Youtube, Twitch, ou d'autres. » Derrière son écran d'ordinateur, Stan* présente des logiciels, explique des détails techniques et, surtout, interagit avec les apprenants, qui peuvent lui poser des questions sur le tchat. Stan* se démène pour leur offrir du contenu de qualité. « Au début, n'étant pas formateur à la base, j'ai dû préparer le contenu des cours. Comme je suis perfectionniste, ça me prenait un temps monstre, il m'est arrivé de les préparer pendant un ou deux jours pour une heure de *live*. Sachant que ce n'est pas payé, car eux ne paient que le temps de travail diffusé en ligne, 70 euros de l'heure. » Stan* perd de l'argent mais l'école, elle, en gagne énormément...

Car ces vidéos ne sont pas destinées à une seule et même promotion, mais parfois disponibles pour diverses filières. Un seul professeur peut donner cours à plusieurs dizaines, voire plusieurs centaines d'étudiants en même temps, en comptant les rediffusions. Sa rémunération, elle, n'augmente pas en fonction de l'effectif – une différence majeure entre les cours en ligne et les jours en présentiel, pour lesquels, souvenez-vous, les intervenants affirmaient être rémunérés 77 euros de l'heure pour donner cours à trente étudiants maximum.

Pour les groupes d'enseignement privés, la formation en ligne est donc extrêmement rentable.

« Je trouve ça assez culotté que Studi puisse toucher 4 000 euros par tête via l'argent de l'État »

Elle l'est d'autant plus que les cours sont enregistrés et rediffusés sur la plateforme, après le direct. Lorsqu'ils signent leur contrat de prestation, les formateurs sont ainsi invités à parapher une annexe, nommée « Autorisation diffusion image et voix Studi ». Ce document confidentiel m'a été transmis par Stan*. Je découvre que la cession de droit est totale : « Autorise Galileo et Studi à reproduire et diffuser mon image et/ou ma voix telle qu'elle apparaît dans la prestation intitulée, notamment via les plateformes de formation en ligne. Cette autorisation comprend [...] : le droit d'adapter et de modifier les images prises de ma personne, et/ou les enregistrements de ma voix ; d'intégrer à une base de données, stocker et archiver les images me représentant et/ou les enregistrements de ma voix ; d'utiliser mon image en tant que référence sur les différents supports publics de communication ; d'exploiter directement ou indirectement les images prises de ma personne et/ou les enregistrements de ma voix à des fins commerciales ou non. » Le contrat précise que cette cession est effectuée « à titre gracieux et n'ouvrira droit à aucune rémunération complémentaire », et qu'elle est « valable pour le monde entier, pendant toute la durée d'exploitation de la prestation ».

Ces clauses inquiètent Stan* mais aussi Léa*, la responsable pédagogique : « On dit aux formateurs qu'à partir du moment où ils acceptent de tourner des contenus enregistrés, ils autorisent Studi à l'utiliser un certain temps. Certaines vidéos sont disponibles en replay pendant trois ans sur la plateforme… » m'explique-t-elle. Le groupe peut ainsi s'affranchir de professeurs sur le long terme. Pourquoi payer de nouveaux formateurs alors que l'école détient déjà une grande base de données prête à être rediffusée ? Stan* le regrette : « Je trouve ça assez culotté que Studi puisse toucher 4 000 euros par tête via l'argent de l'État et, derrière, gratter au maximum sur les prestataires formateurs. » Là encore, il n'y a rien d'illégal. Mais alors que les logiciels et les pratiques professionnelles évoluent perpétuellement, l'école Studi, qui se veut pourtant innovante, risque de les figer dans le temps. C'est finalement à Léa* et ses collègues d'en assurer la maintenance, l'actualisation et le contrôle, quand bien même ils ne sont en rien des experts des sujets abordés.

Pour les formateurs comme Stan*, Studi propose tout un tas d'autres petites missions pour gonfler leur rémunération. Ces tâches sont facturées à l'acte : 3 euros la réponse à une question posée sur le forum, 6 euros l'évaluation de l'apprenant, 15 euros la correction de mémoire ou de rapport de stage, 13 euros l'évaluation d'entraînement. Libre à chaque formateur de multiplier les tâches pour augmenter le montant de sa facture mensuelle. C'est ce qu'a fait Stan* : « J'étais très motivé, alors j'ai eu d'autres missions qui se sont débloquées, comme de la rédaction d'examens, de la correction de copies et plein d'autres petits trucs… Je suis devenu rapidement formateur référent. » Avec ce nouveau statut, les missions de Stan* deviennent plus nombreuses. Son contrat précise l'ensemble des nouvelles tâches qui lui incombent : animation de trois *lives* par mois, suivi des apprentissages, communication sur le fil d'actualité une fois par semaine au moins, réponse aux questions sous quarante-huit heures maximum, traitement des tickets d'erreurs sur les cours, audit des *lives* et des contenus, rédaction d'un compte rendu mensuel, identification des apprenants assidus et de ceux en difficulté, participation aux comités pédagogiques… Pour toutes ces missions, Stan* n'est rémunéré que 600 euros par mois, TTC. Studi lui propose aussi d'écrire des cours pour un nouveau parcours de formation. Une nouvelle prestation rémunérée au forfait, 500 euros l'unité pédagogique, me dit-il : « Je trouve que c'est peu, car moi je me vends 350 euros par jour, donc ça voudrait dire qu'écrire tout un module de cours ne me prendrait qu'un jour et demi. À ce tarif-là, ça ne m'étonne pas que la qualité des cours ne soit pas terrible chez Studi… » Une information confirmée par Léa*, chargée du recrutement des formateurs : « Les consignes internes ont été de diminuer les tarifs des factures des intervenants… si ça ne leur allait pas, tant pis… certains sont partis. » Stan*, lui, accepte par loyauté. Il veut bien faire, donner des cours de qualité. Mais Studi a encore des projets qui vont l'en empêcher.

À l'été 2023, l'école décide de lancer une « ingénierie de *lives* » : une politique interne visant à réduire les volumes horaires des formateurs pour optimiser à nouveau les coûts pédagogiques. Stan* et ses camarades sont invités à consigner dans un grand tableau Excel la durée des *lives* prévus sur l'ensemble de l'année 2023. L'école leur impose un volume d'heures maximum à faire dans l'année : « Environ 70 heures, estime Stan*. J'ai tenté de gratter trente minutes par-ci par-là, mais ça ne me plaisait pas du tout de faire ça. Je ne voulais pas supprimer du savoir », me dit-il avant de poursuivre : « Cela semble logique qu'ils souhaitent budgétiser nos volumes d'heures, mais ce qui n'est pas OK, c'est qu'il n'y ait pas de dialogue, ils imposent des coupes d'heures sans réflexion sur le fond du programme… » Par exemple : « Chez Studi, il y a deux promotions par an, une en décembre et une en juin. Moi, je faisais mon programme pour les deux sessions, donc sur une seule année je faisais deux fois mon cours. Pour diviser mon nombre d'heures, Studi m'a proposé de ne faire qu'un seul programme sur toute l'année. » Pour Stan*, cela pose un sérieux problème : les apprenants qui entreront lors de la seconde session annuelle auront forcément manqué les premiers cours. Mais pour Studi, ce n'est pas bien grave : les vidéos sont enregistrées, donc les élèves prendront connaissance des leçons en rediffusion. « Les apprenants regarderont mes vidéos comme on regarde des tutos Youtube, sans pouvoir poser de questions ou interagir avec moi, comment voulez-vous qu'ils apprennent des savoirs techniques dans de telles conditions ? » s'énerve Stan*.

Comment expliquer que l'État, qui finance ces écoles, ne régule pas davantage les conditions de travail des formateurs et la qualité des prestations données ? D'autant plus qu'il ne s'agit pas uniquement de financement par le compte personnel de formation.

Studi travaille aussi main dans la main avec les agences pour l'emploi.

Chapitre 3

FORMATIONS PRIVÉES, MARCHÉS PUBLICS

Le changement est majeur. Depuis la réforme menée en 2018 par Muriel Pénicaud, alors ministre du Travail, les pouvoirs publics font directement appel aux services des écoles d'enseignement supérieur privées et les financent dans le but de déployer la formation en région dans des secteurs en tension. Une collaboration qui passe par des appels d'offres, sur lesquels Galileo se positionne systématiquement. Le groupe a même monté une équipe interne dédiée à la gestion des demandes de marchés publics, pour l'ensemble de ses écoles.

En 2021, par exemple, Studi annonce avoir gagné un appel d'offres lancé par Pôle Emploi (devenu France Travail) : une prestation financière appelée « action de formation conventionnée par Pôle Emploi » (AFC), consistant en un nombre de places de formation achetées directement par l'agence à destination de demandeurs d'emploi majeurs. Pour ces derniers, l'offre est très intéressante : ils obtiendront des certifications RNCP et deviendront comptables, conseiller financier, directeur administratif, agent de service hospitalier, secrétaire médico-social, responsable de secteur service à la personne… Ils pourront même conserver leurs revenus pendant la durée de la formation.

L'avantage pour l'État est évident : les écoles publiques ne peuvent assimiler l'ensemble des besoins de formation des chômeurs. « Le développement de ces structures, qui proposent des formations à distance, permet à certains demandeurs d'emploi – qui ont par exemple des contraintes familiales, des soucis de santé, un travail à temps partiel ou habitent dans des zones non couvertes par des centres de formation (zones rurales ou ultramarines par exemple) – d'enfin accéder beaucoup plus facilement à la formation, et permet à beaucoup d'entre eux d'accéder à l'emploi par la suite », m'explique Hervé Jouanneau, directeur du développement des compétences dans les territoires à France Travail.

Du côté de Studi, l'avantage est financier. Grâce aux appels d'offres gagnés, l'école obtient la promesse de plusieurs centaines de milliers d'euros de chiffre d'affaires.

Depuis ces premiers appels d'offres, la relation entre France Travail et Studi n'a cessé de se consolider. En janvier 2022, le groupe gagne un marché public ouvert par l'institution, portant sur la formation de 3 000 personnes en vingt-quatre mois. Et France Travail n'est pas le seul allié de poids de Studi.

En 2021, Studi remporte pour la région francilienne un appel d'offres massif, via Galileo Global Education : 2 000 demandeurs d'emploi et bénéficiaires du revenu de solidarité active vont pouvoir être formés à la communication digitale. Studi annonce la collaboration sur son blog, un an plus tard, et détaille le vaste ensemble de formations auxquelles les demandeurs d'emploi franciliens pourront prétendre : marketing digital, communication et communication graphique, code informatique, design, comptabilité, finance ou ressources humaines… Des dizaines de filières sont concernées par le partenariat. La nouvelle collaboration est destinée à durer. Selon Pierre Charvet, la région aurait renouvelé son plan de formation à compter de 2024, avec un objectif de 4 000 nouveaux bénéficiaires à terme, permettant à Studi de devenir le plus gros acteur dans la formation à distance en Île-de-France.

« Studi a ciblé les demandeurs d'emploi… »

Mais Studi n'irait-elle pas trop loin dans la course aux appels d'offres ? Il semblerait que l'école candidate et gagne même des marchés publics pour vendre des formations… sans avoir prévu le moindre programme de cours !

« À la suite du Covid, le développement de Studi visait les personnes en reconversion qui utilisent leur CPF, me décrit, sous couvert d'anonymat, une ancienne salariée de Studi. Au fur et à mesure, l'école s'est tournée vers les marchés Pôle Emploi et régionaux, avec l'Île-de-France par exemple. Alors Studi a ciblé les demandeurs d'emploi, des personnes qui n'avaient pas de formation au préalable et qui étaient en difficulté. Ça génère beaucoup d'argent, donc Studi a vendu beaucoup de formations sur les marchés publics, et très rapidement, même si les cours n'étaient pas complets. » Une information confirmée par Léa*, mais aussi par des élèves et des commerciaux. Tous souhaitent rester anonymes. À Montpellier, dans le microcosme de la formation, tout le monde se connaît. Le risque pour la carrière professionnelle des témoins qui m'ont relaté leur expérience est important, car l'affaire est sérieuse. Si l'on se fie à leurs déclarations, Studi a étonnament manœuvré dans le but d'obtenir des marchés publics.

L'histoire débute en 2021. Dans le cadre de l'appel d'offres de la région Île-de-France, Studi bénéficie de financements pour toute une série de formations en design, à destination de demandeurs d'emploi. L'école remporte l'appel d'offres. Pourtant, les formations ne sont pas prêtes. Les cours ne sont pas écrits. Les programmes sont incomplets. C'est le branle-bas de combat en interne : il faut former en urgence une équipe afin d'organiser l'ouverture de huit filières, monter les programmes de formation et, surtout, créer l'ensemble des contenus de cours, dans le but d'accueillir les apprenants dès la rentrée de septembre 2021. Les délais sont trop courts, les équipes n'y arrivent pas. La formation commence, incomplète. « C'est aberrant, l'école a quand même fait entrer des personnes sur la formation alors que les cours n'étaient pas rédigés, il n'y avait ni vidéo ni écrit. La direction a quand même lancé la commercialisation, donc il fallait faire patienter les élèves », me raconte une ancienne salariée. Les professionnels sont appelés à compléter les cours et à mener des *lives* de bienvenue pour présenter leur métier aux nouveaux élèves… et les occuper en attendant que les cours soient publiés.

Les seuls *lives* ne suffisent pas : il faut également proposer des contenus de cours écrits, « officiels ». Alors les responsables pédagogiques montent des modules à partir d'autres formations. Ces cours n'ont pas de lien direct avec la filière en question, mais ils ont des thématiques conjointes ou apportent des compléments qui peuvent être jugés intéressants. « En graphisme, c'est important de savoir ce qu'est une étude de marché, et comme Studi a des formations en commerce qui abordent ces sujets, les équipes les récupèrent et étoffent le pourcentage de cours disponibles avec ces modules-là. Mais, en réalité, Studi ne répond pas fondamentalement aux besoins de la formation », m'explique cette même source. Sont aussi créés des modules appelés *bootcamp*, soit « camp d'entraînement » : des blocs d'une trentaine d'heures de cours reprenant les fondamentaux à connaître sur le design. Une fois encore, les équipes piochent des vidéos disponibles dans d'autres parcours Studi.

Stan* se souvient des plaintes récurrentes des élèves concernant la manière dont les plaquettes de formation étaient constituées sur ces filières : « Ils ont retrouvé des cours UX design dans des formations de motion design, ce qui n'a rien à voir. » En effet, un UX designer est une personne qui s'occupe, sur un site Internet, de l'expérience et du parcours utilisateur, tandis que le motion designer, lui, va faire de la vidéo, un film publicitaire, un film d'entreprise, un film de communication éventuellement. Rien à voir, donc.

Les experts métiers sont également sollicités en urgence pour rédiger des supports de cours. Stan* s'en souvient : « À cette époque, la moitié seulement des cours étaient écrits, et ils étaient faits par plusieurs personnes différentes, la qualité et la cohérence n'étaient pas du tout au rendez-vous. » Qu'à cela ne tienne, au fil des semaines les contenus de cours sont publiés au compte-gouttes, au gré de l'avancement du travail des uns et des autres, et donc dans le désordre.

« Je n'ai pas de contenu de cours alors qu'on m'a fait une promesse »

Studi n'a pas non plus prévu le matériel nécessaire à l'entraînement technique des élèves. Ainsi, les apprenants en montage audiovisuel n'ont pas assez d'images à disposition à partir desquelles créer des contenus vidéo.

Les mois passent, l'hiver commence et les cours ne sont toujours pas en ligne dans leur intégralité, générant un retard considérable pour les élèves arrivés à la session du mois de septembre, censés préparer leurs examens pour le mois de juin. Les responsables pédagogiques justifient les retards en parlant de bug technique, mais les étudiants ne sont pas dupes. Sur la plateforme en ligne, ils laissent s'exprimer leur colère. À juste titre, selon Léa*, qui se souvient de cette période difficile : « Le fil d'actualité, c'était des gens qui disaient : “J'ai vidé mon CPF, je n'ai pas de contenu de cours alors qu'on m'a fait une promesse, ça ne répond pas à la promesse…” Ce sont des gens qui sont dans des situations difficiles, au chômage, qui ont perdu des opportunités… »

France Travail, France compétences et les régions savent-elles qu'elles participent à financer un *business model* de formations et de reconversion low cost ? France compétences et la région Île-de-France n'ont pas donné suite à mes sollicitations. Hervé Jouanneau, directeur du développement des compétences dans les territoires chez France Travail, m'assure quant à lui ne rien savoir des difficultés rencontrées par les élèves de l'école Studi… au contraire : « Nous ouvrons des marchés à des offres de formation en suivant des critères. Le contenu que Studi proposait leur a permis de se voir attribuer des marchés : la valeur de leurs capacités techniques et méthodologiques, via une plateforme d'apprentissage et des supports jugés de qualité, ainsi que des capacités à accompagner le demandeur d'emploi pendant sa formation. La formation achetée ne se résume pas à une simple vidéo ou un simple PDF. Elle se compose de temps de formation à distance, d'échanges, d'accompagnement pédagogique personnalisé, individuels ou collectifs prévus », affirme-t-il. Et lorsque je lui expose le fruit de mes recherches et lui résume le contenu des témoignages récoltés au fil de mon enquête, il me répond : « Nous n'avons pas eu de signalements provenant de demandeurs d'emploi ayant utilisé les services de Studi et nous n'avons pas observé de dysfonctionnements. Nous avons un système de contrôle. En parallèle, les demandeurs d'emploi et les conseillers qui les accompagnent peuvent faire remonter des informations et nous pouvons aller jusqu'à nous séparer d'organismes de formation si nécessaire. »

Effectivement, l'école Studi a certaines obligations à respecter, tout comme l'apprenant, au risque de ne pas recevoir les financements des formations et de perdre des marchés. D'une part, Studi doit respecter le cahier des charges de France compétences, comme toute école préparant à des certifications RNCP, incluant par exemple le suivi de l'insertion professionnelle de ses apprenants. D'autre part, chaque formation financée doit être menée à son terme. La Caisse des dépôts, gestionnaire du compte formation, ne débloque les fonds qu'en fonction de l'assiduité de l'élève. En clair, Studi ne peut pas faire ce qu'elle veut avec l'argent de l'État.

Pour l'école, l'enjeu est de taille. L'apprenant doit aller au bout de son cursus, ne pas abandonner, ce qui implique de le coacher, de l'accompagner. L'organisme a ainsi monté la Student Access Team, une équipe responsable de la bonne assiduité des apprenants, qui leur téléphone régulièrement pour établir des bilans de leur « jauge » de progression, ce pourcentage affiché sur le profil en ligne de l'élève et qui évolue en temps réel. Pour Studi, cette jauge est une boussole indiquant la performance de l'étudiant et sa capacité à aller au terme de sa formation. La Student Access Team a donc un objectif : que l'apprenant passe son évaluation de fin de cursus le plus vite possible. Ce qui permet aussi de toucher les financements le plus vite possible. Durant mon enquête, j'ai longuement discuté de cette problématique avec une ancienne cheffe de projet de Studi. Elle m'en a raconté la stratégie : « Plus le temps de réalisation de la formation est rapide et condensé, plus l'inscription au passage de l'examen est tôt, et plus rapidement Studi sera payée. On prend en compte le temps que la personne peut donner à la formation, la durée de base de formation, et on propose un package hyper condensé. Par exemple : 30 heures par semaine, pendant six mois. On planifie donc la session d'examen la plus proche. »

En apparence, c'est gagnant-gagnant : l'école perçoit l'argent public tant attendu tandis que l'apprenant certifié peut au plus vite tenter sa chance sur le marché de l'emploi. Ces derniers ont d'ailleurs bien compris le fonctionnement de ce système. Plusieurs élèves m'ont expliqué comment les fils de discussions en ligne permettent de se partager trucs et astuces pour accélérer l'augmentation de leur jauge d'assiduité. C'est assez simple : ils ouvrent une vidéo, restent connectés à la plateforme tout en faisant autre chose – la vaisselle, le ménage, regarder un film… Le quota d'heures, lui, est rempli automatiquement. « Ce n'est pas réaliste, car derrière, on a des apprenants qui se trouvent en difficulté, car on sous-estime la difficulté que c'est de se reconvertir, me raconte l'ancienne cheffe de projet. Il faut des temps d'assimilation longs… Les formations dans des circuits classiques durent minimum un ou deux ans, et nous, on promet qu'en quatre ou six mois c'est bon ! Les étudiants sont enthousiastes et après ils se rendent compte de la montagne à gravir. Une partie d'entre eux sera en situation d'échec. »

Studi encouragerait ces pratiques en poussant les apprenants à s'inscrire aux sessions d'évaluation le plus rapidement possible, au bout de quelques mois seulement de formation, même quand ils n'ont pas le niveau attendu. Comment devenir un professionnel, un technicien, en 400 ou 500 heures ? Pour Stan*, le formateur, c'est impossible, du moins dans un secteur aussi concurrentiel que le design : « Ce sont des métiers qui nécessitent des compétences techniques et artistiques assez complexes. Si on part du principe qu'on va rejoindre le parcours sans bagage artistique, sans avoir fait un métier artistique, c'est absolument impossible qu'au bout de six mois on puisse se dire professionnel. » L'intervenant explique avoir gardé contact avec plusieurs anciens étudiants : « Je ne crois pas avoir vu de personnes qui se sont pleinement insérées dans le monde du travail… Ceux qui réussissent, ce sont ceux qui ont déjà un gros bagage avant la formation. » Effectivement, les apprenants se retrouveront sur le marché du travail, en concurrence avec des étudiants ayant suivi des études plus longues, entre trois et cinq ans, et ayant réalisé des stages en entreprises.

Chez Studi, les stages ne sont pas obligatoires. « L'école capitalise dessus, car ça peut être un frein pour certains apprenants qui habitent dans des zones un peu isolées, ou qui ont peur de ne pas trouver de lieu où faire leur stage, me raconte Léa*, mais ils ne sont pas assez formés et ça va être un problème pour leur recrutement après leur examen. »

Parmi les milliers d'apprenants certifiés chaque année chez Studi, combien estiment avoir réussi leur reconversion ? Difficile de le savoir. Les taux de réussite sont-ils les bons ? Impossible également de le confirmer : Studi, qui mène ses propres audits, est juge et partie. Comme chez Bellecour École, il n'y a pas de transparence sur la manière dont sont calculées ces données. Audrey*, l'étudiante en animation, doute en tout cas de leur pertinence : « Je suis dubitative. Quand je vois les courts-métrages qui sont produits au bout de six mois chez Studi et que je les compare aux formations d'animation reconnues comme les Gobelins, qualitativement, ça n'a rien à voir. C'est sûr et certain que les personnes qui sortent de Studi et qui présentent leur projet en bande démo ne seront pas pris en studio. Faut avoir un certain niveau pour entrer sur le marché, et en six mois ou un an, ce n'est pas possible. Si ça avait été mon propre argent et pas mon CPF, j'aurais un peu été dégoûtée. » Les élèves les plus aisés financièrement peuvent toujours se rétracter : ils paieront une nouvelle formation de leur poche. Pour les plus précaires, ceux qui ont dépensé leur CPF, les demandeurs d'emploi qui ont bénéficié d'un financement de France Travail, des régions : ceux-là n'ont pas le choix, ils doivent aller au bout, obtenir la certification, passer leur examen.

Souvent pour rien.

Chapitre 4

LE CLUB DES VICTIMES

La page a été baptisée « GROUPE DE PAROLE STUDI ».

Elle a été créée le 6 mars 2024 sur Facebook et a commencé à circuler discrètement, durant quelques semaines, entre une première dizaine de personnes, avant d'exploser, au fil des témoignages, des prises de parole, des appels à l'aide. Cinquante, soixante, quatre-vingts personnes supplémentaires. En six mois, la page compte plus de six cents membres. Beaucoup se disent victimes de Studi : pressions téléphoniques, problèmes de résiliation, bugs sur la plateforme, absence de cours, certifications non valides… C'est le cas de Marie Desailly. C'est elle qui est à l'origine de cette page Facebook. J'ai longuement échangé avec elle, ainsi qu'avec sa mère, Claudine.

Marie Desailly parle en son nom, car elle n'a plus rien à perdre. Après son baccalauréat, la jeune femme se lance dans une licence en sciences de l'éducation, puis débute un master de l'enseignement, de l'éducation et de la formation (MEEF), qu'elle arrête net, à la suite d'un burn out. Fragilisée, elle décide de se reconvertir au métier d'agent immobilier via la formation en ligne proposée par Comnicia, sous-école de Studi, en collaboration avec ESG Immo. Elle s'y inscrit en décembre 2022, pleine d'espoir : « Pouvoir étudier chez soi, c'est super, j'avais un petit boulot à côté, donc c'était parfait pour moi de pouvoir concilier travail et études. J'avais lu plein d'avis positifs, et j'ai eu un téléconseiller, un commercial, qui m'a bien vendu le truc. Je voulais me lancer vite et finir le plus vite possible ma formation pour pouvoir bosser, et le mec l'a senti, ça a été facile pour lui de me convaincre. Je n'avais pas beaucoup d'argent, et la formation était autour de 4 190 euros. J'ai dit : "Je ne les ai pas." Il m'a dit : "Pas de souci, vous allez trouver une alternance et faire financer votre formation", et voilà j'étais lancée. »

Marie Desailly déchante très vite. Comme tant d'autres élèves, elle comprend que la plateforme fonctionne mal, que les cours ne sont pas tous disponibles, qu'ils comportent des erreurs, qu'ils ne sont pas toujours en lien avec le métier d'agent immobilier. Surtout, elle peine à trouver une alternance. « On m'a promis que ce serait facile et ça ne l'est pas du tout. J'ai contacté une cinquantaine d'agences, personne ne me prenait », affirme-t-elle. L'aide promise par Studi ne vient pas et la jeune femme prend peur. Selon la réglementation du Code du travail, le contrat d'apprentissage peut prendre effet jusqu'à trois mois après le début de la formation. Au bout du temps imparti, faute de contrat signé, l'élève doit basculer en « formation initiale ». Si cela arrive à Marie, elle devra donc payer la formation de sa poche, soit plus de 4 000 euros qu'elle n'a pas et qu'elle se refuse à demander à ses parents, pour ne pas les mettre dans le pétrin financièrement.

« On ne m'avait pas donné d'informations correctes lors de la vente »

Après deux mois de galère, l'élève fait valoir son droit à résilier sa formation et envoie un courrier recommandé. Elle se prépare à rembourser une indemnité de 30 % à l'école, comme stipulé dans son contrat. Elle ne s'attendait pas à ce que le service contentieux lui demande finalement de régler 3 990 euros de frais de formation.

Appels, courriers, e-mails… L'école multiplie les prises de contact, la pression, les lettres d'huissiers. Marie Desailly envoie plusieurs courriers, dont un au dirigeant de l'école, Pierre Charvet, resté sans réponse. Au pied du mur, elle décide de publier des commentaires sur Internet. Elle est enfin rappelée par l'école : « Un chargé de recouvrement m'a appelé, a été très gentil et m'a apporté une solution. » Il lui propose de rembourser 30 % des frais de formation, soit environ 1 000 euros sur un an : « Au téléphone, on m'a fait comprendre qu'on ne m'avait pas donné d'informations correctes lors de la vente », confie-t-elle. Pour payer la facture, l'ancienne élève a mis en pause sa reconversion et a accepté un poste en logistique dans un magasin Décathlon. Mais Marie Desailly n'en démord pas : elle ne devrait pas avoir à payer l'école. Elle continue les négociations auprès du service administratif de Studi. Après un signalement à l'administration, la jeune femme obtient, en octobre 2024, un remboursement sur son compte bancaire.

Marie est l'une des rares étudiantes à avoir gagné la bataille contre Studi. Alors, quand elle ne travaille pas, elle anime sa page Facebook. « Cette situation m'a affectée, j'ai eu peur, j'ai eu du stress. Je me suis dit : d'autres gens doivent être dans la même situation que moi, donc pourquoi ne pas créer un groupe pour en parler ? Se donner des conseils, et, pour d'autres personnes, veiller à ce qu'elles ne se fassent pas avoir, fassent attention. Ça fait peur de voir que je ne suis pas la seule à avoir reçu de fausses promesses. »

Derrière leurs écrans d'ordinateur, en ligne, des dizaines de victimes se racontent, épuisées, en colère, perdues. Ruinées, psychologiquement et financièrement.

Chapitre 5

VENDRE À TOUT PRIX

En février 2024, je décide de me rendre à Montpellier pour comprendre ce qui se trame réellement dans les bureaux de Studi. Mon numéro de téléphone a circulé dans l'entreprise et, depuis plusieurs semaines déjà, des salariés – principalement des commerciaux – sont entrés d'eux-mêmes en contact avec moi. Toutes et tous souhaitent me raconter l'envers du décor. À condition de rester anonymes. C'est que Pérols, où se trouve le siège de Studi, est une petite ville, alors l'avenir professionnel de ces sources est en jeu.

Pauline* en fait partie. Elle n'a que 23 ans lorsqu'elle débute dans l'entreprise, au poste de commerciale. Son ambition ? Acheter une maison avec son conjoint dans la région de Montpellier. L'école en ligne semble pouvoir l'aider à y arriver. En entretien, la responsable des ressources humaines lui vend un poste en or : 35 heures par semaine, en CDI, avec six mois de période d'essai, pour une rémunération de 1 450 euros, pouvant grimper (selon la cadre des ressources humaines) à 5 000 euros, grâce aux nombreuses primes versées par l'entreprise. La jeune femme s'interroge : ne lui vendrait-on pas du rêve ? Mais elle a besoin du job et la fiche de poste semble assez simple : intégrée au vaste *call center* du bâtiment de Pérols, elle sera chargée de vendre des cursus courts, tous les jours, sur des tranches horaires allant de 9 h 30 à 19 heures. Elle accepte et regarde attentivement son contrat et ses annexes. Les incitations financières sont nombreuses. La prime mensuelle est versée en fonction du volume prévisionnel de vente net (VPV net) réalisé par la commerciale. Pour cela, Pauline* doit remplir l'objectif mensuel fixé chaque mois par la direction de Studi. Des coefficients sont ensuite appliqués sur le VPV, correspondant à « une estimation forfaitaire du nombre de dossiers qui n'iront pas à leur terme après trois mois ». Autrement dit, le groupe anticipe les résiliations de contrats et les soustrait du volume total de ventes. L'annexe du contrat de Pauline* précise donc que « si le VPV fixé est de 30 000 euros, le conseiller en formation devra atteindre 36 000 euros ». Pour déclencher le versement des primes, les salariés doivent atteindre des paliers : 60 % minimum de l'objectif, avec un seuil minimum de 5 000 euros à réaliser en cash (c'est-à-dire des sommes versées comptant par le futur étudiant, lors de son inscription). « Si l'objectif mensuel de VPV net est fixé à 30 000 euros, le salarié pourra prétendre à une prime s'il a réalisé au minimum 18 000 euros, dont au minimum 5 000 euros en cash », explique l'annexe du contrat.

« Maintenant qu'on est en CDI, l'entreprise n'aura pas de pitié avec nous »

La direction peut ajouter mensuellement une prime supplémentaire en fonction du net réalisé « cash » (c'est-à-dire, du point de vue de Studi, lorsque les apprenants paient leur formation de leur poche, dès la vente), avec des coefficients par palier d'atteinte, allant de 1,2 à 2,2 % du volume réalisé. S'ajoutent des « primes podium », allouées chaque mois aux quatre meilleurs conseillers, et allant de 100 à 400 euros, mais aussi des primes trimestrielles versées aux salariés présents tout au long de la période, sans oublier des « primes challenge », des « primes boost » et des jeux concours avec des cartes cadeaux à gagner.

Pauline* s'interroge : les modalités sont quand même complexes et cette histoire d'objectifs mensuels ne lui semble pas très claire.

Trop tard. Elle a signé et doit débuter une longue formation : quatre jours dans un hôtel, puis trois semaines dans l'entreprise pour un *bootcamp* afin d'être testée sur sa capacité à mener des appels et convaincre des « prospects » d'acheter les formations Studi. Il ne faut que quelques jours à Pauline* pour ressentir un malaise. « Il y a un fort esprit de compétition sur le *bootcamp*. On est mis dans des équipes et on reçoit des messages du type : “Machin a signé son premier contrat !! Allez, les gars, on se bouge !!” » relate-t-elle. L'enjeu est de taille : les commerciaux doivent tirer leur épingle du jeu et atteindre au plus vite leurs objectifs pour toucher leur variable. « Au début, on est testés sur la *backline*, ce sont des numéros de téléphone de mauvaise qualité, des gens qui ne répondent pas au téléphone… Plus on vend et plus on passe à des meilleurs numéros, et plus nos objectifs augmentent, et donc nos primes aussi… » m'explique Pauline*. La commerciale intègre finalement une équipe de douze personnes et débute sa mission. Alors que les objectifs de vente étaient de 5 000 euros pendant la phase *bootcamp*, ils montent en quelques mois à 35 000 euros. « C'est énorme, j'ai pleuré de stress », se souvient Pauline*. Elle n'est pas au bout de ses surprises. Elle et tous les « nouveaux » sont invités dans le bureau de la responsable des ventes : « Elle nous dit qu'on est enfin arrivés de façon officielle dans la boîte et que, maintenant qu'on est en CDI, l'entreprise n'aura pas de pitié avec nous. On peut s'amuser et faire du fric ensemble, mais on doit absolument vendre : on n'est pas conseiller en formation, mais commercial. Si on n'arrive pas à vendre, il y aura des mesures prises et on renverra des gens. » Alors les commerciaux n'ont pas le choix. Il faut vendre, à n'importe qui, à n'importe quel prix, quitte à recourir à des pratiques commerciales agressives et parfois même, selon mes sources, à s'approcher de la ligne jaune.

On a déjà évoqué la question de la formation en immobilier. À ce sujet, Pauline* se rappelle : « On avait un titre professionnel en immobilier, ainsi qu'un BTS. Chez Studi, on avait tendance à dire que le titre professionnel suffisait pour ouvrir son agence, sauf que c'est faux : il faut absolument le BTS, qui est le diplôme d'État, pour pouvoir ensuite prétendre à l'ouverture d'une agence immobilière. C'est super grave car il y a de lourdes conséquences pour les futurs diplômés qui vont se rendre compte après avoir flingué leur CPF qu'ils ne peuvent pas avoir la carte professionnelle nécessaire à l'ouverture de leur commerce. » Quand elle repense à ses argumentaires de vente, Pauline* s'en veut.

Cet argumentaire est celui qu'a entendu Marie Desailly, la jeune femme qui a lancé le groupe de parole sur Facebook.

Mais ce n'est pas la seule technique de vente problématique. Pauline*, ainsi que plusieurs autres sources, m'ont longuement décrit l'ensemble des méthodes utilisées par les commerciaux de Studi pour vendre des formations et atteindre leurs objectifs. Certaines techniques sont directement ordonnées par leur manager. D'autres sont imaginées par les commerciaux eux-mêmes. Certaines sont officielles, d'autres plus officieuses.

« LE MILLION, LE MILLION, LE MILLION !!!! »

Il y a par exemple l'ambiguïté sur la qualification. Chez Studi, les commerciaux, lorsqu'ils s'adressent aux candidats, ne sont pas des commerciaux, mais des conseillers en formation. Ils travaillent même parfois en binôme : après un premier appel d'un commercial, un second prend le relais et se présente comme manager des ventes, membre du service admission… « C'est une demande du formateur quand on arrive, il nous dit de ne pas hésiter », m'assure Ayoub*, l'un des commerciaux de Studi.

Ainsi, sur un document transmis aux nouveaux salariés lors de leur *bootcamp* d'arrivée, Studi leur préconise ceci : « Appel premier contact : Relance collective : Si décroche : je suis CF du service admission […]. Si vous êtes disponible, je peux vous transférer auprès de notre conseiller. » Sur une deuxième page, l'école ajoute : « Votre prospect ne vous répond pas : RELANCE COLLECTIVE en binôme : Bonjour Prénom, je suis CF du service admission… » Or aucun conseiller du service admission ne travaille dans cette équipe.

L'autre méthode de vente consiste à proposer des tarifs de formation supérieurs au catalogue afin de gonfler le chiffre d'affaires de l'entreprise et, par là, d'augmenter les primes. Ayoub* aurait ainsi accepté de vendre une dizaine de formations plus cher, pour un montant supplémentaire de 14 540 euros, dans le but d'obtenir ses primes. Le commercial assume. Selon lui, il n'a d'ailleurs pas été le seul à appliquer cette méthode. Des initiatives informelles, pour atteindre les objectifs.

Studi se transforme en ogre, affamé de ventes, de chiffres, et son appétit ne cesse de grossir depuis les réformes de l'apprentissage, du CPF, les appels d'offres et la crise du Covid. Une ancienne commerciale a accepté de me transmettre les tableaux d'avancement des effectifs et les objectifs de Comnicia, c'est-à-dire des commerciaux en charge de toutes les formations de l'école « business et digital » de Studi. Ils ne concernent qu'une partie de la masse salariale de l'école en ligne mais exposent parfaitement la manière dont les effectifs de commerciaux ont explosé et, avec eux, l'avidité de Studi.

Les données de ce document débutent en 2019. Cette année-là, les premiers mois, l'équipe n'est composée que d'une dizaine de personnes, principalement installées dans les bureaux historiques de Studi, à Soissons. Les objectifs globaux sont, selon les mois, de 264 000, 210 000, 270 000, 227 000 euros... La plupart des salariés doivent atteindre environ 20 000 euros de vente chaque mois. En juillet 2019, la ligne « Équipe Pérols » apparaît, et les effectifs grimpent subitement. Trente personnes travaillent désormais dans l'équipe. Leur objectif s'élève aussi : 300 000 euros. Les chiffres ne cessent ensuite d'augmenter.

En août, la somme à atteindre est de 500 000 euros. En septembre – mois important pour la vente de formations –, il passe à 1 100 000 euros, avant de redescendre, les mois suivants, à 850 000 euros puis 600 000 euros. Vient alors l'année 2020.

Nouvelle année, nouveaux objectifs : 684 000 euros à atteindre en janvier. Le temps passe. En septembre, l'objectif est clairement annoncé, en tête du tableau de ventes : « LE MILLION, LE MILLION, LE MILLION !!!! » En novembre de cette même année, les salariés sont toujours sommés de faire entrer 1 062 000 euros. L'escalade continue. En février, ils sont plus de soixante-dix commerciaux, et leur objectif passe la barre symbolique des 2 millions d'euros de ventes à effectuer. Ce sera désormais le cas, presque tous les mois. En septembre 2022, et alors que sa croissance semble impossible à contenir, l'objectif des commerciaux franchit un nouveau stade, en s'élevant plus haut que jamais : à 3 780 000 euros.

D'environ 22 000 euros à effectuer chacun, seulement trois ans plus tôt, les commerciaux doivent désormais atteindre, en moyenne, 50 000 euros de vente chaque mois.

« C'est du foutage de gueule clairement ! »

D'après les fiches d'objectifs que je me suis procurées, certains commerciaux capés à l'exercice peuvent même atteindre, selon les mois de l'année, plus de 80 000 euros de ventes. Comment font-ils pour tenir ces cadences ? Pour les sources avec lesquelles j'ai pu échanger, il n'y a pas de secret : les *phoneurs* sont obligés de sortir des clous, obligés de pratiquer la vente agressive, jusqu'à parfois enfreindre la loi. Une incitation rarement officielle, du genre insidieux, portée par la pression insoutenable des responsables. Pauline* et ses collègues en font les frais. Chaque jour, ils sont obligés de communiquer leur nombre d'appels effectués. Tous les matins, les managers téléchargent les *reports*, c'est-à-dire des bilans complets des ventes effectuées et de l'évolution de leur chiffre d'affaires. Ces données sont soigneusement analysées par leur responsable, qui transmet régulièrement à ses équipes des tableaux, par mail ou via la plateforme de discussion interne à l'entreprise, répertoriant le classement de tous les commerciaux du plateau d'appels. « Un petit management rabaissant pour ceux qui n'ont pas fait les bonnes stats », décrypte Pauline*. La responsable y ajoute ses commentaires :

« Nous avons commencé le mois le 1er décembre, nous sommes à 37 % d'intensité. C'est du foutage de gueule clairement ! Donc je vous invite vivement à vous remettre au boulot. C'est un avertissement total. Je ne vous le redirai pas une deuxième fois ! Demain si pas les stats vous aurez des comptes à rendre. Remettez-vous en question si vous ne vous sentez pas à votre place, la porte est grande ouverte. Aujourd'hui vous êtes payés pour passer des *calls* [appels] ! »

La pression de leur responsable est constante. Le jour de la fête de Noël de l'entreprise par exemple, l'équipe est confinée dans les bureaux, pendant qu'une partie de leurs collègues s'amuse au casino.

« On décolle pas pour 16 heures demain pour profiter du casino ? demande une salariée.

— On aura le temps d'en profiter lors de la soirée/discours [...] à 19 heures, pas de *sales* [ventes] avant 19 heures, donc on arrive tous ensemble, ce sera mieux, répond la responsable.

— Mais on veut partir à 16 heures nous aussi.

— Ceux qui veulent partir à 16 heures peuvent, il n'y a pas de pb. Il faut pas oublier que les autres services sont payés à l'heure et nous à la variable donc nos heures ne sont pas offertes. Pour la plupart vous êtes en vacances la semaine prochaine et vous allez perdre 3 heures de prod donc perdre des opportunités de faire du CA... Vous avez une responsabilité d'atteinte de votre objectif, également celui de votre *team* [équipe] et plateau. Pour rappel, vous avez un *boost* de 300e si toute l'équipe est à 100 % ! À vous de voir quels sont vos prios. Objectif équipe de la journée 31K, on va les chercher puis on décolle. »

Sous toute cette pression, Pauline* flanche. Elle n'arrive plus à atteindre les objectifs. Un crime, chez Galileo.

Chapitre 6

On achève bien les alternants

L'ordre du jour est chargé. Cette fois, la réunion du pôle Business se tient un jeudi, le 16 février 2023. Un nouveau sujet doit être abordé : celui de la campagne d'alternance annuelle. Cette fois, il ne s'agit pas d'augmenter les *leads* ou les « taux de transfo », ni de débattre autour du Cube. Pas question non plus d'imaginer une nouvelle façon de mettre la pression aux commerciaux pour qu'ils trouvent des profils d'apprenants. Cette fois, il est question du recrutement de jeunes pour les intégrer dans les équipes salariées de la holding. Un document est transmis aux membres du codir. « Campagne Alternance 2023, il est temps de recruter votre alternant ! » annonce la première page en grandes lettres blanches sur fond rouge.

Valérie, directrice d'école et chargée du dossier alternance, prend la parole. Elle donne le ton : l'objectif de la campagne, c'est cent cinquante apprentis à recruter dans les équipes du groupe. « Comme vous le savez, c'est cent cinquante alternants qui sont recrutés pour le gros des lots. Donc c'est vraiment les alternants qui vont travailler au sein de vos équipes. On parle vraiment du recrutement de nos salariés », explique-t-elle, avant d'ajouter : « C'est un assez gros volume et on voudrait évidemment recruter en majorité au sein de nos écoles. » Grâce à la réforme de 2018, Galileo a gagné l'opportunité de jouer sur deux tableaux : délivrer de l'apprentissage et recruter des apprentis. Ces derniers suivent presque toujours leurs formations dans les écoles du groupe et s'en trouvent favorisés, car ils n'ont pas à chercher leur entreprise. Quant au groupe, il n'a aucun mal à trouver des profils adaptés à l'ensemble de ses services internes, tant les écoles sont nombreuses et leurs domaines de formation diversifiés.

Et qui dit double casquette dit double financement ! Pour un seul et même contrat d'apprentissage, le groupe touche l'aide unique à l'embauche d'un côté, et la prise en charge de la formation par l'Opco de l'autre.

Jackpot assuré.

« Les commerciaux, on est de la chair à canon ! »

Quelques semaines après ce codir, la stratégie semble avoir porté ses fruits. Un document de 2023 en résume les résultats. Il s'agit d'une note interne précisant les KPI, ou *Key Performance Indicators*, ces données qui permettent aux équipes d'évaluer l'efficacité de leurs actions stratégiques, et, dans le cas présent, le recrutement d'alternants. Le groupe compte désormais 40 contrats dans le pôle Art et Création, 140 dans le pôle Business et 1 dans le pôle Santé. Au total, 181 apprentis et autant de financements publics. Quelle somme d'argent peuvent-ils tous générer ? Tentons le calcul d'un montant moyen. D'un côté, Galileo touche les aides aux entreprises, 6 000 euros par contrat, soit 1 086 000 euros pour 181 apprentis. À cela s'ajoutent les coûts pédagogiques des formations, versés par les Opco. En 2022, selon un rapport sur le coût de revient de l'apprentissage publié en 2024 par France compétences, le montant moyen de la prise en charge est de 7 266 euros. Pour 181 alternants, cela ferait une moyenne de 1 315 146 euros de financements. Grâce à ce doublon d'aides publiques, Galileo pourrait toucher près de 2,5 millions d'euros (2 401 146 euros exactement) de l'État, pour 181 alternants seulement ! Ce ne sont que des estimations, mais une chose est sûre : les apprentis, lorsqu'ils sont formés et salariés par le groupe, sont doublement rentables.

Tellement rentables qu'ils sont de plus en plus nombreux dans les écoles de Galileo. « Il y en a partout, des alternants ! Tout le monde en a ! » lance une directrice d'école à ses camarades, lors du codir du 20 mars 2023. « Moi, ça me remplace des postes à temps plein, avoue l'un de ses collègues [...], j'en ai quatre et si je m'en passe, je serai obligé de recruter en CDI et ce n'est pas le but. » Pourtant, l'objectif de la réforme de l'apprentissage était de créer de l'emploi, et non pas de remplacer des salariés par des apprentis dans le but de faire des économies. Mais, depuis 2018 et avec l'assentiment tacite de l'État, Galileo Global Education, comme d'autres groupes d'enseignement supérieur privés, peut remplacer ses employés en recrutant ses propres étudiants en alternance, touchant ainsi un doublon d'aides de l'État.

Jazia est l'une de ces étudiantes. C'était en 2022. À l'époque, la jeune femme a 27 ans. Elle enchaîne depuis plusieurs années les contrats courts dans le commerce, la téléphonie ou l'assurance. Elle aimerait reprendre des études pour obtenir un diplôme du supérieur dans les ressources humaines. L'alternance apparaît comme la voie royale, pour payer le moins possible et s'assurer une insertion future dans l'emploi. Jazia débute une recherche en ligne. Objectif : trouver une école qui accepte sa candidature et une entreprise qui accepte de la recruter. Après quelques clics sur la plateforme de recrutement Indeed, elle trouve ce qui lui semblait inespéré : une formation RH en alternance chez Studi. L'école a publié des dizaines d'annonces sur la plateforme, et toutes proposent un deal en or : intégrer le « Campus Studi ». L'annonce explique : « Nous venons de créer une opportunité extraordinaire : le Campus Studi, une alternance, une formation et pourquoi pas un CDI à la clé ! »

Commercial, conseiller en formation, chef de projets... Les postes à pourvoir sont nombreux. « C'était eux qui avaient le plus d'offres sur Indeed. Ils font des appels à candidature très réguliers, ils n'arrêtent pas, et c'est toujours les mêmes intitulés : assistante RH, administration RH. Je me dis trop bien, ils ont beaucoup d'opportunités donc j'aurai plus de chances d'être prise, et comme la partie entreprise est dans leurs écoles, j'étais persuadée qu'il y aurait un suivi », me raconte Jazia. Elle postule au bachelor Responsable ressources humaines de niveau 6 certifié par l'ESG, et obtient en parallèle un poste d'assistante administrative et RH au pôle Formation, dans les bureaux de Pérols. Elle est vite contactée pour passer un entretien avec un manager. « Il m'a dit que c'était une entreprise qui mettait plein de choses en place pour la réussite des apprenants, ça m'a encouragée et rassurée », se souvient-elle.

L'école lui fait passer des tests dans la journée, et le soir même on lui confirme qu'elle est recrutée. « J'étais super contente, j'ai vu ça comme une chance, comme la meilleure nouvelle qui pouvait m'arriver ! Enfin, j'avais mon alternance, j'allais me lancer dans les RH, dans un métier avec plein d'opportunités. »

Jazia rejoint les équipes de Studi en juillet 2022. Huit mois plus tard, elle abandonne en claquant la porte, lançant l'alerte en interne sur le traitement réservé aux apprentis.

« C'est un scandale »

En 2023, Studi lance une grande campagne de recrutement. « Studi recrute 65 alternants pour sa *team* commerciale. Postule maintenant pour une alternance chez Studi et décroche le job ET la formation qu'il te faut », clame l'école sur une page en ligne créée pour l'occasion. « Intègre notre programme d'excellence et réalise ton alternance au cours de la *team* commerciale de Studi pendant deux ans », dit l'annonce. Les contrats à pourvoir se situent dans les bureaux de Pérols ou de Soissons, où se trouve le *call center* des écoles physiques de Galileo. L'intégration des apprentis est prévue dès le mois d'août 2023. Pour inciter les jeunes à postuler, le groupe promet un « diplôme reconnu par l'État », des « compétences concrètes qui te rendront indispensable sur le marché du travail » et « une opportunité de CDI chez Studi ». Objectif : augmenter les effectifs. Soixante-cinq alternants, c'est tout autant de formations payées par l'Opco. Plus d'un an avant cette campagne, Jazia constate déjà cette forte concentration d'apprentis. « Il n'y a que ça, des nouveaux arrivants ! J'ai du mal à évaluer mais, autour de moi, plus de la moitié des salariés étaient des apprentis ! Ils font de tout : RH, community manager sur la plateforme Studi, commercial… C'est un scandale », s'insurge-t-elle.

Elle comprend aussi qu'elle n'est pas là pour apprendre, mais pour travailler.

Son contrat prévoit un apprentissage de dix-huit mois, quatre jours par semaine en entreprise, et une journée seulement de formation, 100 % en ligne. Mais selon elle, la qualité des cours laisse à désirer et le suivi pédagogique est quasiment inexistant. Côté cours, Jazia est déçue et, côté entreprise, rien ne se passe non plus comme prévu. L'apprentie remplit des contrats de travail et des conventions de stage, mène une veille réglementaire, mais surtout, et c'est le problème, répond des heures durant aux messages laissés par les élèves au service après-vente de l'école. Elle se souvient : « J'étais derrière l'assistance du service messagerie et je vidais la boîte mail. Leurs demandes, c'est : comment je fais pour trouver un stage, pour avoir une convention de stage, je n'ai pas reçu la convention, je ne sais pas signer, j'étais absent, je crois que la formation ne correspond pas à ma demande, on m'a mal conseillé, comme vais-je faire pour l'avenir… Et la quantité de messages est énorme, facilement soixante-dix par jour. Donc je faisais des réponses à la chaîne. Tu réponds, hop, tu envoies, tu réponds, tu envoies, hop, jusqu'à ce que la messagerie soit vidée. »

Autour d'elle, dans les bureaux de l'école, les gens parlent. La rumeur dit que certaines alternantes n'auraient pas obtenu leur certification à l'issue de leur contrat, faute de suivi durant leur formation. Chez Studi, les apprentis sont soumis aux exigences de performance du groupe, doivent atteindre des objectifs, faire rentrer de l'argent, quand bien même ils ne sont encore que des apprenants. « L'ambiance est pourrie, j'ai mon manager sur le dos constamment, il m'écrit toute la journée pour me faire des reproches, il me rabaisse, il me fait des réflexions lorsque je pars en pause… » affirme Jazia. Selon elle, le manager l'empêche de prendre la parole en réunion, lui dit de « rester à sa place d'alternante et de ne pas prendre des airs de chef ». Elle se sent directement ciblée par son supérieur. Au fil des mois, elle normalement si joviale et sociable se renferme sur elle-même. « On est jeunes et on mise beaucoup sur ces formations en alternance. C'est de notre avenir qu'il est question, donc on a tout intérêt à fermer nos gueules et c'est ce qu'ils recherchent ! » Au bout de huit mois, Jazia craque et fond en larmes devant son manager. « Je me suis dit que ça allait trop loin. Il fallait que ça s'arrête. » Elle demande une rupture conventionnelle. Studi accepte que l'alternance prenne fin. Seule obligation : la future entreprise qui la recrutera pour la fin de son alternance devra accepter que la formation théorique soit celle de Studi.

Son départ de l'entreprise est prévu pour le mardi 28 février 2023. Dans l'après-midi, un manager lui aurait demandé de quitter son poste de travail une heure avant l'heure prévue et de restituer son matériel. « On m'a arraché l'ordinateur des mains, jure-t-elle. Un truc de fou. Je dis que non, j'ai des tâches à terminer, j'ai des mails à finaliser et ils se sont agités derrière moi. Et je vois que je n'ai plus accès à Gmail. Ils m'avaient tout coupé ! » raconte-t-elle.

Quelques jours plus tard, Jazia envoie un mail incendiaire, transmis à ses supérieurs et aux 1 500 salariés du groupe en copie. Sur quatre pages, l'ancienne apprentie liste les pressions exercées sur elle par sa direction et relate en détail les événements du 28 février, avant de conclure sa lettre par ces mots : « C'est difficile d'être heureux au travail quand on a le sentiment que notre manager se fout royalement de notre cas et ne montre pas le bon exemple. Je suis aujourd'hui délivrée de ce tourbillon infernal et je pars sereinement. Merci à tous pour votre lecture. »

Un an plus tard, elle assume toujours pleinement : « Ce mail de dénonciation, c'était presque devenu un rituel pour les salariés qui partaient de Studi. J'ai mis tout l'annuaire de Studi en copie car je voulais que tout le monde sache ce qui se passait dans les coulisses. »

Chapitre 7

TROP EMPATHIQUE, IL FAUT LA VIRER

Pour Pauline*, c'est le temps de l'humiliation. On lui reproche de ne pas ouvrir ses mails durant ses périodes de congés : « On sait que tu fais le strict minimum », lui dit-on, à en croire son récit. Un autre jour, sa responsable l'accuse de n'avoir passé que… 86 appels dans la journée ! Face à sa détresse, la direction aurait pu décider de la laisser souffler, lui accorder une pause, voire revoir ses objectifs à la baisse. Il n'en sera rien. Dans un mail, la commerciale découvre que pour l'encourager à mieux travailler, sa responsable a décidé d'augmenter ses prérogatives. En voici un extrait.

« Voici les objectifs et le plan d'action qui sera mis en place pendant les 3 prochaines semaines :

– Réaliser un chiffre d'affaires de 30 000 euros (soit 10 000 euros par semaine). Sur ces 30 000 euros, je veux 15 % de CASH, soit 4 500 euros.

– Justifier de statistiques de production quotidiennes au-dessus du minimum attendu, en tenant compte du fait que le temps de *call* sera plus regardé que le nombre d'appels :

– Je veux 2 heures minimum par jour.

– Si elles n'y sont pas, ce n'est pas 80 appels que je veux à côté, mais 100 minimum. »

Deux heures d'appel par jour minimum, pour un total d'au moins cent appels, est-ce réalisable ? J'ai fait les calculs. Sur un temps de travail de 9 heures, la jeune femme est sommée de décrocher le combiné au moins 11 fois par heure, et donc de passer environ cinq minutes au téléphone avec chaque prospect.

« Les commerciaux, on est de la chair à canon »

Comment convaincre tant de personnes en si peu de temps ? Pour l'encourager, dans la suite du mail la responsable lui promet une contrepartie : « Je te donnerai la matière fraîche nécessaire à ta réussite. » La matière fraîche ? « Quand on ne fait pas de chiffres, on nous transfère des mauvais *leads*, avec des numéros nuls, des fausses adresses... Alors que quand on fait des bons chiffres, on a les bons *leads* », m'explique la commerciale. Depuis quelque temps, il est vrai, Pauline* a remarqué que les numéros qu'on lui demande d'appeler répondent moins qu'en temps normal, et que les personnes qui décrochent semblent moins intéressées par ses offres. Elle finit par comprendre : comme tant d'autres avant elle, elle a été punie.

Reprenons le fonctionnement du poste de commercial chez Studi. Chaque jour, les commerciaux reçoivent une liste de numéros de téléphone, les fameux *leads*, qu'ils doivent contacter toute la journée pour leur vendre des formations. Plus l'objectif est élevé, plus le nombre de *leads* l'est aussi. Logique. Le souci survient lorsque les commerciaux peinent à remplir les attentes de leur responsable. Dans ce cas-là, ils peuvent s'attendre à être « punis » : ils ne reçoivent plus que des numéros de mauvaise qualité, des personnes qui, généralement, ne sont pas intéressées par l'école. « C'est un cercle vicieux. Moins on vend, moins on peut vendre et plus on a la pression », observe Pauline*. Lola* dit avoir été sanctionnée, elle aussi, pour n'avoir pas vendu assez. « Si on n'avait pas le quota d'appels, on était punis de *leads*. Moi, je n'ai pas eu mon quota, donc on m'a donné que des vieux numéros qui ne m'aidaient pas à faire mes ventes ou on me privait de *leads* totalement. C'est un cercle vicieux, oui : j'étais punie, donc je n'avais pas de *leads*, donc je ne vendais pas, donc j'étais toujours punie, et finalement j'étais coincée. » La punition plonge les commerciaux dans une spirale de l'échec. Dans le *call center* de l'entreprise, certains ont même donné un nom à cette situation, à cet espace symbolique où les vendeurs s'isolent et se perdent : l'« îlot des bannis ».

Pauline* n'est pas la seule à recevoir des mails comminatoires. Pas la seule à sombrer. Aux pressions s'ajoutent les humiliations : sur la plateforme de discussion interne des commerciaux, ces derniers s'amusent à créer et à s'envoyer des photomontages, mettant en scène leurs collègues dans des positions loufoques ou faisant des jeux de mots de mauvais goût avec leurs prénoms et leurs noms de famille, même quand ces derniers sont absents. Marion*, à cause de la pression, me raconte pleurer tous les matins. Lola* pleure souvent, elle aussi. Après avoir été punie, elle demande à changer d'équipe, pour bénéficier d'un nouveau départ. Sa direction refuse et la situation de la commerciale s'enlise. Elle ne vend toujours pas, reçoit toujours plus d'appels de sa responsable l'encourageant à augmenter ses volumes horaires. La pression lui cause un profond mal-être, de l'épuisement, un dérèglement hormonal, une prise de poids. Elle sera licenciée.

Plusieurs autres membres de son équipe sont renvoyés. « Les commerciaux, on est de la chair à canon », me dit une autre commerciale, licenciée après avoir subi, pendant des mois, les pressions de ses managers... Après avoir sombré dans la peur et l'angoisse.

« Quand on a de l'empathie on ne peut pas réussir »

Ayoub*, après avoir accepté d'appliquer les demandes pressantes de ses supérieurs, a lui aussi été remercié. Le groupe lui a finalement reproché ses méthodes de vente. « C'est une trahison, je leur faisais confiance. J'ai fait du 200 % et ça leur allait bien. On me disait : "Fais du sale", et, du jour au lendemain, on me fait comprendre que je suis une merde », me dit-il.

« Pour réussir à vendre il fallait manquer d'empathie, quand on a de l'empathie, on ne peut pas réussir », résume de son côté Pauline*. À ses yeux, c'est la volonté du groupe de faire du chiffre à tout prix qui mène les salariés dans de tels états de détresse : « Au début, je pensais vraiment que j'allais aider les gens à changer de vie. Et puis j'ai été très déçue de constater que c'était tout l'inverse. On nous demande de rentrer dans la peau de quelqu'un. Il ne faut avoir aucun affect, il faut vendre. »

À force de ne considérer les candidats aux formations que comme des chiffres et des objectifs, ces derniers sont peu à peu déshumanisés. Les commerciaux avec qui j'ai parlé m'affirment avoir vendu des formations à des personnes ne parlant pas le français, par exemple. Qu'importe, donc, si ces personnes ne comprennent pas réellement de quoi il est question, dans quoi elles s'embarquent, où elles vont envoyer leur argent…

Dans les bureaux de la centrale d'appel de Pérols, des commerciaux échangent sur les apprenants, se moquent. Sur les canaux de conversation internes aux équipes, la souffrance des candidats devient un jeu, c'est à qui aura le bon mot, la meilleure vanne, le meilleur *mème*. Certains s'autorisent même photos et propos racistes. Sur une capture d'écran que l'on m'a fait parvenir, des commerciaux partagent une image sur laquelle est écrit : « Plein le cul des Arabes », puis sur une autre : « Traître de Sarrasin ». Factuellement, l'entreprise n'encourage pas ces écarts. Mais pour Pauline*, tout cela est proprement insupportable.

« Je voulais mourir »

Malgré tout, elle décide de s'accrocher encore un peu. Son conjoint et elle viennent d'acheter leur maison, ils ont un prêt à rembourser, donc hors de question de démissionner. Arrive le mois de décembre 2022. « Je donne tout, j'explose même mon record », me raconte-t-elle. Ce mois-là, épuisée autant moralement que physiquement, la jeune femme ressent une profonde douleur à l'abdomen. Elle découvre qu'elle est enceinte et qu'elle est en train de faire une fausse couche.

Commence alors une lente descente aux enfers. « Je voulais mourir, me raconte-t-elle, j'étais renfermée, la nuit je ne dormais pas et je pensais à mon travail. Je n'avais plus d'empathie, j'étais méchante, aigrie. J'avais envie de leur dire : “Ne me parle pas de tes chiffres, de tes résultats, j'ai la haine.” »

Pauline* reprend le travail en janvier, mais n'est plus que l'ombre d'elle-même. « Mon conjoint me dit de m'arrêter, mais je me sentais comme envoûtée, je me disais que non, je ne peux pas. Je me l'interdis. » Elle reste encore un peu. Trois mois plus tard, elle craque. « Je suis arrivée devant mon bureau, j'ai regardé mon ordi et je me suis effondrée non-stop pendant deux heures. Et derrière, la responsable des ventes est venue me voir pour me dire d'arrêter de pleurer, fallait que je bosse ! Alors j'appelais des faux numéros et je pleurais, je pleurais… » Ce jour-là, elle reçoit une nouvelle salve de reproches. « On me disait que je devais revoir mes méthodes de vente, être moins empathique, créer de l'urgence avec les clients et clôturer toutes les ventes. Je m'énerve. Je leur ai dit : “Est-ce que vous avez conscience que les gens n'ont plus de sous pour acheter des formations ?” On m'a dit que j'étais folle. » C'en est trop. Le médecin de Pauline* l'arrête.

Au printemps 2023, la commerciale reçoit un courrier de sa direction : une convocation peu sympathique. « Nous sommes amenés à envisager une sanction disciplinaire pouvant aller jusqu'au licenciement », dit le courrier. « Lors de cet entretien, vous serez invitée à fournir toute explication sur les faits qui vous sont reprochés. […] Possibilité de vous faire assister par un membre du personnel. » La lettre est signée de la main de Pierre Charvet, le dirigeant de l'école.

La jeune femme se sent incapable psychologiquement de mener cette nouvelle bataille. Elle demande à repousser le rendez-vous. Elle ne s'y présente donc pas et reçoit un nouveau courrier, quelques semaines plus tard : une notification de licenciement pour insuffisance professionnelle. Après plus d'un an et demi de poste, la jeune femme est renvoyée de Studi.

Studi licencie, mais Studi recrute encore. En 2023, l'entreprise déménage sur un nouveau plateau : 10 000 m^2 flambant neufs, avenue George-Frêche, toujours à Pérols. Le « Studi Center » a vocation à accueillir, à terme, plus de neuf cents collaborateurs. Une croissance favorisée par la libéralisation de l'apprentissage et du compte professionnel de formation, par les nombreuses incitations de l'État à la reconversion. Les aides publiques à l'emploi semblent être devenues une corne d'abondance, au bénéfice principal de l'enseignement supérieur privé, notamment en distanciel. Une ancienne cheffe de projet m'affirme ainsi avoir entendu le directeur, Pierre Charvet, annoncer en réunion d'équipe que les trois quarts du chiffre d'affaires de Studi provenaient de l'argent de l'État : CPF, France Travail et partenariats locaux, collectivités... Impossible de vérifier cette assertion. Car les comptes ne sont pas publics. Les montants des appels d'offres ne sont pas clairement communiqués, ni les sommes globales des aides à la reconversion via le CPF. Dans les bureaux de Studi, les salariés s'étonnent du manque de régulation de l'État et de ses institutions. En effet, depuis la réforme de 2018 et le développement de l'apprentissage, les dépenses liées à la formation professionnelle explosent.

En février 2024, le gouvernement annonce une série de mesures dans le cadre du plan de 10 milliards d'euros d'économies sur les dépenses publiques. Parmi ces mesures :

l'instauration d'un reste à charge forfaitaire de 100 euros pour toute personne utilisant son CPF pour financer une formation… à quelques exceptions près, comme les demandeurs d'emploi par exemple, qui n'ont rien à débourser. Le business n'en serait donc pas réellement impacté. Et l'école ne s'en inquiète pas. Elle a d'autres moyens de se financer. Et de s'assurer un avenir doré.

Partie 5

UN FUTUR RADIEUX…
MAIS PAS POUR TOUS

Chapitre 1

« L'ABATTOIR » SOUS LES COCOTIERS

« Au fait, tu as entendu parler des bureaux de Studi à l'île Maurice ? » Cette question m'est posée par une commerciale de Studi, début janvier 2024.

Intriguée, je m'empresse d'effectuer des recherches. « Studi + île Maurice », sur Google. Je tombe sur le lien d'une page Facebook, appelée « Health Events Formation Santé Maurice », qui renvoie à une adresse email : recrutement.mu@studi.fr. Si je n'avais pas eu connaissance plus tôt de l'existence d'un bureau Studi sur le territoire mauricien, une source m'avait déjà parlé de Health Events Formation Santé. Il s'agit de l'une des filiales de la plateforme en ligne. Celle-ci est spécialisée dans les formations dans le domaine de la santé 100 % en *e-learning*. Studi en a fait l'acquisition en 2021 pour élargir son portefeuille de cursus et proposer des formations continues aux professionnels de santé (médecins, sages-femmes, infirmiers, pharmaciens...). La page Facebook mauricienne de l'entreprise voit le jour un an plus tard, le 20 juin 2022. À cette date-là, une première publication est postée en ligne : « Portes ouvertes du 21 juin 2022 au 24 juin 2022. Lieux : The Core Building troisième étage. Munissez-vous de : CV, Pièce d'identité, Preuve d'adresse, Votre Iban. » À ce message s'ajoute une photo, détaillant les critères de la campagne de recrutement. « Vous êtes un(e) commercial(e) à la recherche d'une meilleure opportunité ? La réponse se trouve ici », annonce l'entreprise, qui renseigne également les informations liées à la rémunération, en roupies mauriciennes : « Rs 30,000, c'est le salaire de base que vous percevrez [environ 600 euros] et ce chiffre peut être multiplié jusqu'à 5 fois en fonction de votre performance. Ça pourrait être vous ! € = €€€. Des primes allant jusqu'à 5 fois votre salaire. » Dans la suite du message sont détaillées les attentes des recruteurs : des commerciaux capables de prospecter des professionnels de santé pour leur proposer un portefeuille de formations, de gérer et fidéliser la clientèle, de travailler de 11 heures à 21 heures. Il leur est demandé de maîtriser la langue française et les logiciels de bureautique, d'être autonome, à l'écoute des clients. Studi promet une évolution interne et la prise en charge du transport aller-retour, en van, entre le lieu de résidence du salarié et les bureaux de l'entreprise. Cette publication est la première d'une longue série, annonçant à chaque fois des campagnes de recrutement à très grande échelle.

Par exemple, le 21 juin 2022, l'entreprise publie : « Oubliez tout ce que vous avez connu comme primes variables à l'île Maurice ! En décembre 2021, l'un de nos commerciaux a eu un salaire net de MUR 230,000 [4 619,88 euros], soit plus de 7 fois son salaire de base ! En moyenne, un de nos commerciaux touche au minimum 2 fois son salaire de base après ses 4 premières semaines de travail. »

Au fil des mois et des recrutements, l'entreprise entre « dans la phase 2 » de sa croissance, se développe au-delà de la simple filiale Health Events et propose le large panel des formations Studi : des formations digitales jusqu'au cursus d'Academee, l'école des talents en partenariat avec M6. La croissance se déroule à merveille, des dizaines et des dizaines de personnes sont recrutées au fil des mois. En mars 2023, l'entreprise annonce fièrement que désormais, près de 300 salariés travaillent dans les bureaux de la société. Charline* en fait partie. Comme la plupart des commerciaux recrutés à l'île Maurice, elle est attirée par les conditions salariales proposées, extrêmement incitatives. L'école est généreuse car elle y trouve son compte : les trois cents commerciaux délocalisés ici sont toujours deux ou trois fois moins rémunérés que les centaines implantées dans les bureaux français. Et ce n'est pas le seul avantage présenté par l'île Maurice.

Studi a installé son siège dans le Core Building, une tour située à Ébène, à 15 kilomètres au sud de la capitale, Port-Louis. L'île Maurice est une destination de choix pour de nombreuses multinationales. Le pays est stable, ouvert sur l'Afrique, l'Asie, l'Australie, tout en étant situé sur un fuseau horaire extrêmement intéressant – deux heures seulement de décalage avec la France –, ce qui favorise les échanges avec les entreprises hexagonales. Ébène est le nouveau pôle technologique du territoire et il accueille les centrales d'appels de nombreuses entreprises étrangères. Surtout, en s'implantant à Maurice, Studi bénéficie d'un environnement commercial et juridique libéral, à la politique fiscale extrêmement avantageuse : un taux d'imposition unique à 10 %, aucun impôt sur les dividendes et les plus-values, pas d'impôts locaux, aucune taxe foncière, une totale confidentialité… Il existe même une convention fiscale bilatérale entre la France et l'île Maurice, tendant à éviter une double imposition sur le revenu et sur la fortune. Le territoire mauricien a tout d'un paradis fiscal et était d'ailleurs inscrit sur la liste noire de l'OCDE jusqu'en mars 2022.

« On l'appelle l'abattoir : soit tu te fais virer, soit tu te fais taper sur les doigts »

Que penser de cette politique d'optimisation fiscale, alors que l'entreprise bénéficie de formations grandement financées par l'État ? Et combien Studi a-t-elle fait de profit sur le territoire mauricien ? Pour le savoir, il faut accéder aux comptes de la société. Par chance, l'île Maurice oblige les entreprises à les publier dans les registres publics. Je découvre ainsi l'existence de l'entreprise Studi GGE International LTD, une société enregistrée dans le registre du commerce mauricien depuis le 2 août 2021 et détenue par Pierre Charvet. Le *business name* est « Peak Digital Service ». Le registre indique que les parts de Studi GGE International LTD sont réparties entre Pierre Charvet, trois autres directeurs et une secrétaire. Quelques lignes plus bas sont inscrites les données que je recherche : le compte de résultat, pour un exercice clos au 30 juin 2023. Le chiffre d'affaires s'élève à 213 358 837 roupies mauriciennes, soit 4 272 439 euros. Une fois les charges déduites, il reste à Studi 49 258 252 roupies… donc 986 380 euros de profit.

À l'île Maurice, Galileo a su optimiser ses coûts, ses salaires, ses charges, ses impôts. Charline* raconte : « La cellule Santé n'arrête pas de grossir, et Health Events, on l'appelle l'abattoir : soit tu te fais virer, soit tu te fais taper sur les doigts. On doit se donner à 200 %, on est sur votre dos à longueur de journée, et au bout de 8 heures de travail, si ça ne passe pas, on vous dit de vous casser. Il y avait un manque d'humanité de la direction, du management. Tous les jours, on avait peur. » Beaucoup de salariés restent, malgré tout, car partir, c'est prendre le risque d'être moins bien payé ailleurs.

En France, dans les bureaux de Pérols, Pauline*, Lola* et les autres ont entendu parler, vaguement, du sort des commerciaux de Maurice, se demandant même si la cellule n'a pas tout bonnement fermé ses portes. Ce n'est pas le cas. En décembre 2024, l'entreprise lançait toujours des recrutements et continuait de vendre, depuis sa tour d'Ébène, des centaines de formations Studi.

Financées par l'État, comme toujours.

Chapitre 2

Le magot de l'immobilier

On l'appelle parfois le Neuilly rouennais. Avec ses 13 255 habitants, ses quelques monuments historiques et ses maisons à colombages, Bois-Guillaume a tout de la petite ville bourgeoise typique de Normandie. La commune attire des gens fortunés et possède des bâtisses très prisées, qui s'échangent pour plusieurs millions d'euros. En temps normal, la discrétion est de mise autour de ces acquisitions, mais ce 13 avril 2023, les nouveaux arrivants ont décidé de faire autrement. L'annonce se déroule dans l'hôtel de ville, en présence de la presse locale et du maire, Théo Perez (sans étiquette), qui tient à clamer lui-même la bonne nouvelle : la commune va bientôt accueillir un campus dans le Technoparc des Bocquets. Objectif : l'ouverture, dès septembre 2023, de deux grandes écoles d'enseignement supérieur, qui à terme devraient avoir la capacité d'accueillir plus de mille étudiants. Il s'agit de l'Esarc, spécialisée dans les BTS, et de l'école de commerce ESG. Des marques connues, appartenant à un seul et même groupe : Galileo Global Education. Quelques jours après l'annonce, *Le Parisien* détaille les coulisses de cette installation. Rapidement, l'information est reprise dans la presse nationale. Depuis quelques années, les ouvertures de nouveaux campus Galileo sont devenues un « marronnier » de la presse française.

Au total, Galileo Global Education se félicite de détenir plus de cent six campus, en très grande partie dans une quinzaine de villes françaises. Le groupe ne compte pas s'arrêter là. En février 2022, il a dévoilé un budget de 1,5 milliard d'euros sur deux ans pour financer ses investissements et ses ouvertures d'écoles en France et dans le monde. La holding Galileo étend son empire.

Elle n'est pas la seule. Depuis quelques années, les grands groupes d'éducation multiplient les investissements partout en France. En septembre 2023, Omnes Education, autre groupe privé lucratif d'enseignement supérieur, accueillait ses premiers étudiants dans son nouveau campus du centre-ville de Rennes. Trois ans plus tôt, le groupe inaugurait un bâtiment à la Défense. Eduservices, un troisième groupe majeur, a fait de même en février 2024, à Changé, en Mayenne, tandis qu'un deuxième site verra bientôt le jour à Brest. Et encore, il ne s'agit que de l'enseignement supérieur privé lucratif. Les grandes écoles de commerce associatives, telles que Neoma, Kedge Business School ou Skema, ouvrent également des établissements, des campus, des filières à tour de bras. Entre 2017 et 2022, quatre-vingts nouveaux sites d'enseignement supérieur privé ont ouvert leurs portes sur l'ensemble du territoire français.

Le 13 avril 2023, à la mairie de Bois-Guillaume, la presse est venue nombreuse pour découvrir la stratégie de Galileo. Laurent Zalc, directeur du campus, présente les motivations du groupe. Son but ? Aider les jeunes du territoire à se professionnaliser et à trouver des emplois dans le bassin local ; renforcer l'attractivité du territoire normand ; devenir un acteur essentiel de l'écosystème rouennais. Pour cela, l'Esarc et l'ESG leur permettront d'acquérir des compétences, de se former lors de stages et via l'apprentissage. Galileo s'est donné les moyens de ses ambitions, avec plus de 2 millions d'euros d'investissement. Le jeu en vaut la chandelle. Il permet de verdir le Cube, de gonfler les effectifs, de toucher plus de frais d'inscription, plus d'aides de l'État, et de gagner en Ebitda.

Le groupe le sait : pour grossir, il lui faut augmenter son maillage territorial et développer une offre là où les grandes écoles ne sont pas, ou peu. Alors il analyse le terrain, cible les besoins. Par exemple à Biarritz, ville résolument tournée vers les sports en plein air, le groupe, assez logiquement, a ouvert un ESG Sport. Le choix d'implanter l'Esarc et l'ESG à Bois-Guillaume n'est pas non plus le fait du hasard. La commune est située à quinze minutes seulement du centre-ville de Rouen, le hub économique principal du département. D'une part, les étudiants pourront y loger et goûter aux plaisirs de la vie étudiante, d'autre part, et c'est un facteur essentiel, ils n'auront pas de mal à trouver des entreprises pour les recruter pendant leurs études. Une autre stratégie mise en œuvre ici consiste à ouvrir un campus « multimarques » regroupant plusieurs écoles sur un même site. À Bordeaux, le groupe a vu encore plus grand : neuf écoles s'y sont installées, dont quatre sur l'unique campus Bassins à Flot : ESG, Esarc, Digital Campus et LISAA, dirigé par un seul directeur général, Yvan Perriere.

Ces campus permettent le développement de filières hybrides. Suivre des enseignements du Cours Florent en étant inscrit en école de commerce ? C'est désormais possible avec Galileo. À Rouen, l'agence Rouen Normandy Invest, qui accompagne le projet de Galileo, prévoit aussi un campus « pensé comme un vrai lieu de vie, avec notamment l'aménagement d'espaces de convivialité ». Galileo n'hésite pas à jouer sur les codes du campus à l'américaine pour attirer les étudiants.

« Les bénéfices sont souvent réinvestis dans des biens immobiliers »

Ces projets de campus rénovés, ces hybridations des formations sont autant de promesses d'un recrutement réussi et d'étudiants acquis sur trois à cinq années. Du bénéfice sécurisé à la clé.

Hugo Harari-Kermadec, professeur de sociologie à l'université d'Orléans et spécialiste de l'enseignement supérieur, m'explique la stratégie : « C'est plus cher d'acheter un immeuble que d'embaucher, mais c'est irréversible : une fois qu'on a un bâtiment, ça devient très logique de trouver des moyens pour le faire fonctionner. Les formations sont utilisées comme produits d'appel pour remplir les parcs locatifs sur les campus. Augmenter l'emprise immobilière, c'est égal à augmenter la surface en mètres carrés. »

Surtout qu'en exportant leurs formations aux quatre coins de la France, les groupes font de sérieuses économies sur le coût de l'immobilier. Selon Stanislas Leborgne, directeur exécutif région chez CBRE, un groupe de conseil en immobilier d'entreprise, interviewé dans *Le Monde* le 29 novembre 2022, le « coût d'exploitation d'une école entre les métropoles et Paris est de 1 à 3 ». En mutualisant par ailleurs les écoles sur un seul et même campus, le groupe s'assure une optimisation du coût immobilier et des frais de fonctionnement de ces bâtiments. Résutat : depuis une petite dizaine d'années, le marché de l'immobilier d'enseignement connaît un boom sans précédent en France. Dans un rapport publié en juin 2023, le think tank Fondapol propose une analyse des stratégies d'acquisition de bâtiments des grands groupes. « Les bénéfices accumulés [par les grands groupes d'écoles] sont souvent réinvestis dans des biens immobiliers, pour l'essentiel dédiés aux écoles qui en deviennent locataires », explique Laurent Batsch, ancien président de Paris-Dauphine et auteur du rapport.

Selon CBRE, en 2021, en Île-de-France, 12 % des grandes transactions immobilières (supérieures à 5 000 m^2) concernaient des bâtiments de l'enseignement supérieur privé, et 30 % dans les régions. Ce constat est partagé par le cabinet JLL, lui aussi spécialisé en immobilier, dans un rapport détaillé publié en 2022. Selon le cabinet, 452,4 millions d'euros auraient été investis dans l'immobilier de l'enseignement supérieur privé entre septembre 2021 et décembre 2022, et une grande transaction immobilière sur cinq en France serait réalisée dans ce secteur. Cette croissance serait principalement portée par le développement… des écoles de management privées ! Pour les écoles privées, les promoteurs et les bailleurs, l'immobilier d'enseignement est un investissement idéal, parce qu'il est extrêmement stable. Les locataires, donc les écoles, signent des baux de longues durées, tandis que les étudiants constituent une population captive, ce qui assure des revenus durables, via les frais d'inscription. Par ailleurs, les formations peuvent facilement se transformer au gré des modes, des bassins d'activités et des innovations. Ainsi, les écoles ESG créent régulièrement de nouvelles formations dans des domaines qui attirent ou qui se développent, en témoigne la naissance de l'ESG Act en 2023, une école de commerce tournée vers le développement durable. Se renouveler n'est pas bien compliqué pour Galileo, qui n'a qu'à décliner ses certifications RNCP et mutualiser ses troncs communs.

L'autre avantage de ce marché est qu'il est « liquide ». Certes, les sols, les murs, les toits, eux, sont bien là, ils ne bougeront pas. Mais l'intérieur du bâtiment peut très facilement se transformer. Depuis 2020, les promoteurs déploient les modèles hybrides, ou les sites « multi-usages ». Les campus sont conçus pour être les plus mobiles possibles. Les lieux se modulent, les parois s'ouvrent et se referment, les salles doublent ou triplent de volume. Les espaces changent, bougent au gré des besoins. C'est dans cet esprit que l'EM Lyon, la grande école de management de Galileo, a imaginé son immense campus de Lyon Gerland : un espace de 30 000 m^2 dont 7 000 m^2 d'« espaces collaboratifs et expérientiels », pensés comme un « lieu de rencontre, de recherche et de formation ». Cette liquidité renforce aussi le matelas de sécurité des écoles : en cas d'échec, elles ne rencontreront aucune difficulté à se reconvertir pour trouver de nouveaux acheteurs. En attendant, cet empire immobilier va servir au groupe. S'il y a un projet de revente, le capital immobilier de Galileo sera étudié et pris en compte dans la valorisation totale de la holding. Avec une centaine de campus partout en France, et autant de bâtiments, Galileo aura construit un bel empire.

Retour à Bois-Guillaume. Le maire et les responsables de Galileo achèvent leur conférence de presse. Ça y est, la grande annonce est passée, mais étrangement elle n'étonne pas grand monde. Il faut dire que dans la région on commence à être un peu habitué à l'implantation d'écoles privées. Tous les ans, des établissements ouvrent leurs portes à Rouen ou dans les communes alentours. Et il n'y a aucun hasard là-dedans.

En 2021, Hervé Morin, alors candidat à sa réélection à la présidence de la région Normandie, prenait un engagement : tout mettre en œuvre pour accueillir un nouvel établissement d'enseignement supérieur par an en Normandie. Cet engagement, le président réélu l'a tenu. Et « même un peu plus que ça », me lance Hervé Morin au téléphone, lors de notre échange, fin août 2024. Institut catholique de Paris, École vétérinaire UniLaSalle, Isen, Eccam, Arts et Métiers… Ces établissements privés dits « non lucratifs » ont tous ouvert leurs portes en Normandie ces dix dernières années. « La région n'est pas assez attractive, explique Hervé Morin. Mon idée est de mettre l'accent sur des écoles qui ont des renommées nationales ou plus, comme la Catho de Paris qui s'est installée à Rouen. » La région subventionne l'ouverture de ces établissements, dont une majeure partie forme de futurs ingénieurs et des professionnels de l'industrie. « Depuis 2016, la région mobilise entre 50 et 60 millions par an », ajoute l'ancien ministre de la Défense (2007-2010), avant de poursuivre : « Sur la période du mandat actuel, on va mettre en investissement, sur l'enseignement supérieur uniquement, 400 millions, via le contrat de plan, le grand programme d'équipement des universités, les ouvertures d'écoles diverses et variées, le développement d'écoles existantes... »

Les établissements d'enseignement supérieur constituent des atouts économiques très forts pour un territoire. Une région en bonne santé est une région avec une forte présence d'étudiants. Or la Normandie en est clairement sous-dotée, en partie à cause de sa proximité avec la région Île-de-France, qui concentre les entreprises pourvoyeuses d'emploi. Le diagnostic territorial mené en 2020 par le ministère de l'Enseignement supérieur, de la Recherche et de l'Innovation indique que le taux de diplômés de l'enseignement supérieur de la région est inférieur de 6,7 points par rapport à celui du niveau national : 22,6 %, contre 29,3 % en France métropolitaine. Les effectifs d'étudiants en master et en doctorat sont aussi plus faibles que dans les autres régions, comptabilisant 18,8 % et 1,6 % de la population étudiante normande contre 20,5 % et 2,2 % au niveau national. La région souhaite donc convaincre les jeunes de rester en Normandie et multiplie les campagnes de communication à cet effet. « Votre enfant va bientôt débuter sa vie étudiante ? Le stress de Parcoursup est enclenché ? L'avenir semble flou ? Facs, écoles, qualité de vie, culture, grand air... La Normandie est la région idéale pour une vie étudiante épanouie. Et si votre enfant choisissait la Normandie pour ses études supérieures ? » peut-on lire sur la page Facebook du conseil régional. Attirer des étudiants en Normandie permet de rassurer les investisseurs de l'éducation sur les capacités de la région à remplir les effectifs des bâtiments.

Cela permet aussi de convaincre les entreprises de venir s'installer dans la région, leur créant une manne d'emplois salariés peu chers : les apprentis et les stagiaires. Grâce à l'enseignement privé professionnalisant, les territoires espèrent favoriser l'économie locale, car les jeunes en études sont aussi des individus qui consomment, font vivre les centres-villes, les restaurants, les bars, se logent, se déplacent. Dans le rapport Fondapol rédigé par Laurent Batsch, ce dernier cite ainsi un vice-président d'Angers Loire Métropole : « Le calcul est simple : un étudiant réinjecte dans l'économie locale entre 650 et 700 euros par mois : logement, sorties, nourriture, fournitures. » Angers, la cinquième ville étudiante de France, mise sur les étudiants pour favoriser le développement de sa commune. La ville en accueille déjà presque 47 000, avec une croissance soutenue : plus de 11 000 étudiants supplémentaires en neuf ans, résultat d'une politique des collectivités locales extrêmement favorable à l'implantation d'établissements supérieurs, autant publics que privés. En 2018, lors de l'inauguration de l'Istom, l'école supérieure d'agro-développement international, le maire de la ville, Christophe Béchu, a prononcé un discours, dans lequel il se disait fier de compter l'Istom parmi les nouvelles recrues de sa ville, et fier que sa ville soit « prisée par les établissements d'enseignement supérieur ». Avec plus de 550 étudiants escomptés, cela représenterait, selon les calculs du vice-président de la métropole, cité par Fondapol, entre 3,5 et 4,5 millions d'euros par an à la ville. Tout sauf anecdotique.

Chapitre 3

Le boom des inégalités

Ils sont vent debout. 24 octobre 2023. Six mois après la conférence de presse de Galileo à l'hôtel de ville de Bois-Guillaume. Le campus du Technoparc a ouvert ses portes aux étudiants, mais cela ne plaît pas à tout le monde. Vingt-six organisations syndicales et politiques viennent de publier une lettre ouverte, adressée aux présidents de la région Normandie – Hervé Morin – et de la métropole Rouen-Normandie – le socialiste Nicolas Mayer-Rossignol. Les signataires sont les bureaux de la CGT, du SGEN-CFDT, du SNESUP-FSU, de l'Unef, de l'Union étudiante, mais aussi les principales organisations politiques de gauche, ou encore la Ligue des droits de l'homme. D'une même voix, tous dénoncent l'emprise grandissante des établissements d'enseignement supérieur privé sur le territoire normand. Dans leur ligne de mire : l'Institut catholique de Paris, l'école vétérinaire privée d'UniLaSalle, mais aussi l'Esarc et l'ESG, les deux écoles Galileo. Ils regrettent les financements et subventions alloués par les collectivités à l'installation de ces écoles. « Les deux collectivités ont alloué au total 11 millions d'euros sur les 21 millions nécessaires pour effectuer des travaux sur un bâtiment appartenant au diocèse catholique de Rouen », dénonce la tribune. Concernant Galileo, les organisations s'interrogent. Y a-t-il eu des subventions ? Des financements ? La réponse est non. Selon un communiqué officiel du cabinet Rouen Normandy Invest, publié le 2 mai 2024, le groupe n'aurait recouru à aucune subvention publique pour l'implantation de ces deux écoles. Hervé Morin m'affirme par téléphone que la région n'a strictement rien à voir avec l'ouverture des établissements de Galileo à Bois-Guillaume. Il me dit même tout ignorer de l'existence de ce projet.

Malgré tout, les syndicats fustigent l'accueil symbolique réservé par les institutions locales à ces écoles privées, et les conséquences de leur implantation sur les jeunes en recherche de formations. « Le coût d'une inscription étudiante à toutes ces structures privées se monte à plusieurs milliers d'euros par an [...]. Ces implantations modifieront à terme et de façon substantielle la composition sociale des établissements universitaires publics rouennais. Ainsi va se constituer un tri social au détriment de la mixité sociale », écrit le communiqué. Les collectivités locales, on l'a compris, misent sur l'enseignement supérieur privé pour développer leur économie, mais, selon certains chercheurs, l'installation d'écoles privées entraîne souvent une augmentation du coût de la vie et du marché de l'immobilier.

Un phénomène de gentrification qui a des conséquences, comme la création de difficultés d'accès au logement et l'éloignement forcé des populations les plus précaires.

« On a une relation perceptible entre l'augmentation de l'offre dans l'enseignement privé et l'augmentation de l'offre de logements dans le parc privé »

L'enseignement supérieur privé amènerait dans les villes des étudiants capables de payer les 8 000 euros de frais d'inscription en moyenne des écoles Galileo. « Les populations du privé ont des capacités financières plus importantes que le secteur public, un soutien familial plus intense, ou une volonté de faire des études dans de bonnes conditions », m'explique Alexis Alamel, enseignant chercheur à l'Institut d'études politiques de Rennes, spécialiste des politiques publiques et stratégies des territoires. Il a longuement étudié les conséquences de l'implantation d'établissements supérieurs privés à Lille. Selon lui, en s'installant dans les centres-villes, proches des écoles et des lieux de vie, les étudiants du privé font grimper le coût de l'immobilier. Cette croissance est suivie d'une augmentation du nombre de petits appartements, fragmentés par les propriétaires pour créer des colocations (aux loyers plus élevés), et se mêlant désormais à un nouveau marché : celui de la résidence étudiante privée.

Ces dernières attirent principalement les étudiants qui ont peu de capital économique, ayant bien souvent souscrit des prêts étudiants. Ceux-là n'ont pas la possibilité de bénéficier des logements du Crous, réservés aux étudiants du public, mais n'ont pas pour autant la capacité de se payer leurs propres appartements, seuls ou en colocation. Selon Alexis Alamel, « on a une relation perceptible entre l'augmentation de l'offre dans l'enseignement privé et l'augmentation de l'offre de logements dans le parc privé. On observe, comme au Royaume-Uni au milieu des années 2000, des résidences type Nexity, qui se sont mises sur le marché étudiant, et un nouveau public qui veut se donner des chances pour avoir des conditions de logement confortables ». Ces résidences proposent des appartements meublés et des offres complètes : équipements, électricités, Internet... Tout est pris en charge dans le prix des loyers. Pour renforcer leur attractivité, ces établissements travaillent en partenariat avec les écoles privées. Les écoles ESG ont ainsi un partenariat avec la plateforme de logement en ligne Studapart.

Selon une étude de Studylease, les lits en résidences étudiantes privées pèsent pour 30 % du parc étudiant global français. En 2022, les investissements dans les résidences étudiantes ont progressé de 286 %, pour un investissement de 448 millions d'euros : un marché presque aussi lucratif que les résidences seniors. Selon le cabinet JLL, enfin, les meilleures résidences sont très rentables, au point de pouvoir se payer le luxe de refuser ceux qu'elles ne souhaitent pas accueillir. Les plus précaires sont une nouvelle fois refoulés.

L'immobilier privé se développe dans le sillon de l'enseignement supérieur privé, lui-même favorisé par les politiques d'accueil incitatives des collectivités territoriales. Or cette privatisation de la vie étudiante se ferait au détriment des familles. Et des étudiants précaires.

Chapitre 4

Galileo engrange…
et les facs crient famine

Nouveau territoire, nouvelle école. Nouvelle colère locale. Début 2024, Galileo annonce son installation prochaine à Perpignan. Cette fois, le groupe souhaite inaugurer une antenne de l'école de commerce ESG. Trois formations sont prévues : deux bachelors et un mastère en International Business, communication digitale et marketing d'influence. La brochure ressemble à toutes les autres, les arguments sont toujours les mêmes : alternance, employabilité, cours à distance… Seule différence cette fois, Galileo n'ouvre pas son propre campus mais s'installe dans les locaux de Notre-Dame-de-Bon-Secours, un lycée d'enseignement catholique privé sous contrat d'association avec l'État. Le groupe est en phase de test. Perpignan sera-t-elle son nouvel eldorado ? Sur le papier en tout cas, du point de vue de l'enseignement supérieur privé, la commune semble être l'emplacement idéal pour développer un nouveau segment de marché. Depuis quelques années, Galileo est loin d'être le seul groupe privé à s'y être implanté.

En décembre 2023, je décide de m'y rendre. Cap vers la frontière espagnole. J'ai rendez-vous avec Kevin Mary, au pied du Castillet – porte fortifiée du XIVe siècle, symbole de la vieille ville de Perpignan. Kevin Mary est maître de conférences en géographie à l'université de Perpignan Via Domitia, spécialiste de la géographie de l'éducation et des migrations étudiantes. Il m'a proposé une visite commentée de la ville, originale, de celles que l'on ne trouve pas dans les guides : une découverte des dernières écoles privées implantées dans la commune. Alors que nous déambulons, il me raconte les difficultés sociales et économiques rencontrées par les étudiants du coin.

Perpignan est une commune à la périphérie de la France, de ses pôles économiques, de ses grandes écoles et de ses opportunités d'emplois. Ici, au cœur des Pyrénées orientales, le taux de chômage est l'un des plus élevés du pays : 11,7 % en moyenne en 2022 (contre 7,3 % en moyenne sur l'ensemble du territoire). À Perpignan, capitale du département, le taux de pauvreté atteint 32 %. La ville est aussi à la porte de l'Espagne, où la vie coûte moins cher et où les aspirations semblent plus faciles à accomplir. À défaut d'opportunités professionnelles, Perpignan est désertée par sa jeunesse aisée, qui part suivre ses études du côté de Toulouse, Montpellier ou même Paris.

Les jeunes les moins fortunés, eux, restent sur place. Ils disposent de l'université locale et de plus en plus d'écoles d'enseignement supérieur privées. Ces dernières les accueillent à bras ouverts, leur promettant parfois monts et merveilles, à moindre coût, grâce à l'apprentissage. Non loin du Castillet, Kevin Mary me mène vers le quai Vauban, proche du marché central de la ville. Il veut me montrer le passage Rive-Gauche, une petite galerie marchande constituée d'une dizaine de boutiques de vêtements et de bijouteries. Ici, aucune grande marque et peu de clients. À part, depuis peu, quelques étudiants.

En septembre 2023, la galerie a en effet accueilli une école de commerce privée à but lucratif. Son nom : l'IES Business School. Au programme, des bachelors, mastères et BTS, dans les secteurs de la vente, du marketing, du business. Les formations sont dites « à petits prix », c'est-à-dire entre 3 900 et 4 900 euros par an, avec possibilité de mener son cursus en alternance, pour travailler et ne rien avoir à payer. « Il y a des petites écoles privées comme ça partout en France, elles se développent aujourd'hui dans des villes moyennes, loin des métropoles, avec des populations modestes, comme Perpignan. C'est présenté comme un levier économique par les pouvoirs publics », m'explique Kevin Mary. En sortant de la galerie, le chercheur m'indique la direction de la place de la Catalogne, à quelques minutes à pied. Là-bas s'est installée l'école 42, la célèbre école d'informatique gratuite et non lucrative créée par Xavier Niel, le patron de Free. Pas dans une galerie marchande, non, mais dans un grand bâtiment style Art nouveau, construit au début du XXe siècle, appelé les Dames de France, et mis à disposition par la ville avec le soutien de la communauté urbaine Perpignan-Méditerranée et de l'État. « Du point de vue des pouvoirs publics, implanter une école privée reconnue dans un bâtiment de centre-ville permet de réhabiliter, d'embourgeoiser un centre-ville en proie à des difficultés (pauvreté, précarité, trafics, etc.) et en manque d'attractivité, donc de redynamiser la ville, de la faire rayonner, de créer une attractivité pour la jeunesse en priorité », affirme Kevin Mary.

Perpignan est tristement connue pour sa grande précarité, exacerbant les taux de violence, d'agressions, de vols. Le centre-ville, touristique, est adossé au quartier Saint-Jacques, l'un des plus pauvres de France – si ce n'est d'Europe. Nous y poursuivons notre route. Les ruelles sont bordées de caillasses, les immeubles fissurés, renforcés pour ne pas s'effondrer. Les logements insalubres sont légion dans ce quartier, loués par des marchands de sommeil à des communautés précaires isolées, dont de nombreux enfants déscolarisés. Passé une certaine heure, la population fuit les ruelles étriquées de la vieille ville. Les étudiants aussi. Ici, pas de sortie le soir dans les restaurants ou les bars. Perpignan n'est pas une ville étudiante, mais sa mairie, dirigée par Louis Aliot, par ailleurs vice-président du Rassemblement national, nourrit l'espoir de changer la donne. Le souhait de l'édile d'extrême droite : gentrifier le centre-ville grâce à l'enseignement supérieur, notamment privé, pour en écarter les populations modestes. La mairie RN fait coup double : elle modifie la sociologie de la ville à des fins politiques, le tout à moindre coût.

Pendant ce temps, l'université de Perpignan sombre dans la faillite financière.

« Le constat, c'est qu'on ne les intéresse plus... les institutions se fichent des facs comme la nôtre »

La fac Via Domitia est pauvre. Parcourir ses allées arborées me replonge dans mes souvenirs des campus Villejean à Rennes et du Mirail à Toulouse, où j'ai suivi mes études. Je constate que les universités publiques se ressemblent, où qu'elles soient. Les mêmes abords, les mêmes bâtiments des années 1970 rongés par le temps, les mêmes amphis bondés.

Quelques milliers d'étudiants sont inscrits ici (neuf mille sur les douze sites de la faculté), on peut parler d'une « petite » université. J'ai rendez-vous avec David Giband, professeur des universités en urbanisme et aménagement du territoire. Il m'accueille dans son bureau, encombré de piles de livres, de dossiers et d'articles scientifiques. Il travaille avec Kevin Mary sur la privatisation de l'éducation. De 2011 à 2015 puis de 2018 à 2020, David Giband a aussi endossé le rôle de vice-président de l'université, en charge d'abord du patrimoine immobilier, puis de la recherche et de la valorisation de la recherche, ici, à Perpignan. Des années de lutte pour obtenir des financements, combler les trous budgétaires… « On est en déficit. Le coup de rabot est un abandon clair et net des institutions, se désole-t-il. Le constat, c'est qu'on ne les intéresse plus… les institutions se fichent des facs comme la nôtre. »

Pour les chercheurs, la lente descente aux enfers de l'université aurait débuté en 2007. Nicolas Sarkozy est alors président de la République et Valérie Pécresse ministre de l'Enseignement supérieur et de la Recherche au sein du gouvernement Fillon. Cette année-là, les étudiants sont dans la rue, aux côtés des chercheurs et des personnels des universités. Une réforme extrêmement décriée s'apprête à être votée : la loi relative aux libertés et responsabilités des universités (LRU). Elle prévoit une grande réforme de la gouvernance des universités, les rendant autonomes dans leur budget, dans leur gestion des ressources humaines et de leur patrimoine immobilier, à compter du 1er janvier

2013. Les universités sont responsables de leur santé financière. Elles sont par ailleurs incitées à augmenter leur rayonnement à l'international.

Les détracteurs de la loi s'inquiètent. Les universités pourraient en fait être amenées à entrer en concurrence les unes avec les autres dans le but d'obtenir des financements. Quant à ces objectifs de performances, ils pourraient les encourager à optimiser leurs coûts pédagogiques. Enfin, pour eux, le rayonnement international pourrait mener à une polarisation des pôles universitaires, au détriment des petites facs et au profit des plus prestigieuses.

Le ministère de l'Enseignement supérieur, de la Recherche et de l'Innovation s'estime fier des avancées engendrées par la réforme, qui aurait permis de rivaliser avec les universités internationales sur les grands classements mondiaux et de développer des unités de recherche. Quinze ans plus tard, les données semblent pourtant confirmer les inquiétudes des universitaires. « Les politiques d'excellence induisent des processus de hiérarchisation des universités et des villes universitaires. En accordant plus d'autonomie aux universités, la LRU ouvre en grand les portes de la compétition entre établissements », écrivent David Giband et Kevin Mary dans leur livre *Géographie de l'éducation* [1]. « En France, les politiques d'excellence universitaire produisent une dynamique territoriale à trois vitesses : hiérarchisation, polarisation et périphérisation », ajoutent-ils. Kevin Mary me décrypte cette répartition : « Polarisation parisienne, hiérarchisation via les grands

1. Armand Colin, 2023.

pôles urbains, et périphérisation des petits centres universitaires, dont Perpignan fait partie. »

En effet, depuis le début des années 2010, la dépense moyenne par étudiant à l'université n'a cessé de reculer en France. En cause : la progression des effectifs (+ 13,2 %), supérieure à celle du financement (+ 1,9 % en euros constants), selon l'avis sur le projet de loi de finance pour l'année 2024 pour la recherche et l'enseignement supérieur de la Commission des affaires culturelles et de l'éducation à l'Assemblée nationale.

Déjà, en décembre 2021, l'Institut Montaigne, un think tank libéral privé, publiait des conclusions similaires, dans son rapport *Enseignement supérieur et recherche : il est temps d'agir !* : « Alors que, pour l'ensemble des pays de l'OCDE, la dépense moyenne par étudiant s'est accrue de 8 % entre 2010 et 2016, elle a baissé de 5 % en France sur la même période. » La même année, le Conseil d'analyse économique (CAE) se fait tout aussi critique, dans la note *Enseignement supérieur : pour un investissement plus juste et plus efficace* : « En consacrant 1,5 % du PIB (dont 1,2 % pour la part publique) à l'enseignement supérieur, la France se trouve dans une position moyenne au sein de l'OCDE. » Selon Gabrielle Fack et Élise Huillery, « la baisse du financement par étudiant peut affecter le taux de réussite et la qualité des formations, avec des conséquences négatives à long terme sur le marché du travail, la productivité et l'innovation », écrivent-elles dans leur note.

Dans bon nombre d'universités de périphérie, les amphithéâtres sont souvent surchargés d'étudiants qui peinent à suivre correctement les cours, surtout durant l'hiver, lorsque les chauffages restent éteints, économies obligent.

Les jeunes chercheurs non titulaires, épuisés par leur trop importante charge de travail, doublée d'une profonde précarité, baissent à leur tour les bras.

Les chercheurs ne sont pas seuls à quitter l'université. Les étudiants aussi en sont de plus en plus dégoûtés.

Les taux d'échec à l'université explosent. Un étudiant sur cinq en sort sans diplôme. Seulement 29,6 % des étudiants obtiennent une licence en trois ans, 42,2 % en quatre ans. « La première année d'université, c'est une usine à échecs, résume David Giband. Les étudiants arrivent du lycée et se retrouvent avec cinq cents personnes en amphi dans une matière qu'ils ne connaissent pas, dans des TD avec quarante ou cinquante personnes, avec des professeurs qui n'en peuvent plus... » L'université de Perpignan ne fait pas figure d'exception. Ici aussi, les étudiants lessivés claquent la porte. « Le constat est là, les profs n'ont pas le temps, et s'y ajoutent la massification des étudiants, les politiques d'austérité... Tout ça crée le départ des élèves dans le privé », concède David Giband.

Chez Galileo par exemple, qui, à défaut de le créer, prospère sur le malheur des facs...

Chapitre 5

Cap Réussite, un vivier à « piou-pious »

Quelques chiffres, pour mieux comprendre : selon les données du ministère de l'Enseignement supérieur, entre 2011 et 2021, les inscriptions dans le privé ont augmenté de 46 %, contre 16 % dans le public. L'enseignement supérieur privé représente aujourd'hui 26 % des effectifs globaux de l'enseignement supérieur, avec un total de 766 900 inscrits. Gloire illustre bien ce phénomène…

La jeune femme est originaire de banlieue parisienne. Après son bac, elle décide de s'inscrire à l'université Paris-Est Créteil (UPEC), en licence de droit. Elle raconte : « J'ai fait ma première L1 et ça s'est très mal passé. Je ne sais pas si c'est le passage du lycée à la fac sans transition, ou autre chose, mais ça s'est très mal passé. J'ai validé aucun semestre, je ne suis même pas allée au rattrapage. Je me suis dit que j'allais recommencer une année, un nouveau départ et peut-être que ça se passerait bien. Mais je ne valide toujours pas… Les cours en CM et TD manquent de suivi, on n'est pas assez derrière toi et la réussite se joue entre toi et ta chance. » En grande difficulté, Gloire se sent isolée, peine à trouver une oreille attentive pour l'aider. Elle aimerait davantage de suivi, une relation plus privilégiée avec ses professeurs. « Je voulais à tout prix quitter Créteil, donc j'ai postulé dans des écoles. » Gloire est finalement admise à Elije, une école privée située dans le 2e arrondissement de Paris. Elle y débute une formation d'assistante juridique en deux ans, en alternance. Elle raconte : « Ça se passe super bien, on voit une différence entre la fac et l'école. On a plein de cours variés, des ateliers, on peut se permettre de poser des questions. C'est mieux qu'un amphi… » Dans sa classe, ils ne sont que vingt-cinq élèves. Gloire l'affirme : « On est tous issus de la fac dans ma classe, et on a tous eu une mauvaise expérience à la fac, Elije, c'est notre dernière chance. »

Elije n'est pas n'importe quelle école de droit privée. Elle est détenue par un groupe. Son nom ? Galileo Global Education.

30 mai 2023. Laurent Gamet, doyen de l'université de droit de l'université Paris-Est Créteil, publie une tribune dans *Le Monde*. Il y partage ses inquiétudes face au taux d'échec des étudiants en première année de licence de droit, de l'ordre de 17 % en 2021, et liste longuement les nombreuses conséquences de « la gestion de cette cohorte », qui « pompe les moyens matériels » de l'université. Ce que Laurent Gamet ne précise pas, c'est qu'en 2023 il a eu une autre idée pour diminuer les taux d'échec en droit dans son université. Son souhait : réorienter les étudiants en difficulté. Et pas n'importe où. Vers le privé.

Le projet s'appelle « Cap Réussite » et est pour le moins original : « L'idée, c'est que les étudiants en échec et qui le souhaitent puissent réaliser leur première année de droit en deux ans, et, en parallèle, se former pour devenir assistant juridique », m'explique Laurent Gamet, en visioconférence, en septembre 2024. « Ainsi, ils se forment à un métier qui embauche, tout en gardant un pied dans le milieu universitaire. Ils n'abandonnent pas complètement la fac. » Laurent Gamet me l'assure : le projet était un « prototype » au stade « embryonnaire », une simple idée. « On sondait seulement les étudiants, rien n'était lancé », jure-t-il. Pourtant une brochure est créée, « à l'initiative de Galileo, et pas de l'université », promet le doyen. Le document est tout de même assez détaillé et circule dans l'université : « Cap Réussite, un programme d'accompagnement personnalisé de 112 heures pour mieux se connaître, élargir ses perspectives et devenir acteur de son projet d'études ou professionnel », peut-on lire. Cap Réussite doit s'étendre d'avril à juin 2023 et aider les étudiants à « découvrir de nouvelles possibilités pour définir un nouveau projet », toujours selon cette brochure. Pour cela, l'université et Galileo prévoient une série d'ateliers, de rencontres avec des parrains et marraines, du coaching professionnel et même des cours d'interprétation et d'improvisation avec des intervenants du Cours Florent, l'école d'art dramatique de Galileo. À l'issue de ces mois de travail, l'étudiant pourra décider de quitter la fac pour rejoindre la formation de juriste d'Elije.

La brochure présente les nombreux avantages de ce partenariat. « Elle vous conduira, indique-t-elle, à l'obtention du titre professionnel Assistant juridique (niveau bac + 2) reconnu par l'État et les employeurs. Portée conjointement par l'UPEC et Galileo Global Education, cette formation est d'autant plus avantageuse qu'il vous suffira de vous acquitter des droits de scolarité de l'université pour vous y inscrire. » En effet, l'étudiant n'aura rien à débourser puisque la formation bénéficie des fonds de l'apprentissage. Autre avantage, un « fort accompagnement individuel »… À la différence de l'université publique, à l'évidence. Le document promet aux étudiants une entrée rapide dans la vie professionnelle et les rassure : ils pourront même prolonger leur formation de juriste s'ils le souhaitent, voire réintégrer le parcours universitaire en deuxième année de licence.

Pour encourager les étudiants à se lancer dans ce projet ambitieux, le doyen de l'université organise une grande réunion d'orientation, le 4 avril 2023.

Mais la fronde s'organise déjà à l'université.

« Tous ont quitté les bancs de l'université, et ceux-là, ils ne reviendront pas »

Des professeurs d'université à Créteil décident de médiatiser l'affaire. Vérène Chevalier fait partie de ces frondeurs, et témoigne le 24 juin 2023 auprès du journal *Le Monde*, puis de *Mediapart*, le 22 juillet 2023. Dans ce second article, la chercheuse accuse : « C'est mettre le pied résolument dans le choix de sous-traiter l'accueil des échouants en première année en les canalisant vers une boîte privée, sorte de multinationale de l'enseignement supérieur. » C'est le tollé à l'université.

La direction de la faculté réagit. Le projet de partenariat est annulé. « Ce n'était même pas encore un partenariat, mais une discussion, s'agace Laurent Gamet. Quand j'y repense, ça me replonge dans une colère froide, car ils ont gâché une opportunité d'avenir pour ces étudiants. Depuis, tous ont quitté les bancs de l'université, et ceux-là, ils ne reviendront pas. » Selon le doyen, il est préférable que l'université travaille en collaboration avec le privé plutôt que dans une opposition frontale, qu'il considère comme politique. Cet avis n'est pas partagé par une partie de ses collègues à Créteil, qui s'inquiètent d'une telle légitimation du privé.

Le projet de partenariat entre l'université Paris-Est Créteil et Galileo est toujours à l'abandon. Laurent Gamet ne veut plus en entendre parler, mais l'affaire fait office de symbole. En ouvrant la porte à ce partenariat, l'université Paris-Est Créteil a donné au groupe privé la reconnaissance que son dirigeant attendait. Et lui a permis de mettre un pied dans l'enseignement public…

Mais un projet chasse l'autre, chez Galileo. Un nouveau secteur fort alléchant aiguise maintenant l'appétit du Cube.

Chapitre 6

QUAND LA SANTÉ VA…

L'avenir du business est dans la santé.

Ce n'est pas pour rien que Marc-François Mignot Mahon, le P-DG monde de Galileo, a recruté Martin Hirsch, l'ex-patron du secteur hospitalier public parisien, en septembre 2022, pour monter un pôle Santé. Pas pour rien que, depuis quelques années, de plus en plus de cursus paramédicaux viennent gonfler le portefeuille de formations de Galileo.

Tout a commencé en 2018. À l'époque, le groupe fait l'acquisition de Studi et de ses filiales, dont Ecolems, une école en ligne dédiée aux métiers de la petite enfance, de la beauté, du bien-être, des services à la personne et du paramédical. Grâce à ce rachat, Galileo détient une nouvelle école déclarée auprès du ministère de l'Éducation nationale, lui permettant de délivrer des diplômes d'État, tels que des CAP ou des bac pro, pour devenir assistante maternelle, agent de crèche, assistant de vie aux familles, secrétaire médical ou encore agent de service hospitalier. Une très belle affaire. Néanmoins, Marc-François Mignot

Mahon en est persuadé : le marché mérite d'être encore développé.

En 2021, Studi, sous la houlette de Galileo, rachète Health Events Formations Santé, une école en ligne destinée à la formation continue des professionnels de santé. L'organisme est agréé par l'Agence nationale du développement professionnel continu (ANDPC) et permet donc à Galileo de bénéficier d'une nouvelle source de financement public. Outre sa perspective de rentabilité, Health Events possède un autre atout, symbolique celui-ci : le gain, pour Galileo, d'un immense réseau de professionnels de santé.

Marc-François Mignot Mahon a une dernière idée. Et si Galileo montait son propre réseau d'écoles dédiées aux soignants ? C'est ainsi que naît Eva Santé. Le 5 octobre 2021, le premier campus ouvre ses portes à Metz. Vanessa Diriart, à l'époque toujours présidente France de Galileo Global Education, fait le déplacement depuis Paris : une inauguration pareille, ça se célèbre. D'autant plus que, pour exercer, Eva Santé a bénéficié du statut d'institut de formation d'aides-soignants (IFAS), faisant de l'école un organisme officiel, autorisé par le ministère de la Santé et par le Conseil régional. Trente-six étudiants sont d'ores et déjà inscrits dans l'un des trois cursus proposés par l'établissement : petite enfance, accompagnant éducatif et social, et aide-soignant.

Pourtant, Eva Santé n'a rien d'un IFAS comme les autres. Le groupe, fidèle à ses habitudes, propose un cursus hybride, à base d'alternance et de formation en *e-learning*. Deux pratiques relativement rares dans le secteur des formations santé, mais qui, depuis six ans, grâce à l'État, tendent à se démocratiser. Dans le cadre de la réforme de l'apprentissage du 5 septembre 2018, le gouvernement permet la création d'un Opco (opérateur de compétences) dédié à la santé. L'État compte sur ces formations professionnalisantes pour répondre à la sévère crise de la vocation qui secoue le secteur médical, particulièrement les infirmiers et les aides-soignants.

Or, pour pallier cette pénurie, encore faut-il que les jeunes aient envie de s'orienter vers ces métiers, réputés difficiles et mal payés. En février 2020, Agnès Buzyn, alors ministre de la Santé, annonce donc une série de mesures afin de renforcer l'attractivité des métiers du soin et de l'aide à la personne. Les compétences sont actualisées, certains soins infirmiers sont transférés aux aides-soignants… et le concours d'entrée en IFAS est supprimé, remplacé par un examen sur dossier et un entretien oral.

La publication de l'arrêté est prévue pour la même année, mais la pandémie survient et décime les populations fragiles. Alors que le monde s'enfonce dans la crise sanitaire, l'opinion publique semble prendre conscience de l'ampleur de la pénurie de soignants. Aux yeux des pouvoirs publics, déréglementer les cursus de santé semble plus que jamais justifié. L'oral d'entrée en formation d'aide-soignant est à son tour supprimé.

Le 10 juin 2021, l'arrêté est enfin publié. Les effectifs sont augmentés de 10 000 places supplémentaires et, pour les accueillir, les instituts de formation d'aides-soignants peuvent réaliser plusieurs sessions de rentrée dans une seule et même année. Le recrutement des étudiants peut s'effectuer hors Parcoursup et la formation médicale à distance est autorisée : jusqu'à 70 % des cursus théoriques peuvent être suivis en ligne. D'autres formations santé sont libéralisées lors de ce même été 2021 : le diplôme d'État d'auxiliaire de vie, puis le diplôme d'État d'accompagnant éducatif et social (DEAES).

Le 5 octobre 2021, l'école Eva Santé ouvre donc ses portes dans le Grand Est. Elle semble avoir scrupuleusement suivi les propositions du gouvernement. Deux rentrées sont prévues dans l'année, la première en septembre, la seconde en mars. Au programme, trois diplômes : les deux premiers, aide-soignant et accompagnant éducatif et social, ont tous les deux bénéficié des allègements de modalités de l'été. Le troisième est un CAP petite enfance.

Les trois cursus sont bien entendu proposés en alternance. Sur dix-huit mois de formation complète, soit 1 540 heures de cours, l'étudiant aide-soignant par exemple aura 770 heures de formation clinique (4 stages), et 770 heures de formation théorique… dont 518 heures prévues en distanciel. Ainsi, pour un an et demi de formation, l'étudiant n'aura que 35 jours de cours au sein de l'école de Metz. Près de 70 % du cursus théorique est en ligne. Le maximum autorisé par l'État.

À Metz, le jour de l'inauguration, Vanessa Diriart défend le fonctionnement de l'école et son ambition de « répondre également aux besoins importants des territoires en matière de formations sanitaires », ainsi qu'elle l'explique au *Républicain lorrain*. L'école semble d'autant plus légitime qu'elle a ouvert ses portes grâce aux soutiens et à la collaboration de Jean Rottner, président de région (jusqu'en 2022), et de Virginie Cayré, directrice de l'Agence régionale de santé du Grand Est (partie au printemps 2024), présents lors de l'inauguration. Dans une région rurale telle que le Grand Est, ce nouveau cursus en ligne viendra, espèrent-ils, faciliter l'accès à l'enseignement pour les étudiants éloignés des centres de formation. Le président de région est déterminé à augmenter les effectifs d'étudiants en IFAS. De 2 064 places en 2019, il compte atteindre les 3 727 en 2021. Un second institut Eva Santé est prévu à Châlons-en-Champagne.

Grâce à l'aide des institutions, la nouvelle école de Galileo n'a plus qu'à recruter ses futurs étudiants.

« Vous les connaissez toutes, ces Marie, on les connaît toutes »

Eva Santé est le nouveau fleuron du groupe. En juin 2023, Galileo Global Education organise une grande soirée pour ses équipes, au Musée des arts forains de Bercy, à Paris. Marc-François Mignot Mahon saisit l'occasion pour remercier le personnel. Dans le public, un collaborateur enregistre la prise de parole du dirigeant, puis fait circuler l'audio à plusieurs de ses collègues. Quelques jours plus tard, je reçois à mon tour cet enregistrement.

En l'écoutant, j'entends qu'il est question d'une étudiante de l'école Eva Santé, dont j'ignore si elle est réelle ou fictive. « Marie. Marie, elle est… en apprentissage, aide-soignante apprentie. Vous savez, c'est ce cursus qu'on fait dans le Grand Est de la France… » introduit-il. Avant de poursuivre en ironisant sur ses détracteurs : « … C'est un cursus expérimental. Le truc impossible ! Galileo n'aurait jamais dû avoir le droit d'ouvrir des groupuscules santé ! Les professions de santé, ça ne se digitalise pas, et ça ne se fait pas en apprentissage ! »

Il ajoute : « Au total, on a déjà diplômé trois cents jeunes filles qui travaillent toutes en apprentissage dans les Ehpad de leurs villages. On vient les chercher en bus pour la partie présentiel parce qu'on a digitalisé 70 % du cursus, et on les amène dans les Ehpad du coin pour leur apprendre à faire les gestes qu'elles doivent apprendre en présentiel. Marie, elle serre la main de Vanessa [Diriart]... C'est Vanessa qui m'a raconté l'anecdote, il y a un an, un an et demi... Et elle lui dit : "Madame, avant, personne ne m'avait jamais fait confiance." Vous les connaissez toutes, ces Marie, on les connaît toutes : pas très bonnes à l'école, de réflexions désagréables en orientations approximatives, le plafond de verre devient un plafond de plomb, et il n'y a plus d'horizon. Eh ben nous, Marie, on est ultrafiers d'avoir transformé ton parcours. Merci à toi. C'est pour ça qu'on fait ce travail. »

Dans la salle, certains employés ont le sourire amer. Eux savent ce qu'il se passe réellement dans ce nouveau réseau d'écoles.

« Je veux dénoncer cet ogre à nourrir »

« Je veux dénoncer cet ogre à nourrir », me lance Matthieu Guilbert, lors de notre première conversation. Il a travaillé un an et demi pour Eva Santé. D'abord responsable pédagogique, puis directeur d'école et enfin directeur régional Grand Est, il a observé la machine de l'intérieur. Elle l'a broyé. À en croire son témoignage, l'école Eva Santé fonctionne comme tous les établissements de Galileo : au service de la rentabilité. Optimisation des coûts pédagogiques, effectifs d'étudiants blindés au maximum, équipes internes sous-staffées et lessivées. Selon Matthieu Guilbert, de telles politiques économiques sont incompatibles avec la mission de soignants.

Tout avait pourtant bien commencé. Le 30 septembre 2022, seulement six mois après sa prise de poste comme responsable pédagogique à l'antenne Eva Santé de Metz, Matthieu Guilbert est nommé directeur. Cette promotion ne se refuse pas, et d'ailleurs il en est ravi. Depuis son inauguration l'année précédente, Eva Santé n'a cessé de faire ses preuves. Un second institut régional, à Châlons-en-Champagne, ouvre même ses portes début 2022. Cette année-là, l'école de Metz est devenue le septième IFAS de rattachement de la région par nombre d'étudiants, selon l'Agence régionale de santé (ARS) Grand Est. Une antenne ouvre également à Bordeaux et au total 160 étudiants sont formés en 2022 dans les écoles d'Eva Santé.

En tant que directeur de l'institut, Matthieu Guilbert espère encourager la jeunesse à s'engager dans ce métier qui le passionne. « On doit bien les former, et à la fin il faut qu'ils croient à leur métier. C'est important car ils auront des conditions de travail difficiles, ils seront mal payés. Il faut qu'ils soient convaincus de l'importance de leur mission », m'explique-t-il lorsque nous nous rencontrons, au printemps 2024. Que le groupe appartienne à un groupe privé, que la formation soit à distance, en alternance… A priori, pas de souci selon lui : « On faisait de la pédagogie, on travaillait avec la région et l'ARS. Moi j'étais OK avec ce système, ça m'allait très bien. J'étais content de nous. »

Matthieu Guilbert parle au passé car la lune de miel n'a pas duré. Quelques semaines à peine après sa prise de poste, ses conditions de travail se sont détériorées. Car l'école n'est pas rentable. En 2022-2023, selon un document budgétaire que l'on m'a transmis, les comptes de l'IFAS affichent un résultat net de – 155 967 euros, 93 500 euros de chiffre d'affaires et un Ebitda négatif : – 167 %. L'école de Châlons, tout juste inaugurée, peine elle aussi à remplir ses objectifs. Du coup, la multinationale missionne un cadre du siège à la rescousse, en octobre 2022. Son nom : Philippe Jacquier. Son rôle : « Responsable de l'intégration des nouvelles écoles dans le groupe, et du pilotage de sujets à forts enjeux du plan de transformation dans un contexte de croissance accélérée », détaille-t-il lui-même sur son compte LinkedIn. À lui d'accélérer la cadence, d'augmenter la rentabilité d'Eva Santé. Sur les projections budgétaires 2023-2024 que je me suis procurées, le groupe espère atteindre les 60 étudiants dans le Grand Est, soit un doublement des effectifs, pour un chiffre d'affaires espéré à 514 250 euros et un Ebitda à 4 %.

Le Cube, toujours le Cube...

Lorsque Philippe Jacquier arrive aux commandes, Matthieu Guilbert vient de débuter sa mission de directeur à Metz. Le voilà dans l'œil du cyclone : « On m'a dit que l'institut devait se développer pour devenir une école à part entière, avec un objectif de croissance sur cinq ans et une rentabilité dès l'année suivante, se souvient-il. C'était absolument impossible à faire, inatteignable. Et ces valeurs ne sont pas les miennes », me confie-t-il.

Le directeur n'a pas d'autres choix que d'opérer les mêmes coupes budgétaires que partout ailleurs chez Galileo : diminuer les coûts pédagogiques, limiter les recrutements d'intervenants. Du côté de Châlons, la situation est encore pire : en très grande difficulté financière, l'école se déleste d'une partie de ses locaux. Les équipes pédagogiques sont contraintes de partager des bureaux exigus, tandis que les élèves doivent désormais suivre leurs cours dans une ancienne salle de réunion, mal éclairée. Les écoles sont aussi en sous-effectifs de formateurs. Ce faible taux d'encadrement engendre, selon Matthieu Guilbert, une baisse drastique de la qualité de l'enseignement et a fortiori une diminution du niveau des futurs soignants.

Pour augmenter sa rentabilité, Eva Santé surfe sur ses deux atouts : le *e-learning* pour diminuer les coûts pédagogiques et l'apprentissage pour bénéficier des financements publics sur les contrats. « Il faut sans cesse gonfler les effectifs. On me demandait d'aller chercher des "prospects" pour en faire des apprentis, car chaque apprenant revient à environ 15 000 euros sur dix-huit mois, c'est le budget fixé par l'école via l'Opco », me détaille Matthieu Guilbert. C'est la même ritournelle, dans tous les pôles : le recrutement, les effectifs, mettre le Cube au vert… Lui aussi me décrit l'angoisse qui l'envahit chaque mercredi en début d'après-midi, avant son codir hebdomadaire avec les membres du pôle Santé. Lui aussi se sent submergé par les chiffres, l'organisation de journées portes ouvertes et de *job-datings* toute l'année, par les consignes marketing et publicitaires dictées par le siège. « L'unique priorité, c'est de faire du chiffre, d'augmenter constamment le CA, ils ne parlent que de ça et ne pensent qu'à ça », me dit-il.

La centrale d'appels de Soissons leur transmet les contacts de candidats, mais cela ne suffit pas. Pour atteindre ses objectifs de recrutement d'étudiants, la direction d'Eva Santé Grand Est a aussi mis en œuvre des procédures d'admissions collectives. Les futurs candidats sont réunis en visioconférence, face aux chargés d'admission. Plus aucune question personnelle, plus aucun suivi individuel. Selon une source, la consigne est claire : il faut admettre tout le monde.

Lorsque Matthieu Guilbert réussit enfin à recruter des étudiants, un nouveau problème se pose : il peine à leur trouver des établissements de santé où les faire exercer : « C'est compliqué car l'apprentissage est récent dans le domaine, donc les employeurs n'ont pas encore tous passé le cap, explique-t-il. Ça fait quand même une cinquantaine d'étudiants à placer dans les Ehpad et maisons de santé de la région, et ce, tous les dix-huit mois. C'est beaucoup trop, il n'y a pas assez de postes. » Un partenariat est lancé avec Adecco Médical, une société spécialisée dans le recrutement dans le domaine médical, paramédical et pharmaceutique. « On pensait que ça nous permettrait de compléter les effectifs, mais, en fait, ils font du rabattage. Moi, je voulais embaucher des jeunes avec des valeurs, mais eux s'en fichent, y a que le chiffre qui compte. C'est un problème, car on a ensuite des jeunes qui s'en fichent un peu de ce qu'ils font, ou qui ne resteront pas dans la profession », estime Matthieu Guilbert.

Toujours selon lui, ce partenariat avec Adecco Médical pose un sérieux problème vis-à-vis des apprentis : « Adecco s'occupe de tout l'administratif auprès de l'entreprise qui recrute et nous, école, on n'a plus de contact avec l'employeur, ce qui nous empêche de faire un bon suivi des apprentis quand ils sont sur le terrain. Au final, les apprenants seront mis à disposition des entreprises comme du bétail et nous, on ne peut pas faire grand-chose en cas de problème. »

Une relation durable voit pourtant le jour entre Adecco Médical et Galileo Global Education. En juin 2022, le directeur général du groupe Adecco, Alain Dehaze, quitte son poste après douze ans de service. Un an plus tard, il intègre le conseil d'administration de Téthys Invest, le fonds d'investissement de la famille Bettencourt, actionnaire de Galileo Global Education. Alain Dehaze devient membre du conseil de surveillance du comité stratégique et du comité d'audit de Galileo.

Pendant ce temps, à Metz, Matthieu Guilbert s'inquiète. Le mois de janvier approche et les stages vont débuter. Les élèves s'apprêtent à rejoindre les services des maisons de santé et des Ehpad de la région. Or, il en est persuadé : les étudiants ne sont pas suffisamment formés.

Un cas, en particulier, l'interpelle.

Chapitre 7

« Les personnes âgées ne méritent pas ça »

Adrien* a toujours voulu travailler dans le secteur médical. En septembre 2021, alors qu'il regarde le journal télévisé de France 3, un reportage attire son attention. Il y est question d'Eva Santé, cette école proposant un apprentissage pour devenir aide-soignant. Ni une ni deux, il écrit à sa compagne, enjoué. Ça y est, il a trouvé sa voie !

Quelques jours plus tard, Adrien* prend contact avec l'établissement, échange avec une personne des admissions, et hop, l'affaire est pliée, le voilà inscrit chez Eva Santé. Sa rentrée est prévue pour janvier 2022. Il a hâte de commencer les cours, hâte de suivre son premier stage en Ehpad. « J'avais repéré un Ehpad à côté de chez moi, ils avaient besoin de monde. Ils ont accepté de me prendre en stage à condition que je commence en décembre… donc avant le début de mes cours », me raconte-t-il. L'école est d'accord. Adrien* a bien conscience qu'il n'est pas suffisamment préparé, mais il accepte de débuter son stage sans formation. « J'ai été lâché… comme un oiseau qu'on jette du nid », dit-il avec le recul.

Dans cet Ehpad appartenant à un groupe privé, Adrien* est chargé de veiller au confort et à la sécurité des résidents : « Qu'ils soient propres, coiffés, rasés, les ongles faits, parfumés. Qu'on leur mette des protections et qu'on les change... » Il doit aussi les hydrater, les nourrir, changer les draps, vérifier qu'ils n'aient pas de rougeurs ou le moindre problème de santé. « On est les premiers yeux des infirmiers et des médecins », résume-t-il. Adrien* a des difficultés à manipuler les résidents. Il ne l'a jamais fait, n'est pas suffisamment entraîné. Certes, les premiers jours, ses collègues lui ont montré comment faire les transferts des lits aux fauteuils, ou la toilette des patients, mais bien trop rapidement, regrette-t-il. Il a peur de se faire mal au dos, mais surtout de blesser les résidents. D'autant plus que les cadences imposées sont difficiles à suivre. « Je me suis retrouvé à gérer mon secteur tout seul. Une quinzaine de chambres à finir avant midi, avec un timing d'environ quinze minutes par chambre, c'est très rapide quand on n'est pas formé », se souvient-il. Au début, le jeune homme tente de ne pas brusquer les personnes âgées mais, il le reconnaît, la pression l'a poussé à manquer de bienveillance. Tous les jours, Adrien* s'interroge. « Je suis sûr que j'ai fait des erreurs, que je n'ai pas respecté une règle d'hygiène, de sécurité ou d'ergonomie », se dit-il.

Il s'en veut. L'anxiété le gagne. « Je me mets une pression démentielle, je me dis que je dois finir mes secteurs, car sinon qu'est-ce qu'ils vont penser, faire de moi ? » Adrien* enchaîne plusieurs périodes de stages au sein de cet établissement. Après un an et demi de formation, l'apprenti aide-soignant est épuisé, physiquement et psychologiquement.

Il me l'assure : il est loin d'être un cas isolé. « J'en ai discuté avec des camarades de promo, et presque tout le monde a vécu la même chose : être seul pour gérer des secteurs, le manque d'accompagnement des tuteurs, le manque de suivi de l'école… »

Certains Ehpad privés profiteraient-ils de la manne de l'apprentissage pour recruter des salariés à moindre coût, sans prendre le temps de les former ? D'après Adrien*, cela ne fait aucun doute. Matthieu Guilbert partage ce point de vue : « Les Ehpad touchent des aides de l'État, donc au lieu d'embaucher un intérimaire dans le service, ils vont prendre un apprenti qui va faire un job à la place d'une personne diplômée. Donc on a des personnes non diplômées, apprenties, qui se retrouvent à gérer seules des services dans les Ehpad. » Depuis sa vigie de directeur, Matthieu Guilbert mesure les conséquences de ces pratiques sur la santé des apprentis : « Certains se retrouvent à faire de la manutention seuls, ce qui peut générer de graves risques de troubles musculosquelettiques. Ils risquent beaucoup en portant des résidents sans savoir bien le faire. Et ça implique aussi des soucis pour les résidents. On a eu plusieurs cas de chutes. » S'il le pouvait, me raconte-t-il, il romprait les contrats de ces apprentis. Sa priorité, me dit-il, consiste à protéger la bonne entente entre Eva Santé et les entreprises partenaires : « On ferme les yeux, pour protéger les relations avec les employeurs, garder "les places employeurs". Le groupe compte bien continuer à développer sa marque dans la santé. Les partenariats comptent beaucoup pour le groupe. » Matthieu Guilbert dit avoir récupéré des jeunes en lambeaux, marqués durablement par ces expériences désastreuses.

« J'ai eu des pensées très sombres »

La nuit, Adrien* fait des cauchemars macabres. Un an et demi que l'élève aide-soignant d'Eva Santé enchaîne les stages dans l'établissement. Le jour, il survit, la boule au ventre. À l'Ehpad, il s'isole, ne parle plus à personne. « Je fais mon travail en mode automatique, je n'entends plus ce que me disent les résidents », se remémore-t-il. Le soir, en sortant du travail, il pleure. Il aimerait que la direction de l'école lui vienne en aide. Début 2023, Matthieu Guilbert le reçoit dans son bureau et l'exhorte à prendre rendez-vous chez un médecin. Adrien* s'exécute et obtient un arrêt maladie. Puis, Matthieu Guilbert et ses équipes lui dégotent un nouveau lieu de stage pour terminer sa formation. Adrien* y rencontre une équipe attentive et bienveillante, et retrouve peu à peu confiance en lui. « J'étais enfin entouré, comme un vrai apprenti ! » me confie-t-il. Adrien* a frôlé le pire. « Sans le directeur et le responsable pédagogique de l'école, je pense que l'histoire se serait terminée autrement, de façon plus dramatique... »

Plus de deux ans sont passés depuis que le jeune homme a achevé sa formation chez Eva Santé. Mais il est toujours suivi par une psychologue et sous antidépresseurs. Selon Matthieu Guilbert, la grande majorité des étudiants qu'il a croisés dans l'organisme de formation auraient vécu de mauvaises expériences en entreprise, mais beaucoup tardent trop avant de demander de l'aide. « Ce sont des jeunes vulnérables, souvent des femmes, en recherche d'indépendance financière, assure-t-il, des personnes qui veulent se former rapidement pour trouver un emploi, qui habitent dans des zones isolées du territoire, parfois sans permis de conduire », et qui acceptent ce qu'Eva Santé ou Adecco Médical leur proposent, sans sourciller. « Les conséquences sont très graves. Les apprenants sont mal formés, isolés et auront du mal à évoluer dans leur carrière. Comme ils n'ont pas le choix, ils acceptent des conditions de travail médiocres. Soit ils sont écœurés et abandonnent, soit ils intériorisent cette violence et la reproduisent. Dans tous les cas, c'est délétère », conclut Matthieu Guilbert.

À l'approche de l'été 2023, le directeur est exténué par la charge de travail qui lui incombe, accablé par ses objectifs de rentabilité, ulcéré par les conditions de travail des apprentis. Il ne s'en rend pas compte mais il est lui aussi en train de sombrer. Sa femme, d'ailleurs, est inquiète. Le soir et le week-end, le manager est enfermé dans son bureau, face à son ordinateur, à terminer des tâches qu'il juge urgentes. Même en vacances, il décroche son téléphone, n'a plus une seconde de répit. Il est anxieux, dort mal, devient irritable, développe des troubles de l'attention. « J'ai eu des pensées très sombres », se souvient Matthieu Guilbert. Il me raconte, ému, la période obscure qu'il a traversée. Jusqu'à penser mettre fin à ses jours.

« Ma famille m'a sauvé », dit-il. Sa compagne l'encourage à voir un médecin. Il accepte finalement un arrêt de travail, en août 2023. Le 30 août, il est convoqué à un entretien préalable à un licenciement. Le 25 septembre 2023, il est licencié pour « insuffisance professionnelle ». En mars 2024, son épisode dépressif majeur est reconnu comme maladie professionnelle par le comité régional de reconnaissance des maladies professionnelles (CRRMP). Peu après, nous nous retrouvons tous les deux dans un café, à Metz. Il me montre cette notification, qu'il a tant attendue, constituant selon lui une nouvelle preuve de la toxicité de la machine : « Je suis la seconde personne ayant travaillé chez Eva Santé à obtenir cette reconnaissance… sur deux demandes ! C'est énorme. Et c'est un comble pour une école dédiée aux soignants et à la santé. »

Matthieu a lancé une procédure auprès des prud'hommes, il demande la nullité de son licenciement et espère ainsi retrouver son intégrité professionnelle. Depuis, il a repris une activité d'infirmier libéral. Il va mieux mais son inquiétude ne le quitte pas totalement : que vont devenir ces étudiants soignants et leurs futurs patients ? Il s'emporte : « Ces jeunes n'ont pas le temps d'être formés aux valeurs du soin et se retrouvent être des pions d'un système lucratif. Ils finissent travailleurs précaires, isolés et fatigués. Il y aura des maltraitances, des violences, des incompétences et des mises en danger pour les patients. »

En février 2024, l'école de Châlons ferme définitivement ses portes. Les apprentis aides-soignants sont invités à rejoindre l'établissement du Grand Est. Les salariés de l'établissement sont peu à peu écartés, ou partent d'eux-mêmes, au bout du rouleau.

Et Marc-François Mignot Mahon se prend à rêver. On lui avait assuré qu'il ne pourrait pas monter Eva Santé, et pourtant, il l'a fait. Pourquoi ne pas aller plus loin…

Cela fait plusieurs années que le groupe fait l'acquisition d'écoles de santé partout dans le monde. Il y a eu le rachat de l'Ipeth, une école de physiothérapie et réhabilitation mexicaine, ou de l'University of Medical Sciences (Ucimed) du Costa Rica, spécialisée dans la nutrition. Mais son vrai coup de poker, Galileo l'a réalisé en 2017, en rachetant la European

University Cyprus. Cette école est une institution chypriote dans le domaine de la santé, proposant des dizaines de cursus, allant d'accompagnant psychiatrique à infirmier, en passant par dentiste, biologiste... Son plus grand atout est sans conteste son école de médecine, officiellement agréée. La première de Galileo Global Education. Et pas la dernière, l'espère Marc-François Mignot Mahon.

Le patron en a brièvement parlé, lors de son discours face aux collaborateurs au Musée des arts forains, en juin 2023. Au cours de cette allocution dont j'ai donc obtenu l'enregistrement, Marc-François Mignot Mahon propose aux salariés un petit exercice de projection : un bond dans le temps, en 2028. Le patron mime une scène durant laquelle il reçoit un appel de son vice-président, Martin Hirsch – Marc-François Mignot Mahon ne peut pas imaginer qu'un an plus tard l'énarque quittera ses fonctions pour retrouver son siège au Conseil d'État. Le président du groupe fait mine d'y répondre et se lance dans ce curieux monologue :

« Martin Hirsch ? Oui, Martin ? J'ai du monde, là ! T'as cent réfugiés russes ? OK, ça nous change parce que normalement c'est ukrainien... Je rigole, c'est pareil évidemment. Pourquoi tu ne les mets pas dans la Fondation Galileo ? On n'a plus de budget cette année ? Mais on est au mois de janvier, non ? Je ne sais pas, mets-les dans ta grande fac de médecine, y a encore de la place ! Ils sont robustes, je sais mais bon, ils vivent ensemble, non ? [...] Je te laisse. J'ai un double appel. » En guise de conclusion à son discours, le dirigeant, confiant face à ses salariés, fait même sa profession de foi : « Tout ce que je viens de vous raconter, ce n'est pas de l'imagination, pas de la science-fiction, on va le faire. Et on va le faire ensemble. »

Mais il faut chercher, constamment, de nouveaux eldorados… Et pourquoi pas l'Afrique ?

Chapitre 8

L'AFRIQUE, DERNIER TERRAIN DE JEU

Des mois déjà que je piste les installations de Galileo Global Education à l'étranger, que j'en analyse les stratégies commerciales, les objectifs… et les intérêts pour le Cube, bien sûr.

En Norvège, Galileo a fait l'acquisition du Noroff University College, spécialisé dans les jeux multimédias interactifs, l'animation multimédia et l'informatique appliquée.

En Allemagne, le groupe est propriétaire de la Macromédia Academy, l'une des plus grandes universités allemandes privées, présente à Munich, Stuttgart, Berlin, Cologne, Fribourg et Hambourg.

En Italie, il a racheté deux écoles de design, la NABA et la Domus Academy Milano, ainsi que l'Istituto Marangoni, une école de mode.

Galileo possède aussi la European University Cyprus, à Chypre donc, ou encore l'université IEU, un réseau d'enseignement supérieur privé du Mexique, qui compte des succursales dans seize villes du pays et une plateforme d'enseignement en ligne. Le groupe a ouvert une dizaine d'autres antennes en Belgique, en Inde, en Chine ou aux

États-Unis. Au total, en 2024, la holding est présente dans dix-huit pays du monde.

L'éducation est un marché mondial, et Galileo a décidé d'en devenir le leader.

« On est la meilleure école de management du Sénégal »

31 mai 2024. J'ai atterri à Dakar il y a trois jours. Le Sénégal est mon dernier terrain d'enquête.

Cet après-midi, Abdou Diouf a accepté de me rencontrer, et j'en suis presque surprise. Il est directeur général de l'Institut supérieur de management de Dakar (ISM). Son école est l'une des plus prestigieuses du pays. Elle est aussi la propriété de Galileo Global Education.

Un salarié de l'établissement m'a transmis le numéro du directeur, tôt ce matin. Je l'ai appelé depuis ma chambre d'hôtel. Il a décroché et n'a pas hésité une seconde avant d'accepter ma demande. Il m'a donné rendez-vous à l'ISM. Trente minutes de marche séparent mon hôtel du Point E, le quartier prisé de la ville où l'école se trouve. Pour m'y rendre, je dois arpenter la longue allée Seydou-Nourou-Tall, me frayer un chemin entre les dizaines de taxis jaunes qui défilent à vive allure et les Ndiaga Ndiaye, ces Mercedes 508 transformées en transports collectifs, arrêtées çà et là en bord de route. Sans compter les travaux de voirie, innombrables dans la capitale, qui ne cesse de retaper, reconstruire, rénover sa chaussée. J'approche du quartier étudiant et je croise de plus en plus de jeunes, cartable sur le dos ou mallette d'ordinateur à la main. Au Sénégal, la moitié de la population a moins de 19 ans.

Jamais il n'y a eu autant d'étudiants. Le marché de l'enseignement supérieur, lui, implose.

J'arrive rue 1, où se trouve l'ISM. Le bâtiment, peint en orange, détonne au cœur des murs de béton gris de la ville. Un gardien m'accueille et m'invite à me diriger vers le centre administratif, de l'autre côté de la rue. C'est là-bas que m'attend Abdou Diouf. Il me reçoit dans son bureau en souriant et semble avoir hâte de me conter l'histoire de cette école dont il est si fier. « On est la meilleure école de management du Sénégal. Trente ans déjà qu'on existe ! s'exclame-t-il avant de débuter son récit. L'école a été créée en face, dans le jardin d'Amadou Diaw, le fondateur », me dit-il en pointant du doigt le parc, que j'aperçois depuis la fenêtre du bureau. Depuis sa création en 1992, l'école a formé et diplômé plus de 20 000 étudiants dans les domaines du management, du commerce ou du droit des affaires. Elle a aussi réussi à se développer sur l'ensemble du territoire à travers quatorze sites, accueillant près de 5 000 étudiants sénégalais et étrangers, jusqu'à plus de trente nationalités différentes. L'ISM est chaque année dans le haut du classement des meilleures écoles du pays. Sa réputation est excellente. Une fierté nationale.

Abdou Diouf poursuit : « En 2017, le président de l'ISM s'inquiétait de la manière dont il allait pérenniser son business. Il a eu peur de la chute et donc il a décidé de trouver un partenaire stratégique. » C'est le début d'une nouvelle ère. L'établissement ouvre son capital à une multinationale de l'éducation, française et encore inconnue en Afrique de l'Ouest : Galileo Global Education. La holding fait l'acquisition de 65 % du capital du groupe ISM, comprenant l'école principale à Dakar, mais aussi ses nombreuses antennes nationales.

Pour l'ISM, c'est une belle affaire : l'école espère bénéficier d'un appui financier solide pour assurer sa croissance, favoriser son rayonnement international et ainsi entrer dans le marché mondial de l'enseignement supérieur privé.

Du côté de Galileo, à en croire les prises de parole de Marc-François Mignot Mahon, cette acquisition est avant tout un beau récit, social et éducatif. Une histoire de partenariat, de collaboration, un « projet panafricain », selon ses mots, prononcés dans les colonnes du *Monde* le 20 mars 2017. Au mensuel *Jeune Afrique*, quelques semaines plus tôt, le dirigeant expliquait que l'implantation du groupe en Afrique de l'Ouest ne constituait pas « un geste politique » mais « du business entre pairs ». Il précisait ceci : « Je crois que tout le monde a compris que l'Afrique est à la fois le berceau de l'humanité et une des clés de son futur [...]. Nous ne sommes pas des financiers, mais des industriels, nous investissons sur le long terme. » Son objectif ? Développer de nouvelles filières en partenariat avec les établissements français de Galileo.

Le groupe ne perd pas de temps. Dès la rentrée 2017, l'ISM Digital Campus ouvre ses portes en collaboration avec l'école française éponyme. Arrivent ensuite d'autres programmes, avec les écoles ESG, IESA arts&culture, Elije, MBA ESG et même l'école en ligne Studi. L'ISM entre dans une nouvelle phase de croissance, et Galileo récolte les fruits de son succès. Nouvel établissement, nouveaux réseaux, nouvel ancrage territorial.

« Je suis partie dans le privé car, à l'université, les conditions ne sont pas là »

La multinationale n'a pas débarqué par hasard au Sénégal. Ce pays a de multiples atouts. Il est politiquement stable, francophone... À Dakar, l'ancienne capitale de l'Afrique Occidentale française (AOF), les élites sénégalaises sont toujours connectées à celles de l'Hexagone.

Et puis il y a la démographie, particulièrement dynamique dans la région. Dans une note de 2019, Campus France prévoit qu'en Afrique subsaharienne, d'ici 2030, 173 millions de jeunes seront en âge d'étudier. Le nombre d'étudiants devrait doubler entre 2017 et 2030, atteignant les 20 millions de personnes. À cette explosion démographique s'ajoute un taux d'alphabétisation exponentiel, boosté par les programmes de financement éducatif de la Banque mondiale ces quarante dernières années, ainsi que par la montée en puissance d'une classe moyenne suffisamment solvable pour financer les études supérieures de ses enfants, et cela dans toute la sous-région d'Afrique de l'Ouest.

Pour ces millions de jeunes, l'université publique constitue une voie royale. L'université Cheikh-Anta-Diop de Dakar (UCAD), fondée en 1957, est la plus ancienne faculté d'Afrique de l'Ouest et accueille plus de 90 000 étudiants chaque année. Or sa réputation, historiquement solide, s'étiole depuis plusieurs années.

Je décide de m'y rendre. L'accès principal se trouve au sud du Point E, le long de la corniche, face à l'océan Atlantique. Difficile de manquer les deux sculptures d'antilopes chevalines de l'entrée. Elles entourent une inscription en lettres dorées : « Cheikh Anta Diop de Dakar », suivie de la devise de l'université, *Lux Mea Lex* (« La lumière est ma loi »). Mon taxi tourne sur le rond-point, dépasse le grand panneau et se dirige vers la guérite de sécurité de la faculté. L'université s'étend sur 72 hectares de bâtiments, de parcs et de routes. Une ville dans la ville, ultra-sécurisée.

Je trouve facilement le département d'anglais. Sur les murs en béton, à la fois jaunis par le temps et noirs de saleté, quelques slogans politiques ont été tagués. Sur le sol, les petits carreaux de carrelage rouge et blanc sont recouverts de sable et de terre. Des dizaines d'étudiants attendent, à l'ombre, l'ouverture des portes de leur amphi. Yankhoba Seydi, lui, me reçoit dans son bureau, à l'arrière du bâtiment. Il est enseignant-chercheur en civilisation britannique et membre coordonnateur du Syndicat autonome de l'enseignement supérieur de Dakar (SAES). Comme beaucoup de chercheurs, cela fait des années qu'il appelle les pouvoirs publics à sauver son université, menacée de faillite. « Il y a énormément de jeunes qui veulent s'inscrire, mais les facs n'ont pas la capacité de les accueillir », m'explique-t-il. Les universités subissent de plein fouet l'explosion démographique du pays, sans avoir les dotations suffisantes pour en absorber le flux. « Les amphis sont surchargés, les locaux vétustes, on n'a pas assez de professeurs... Ça ne donne pas envie d'étudier ici », admet-il.

L'université a été le théâtre de nombreuses grèves, entraînant sa fermeture pendant plusieurs semaines, mois, voire des années complètes. « Avec les perturbations, m'explique Yankhoba Seydi, on a énormément de retard sur les calendriers universitaires. Une licence en trois ans peut se faire en quatre ou cinq ans si les grèves durent longtemps. Tout ça décourage les étudiants et les professeurs, qui partent pour beaucoup dans le privé. »

L'État sénégalais aurait pu décider de mieux financer les universités. Mais les dettes sont telles, les chantiers pour la construction de nouveaux locaux si ambitieux, que Macky Sall, président de la République de 2012 à 2024, a fait un tout autre choix, en favorisant plutôt le maillage territorial des établissements supérieurs privés pour qu'à terme, 40 % des étudiants de l'ensemble du pays y soient scolarisés. Pour l'État, le soutien à l'enseignement supérieur privé présente de multiples intérêts : faire des économies substantielles, connecter les étudiants au monde de l'entreprise, attirer des multinationales privées de l'éducation, et finalement faire de Dakar un hub éducatif et économique majeur d'Afrique de l'Ouest.

Alors que l'université publique peine à redorer sa réputation, le privé, lui, se développe. Les étudiants s'y dirigent dorénavant massivement.

Après avoir obtenu son baccalauréat spécialisé en économie gestion en 2019, Dimé décide de poursuivre ses études à l'université. L'étudiante a accepté de me raconter son parcours. « Là-bas, j'ai été confrontée à des perturbations, des grèves, avec des semaines et des semaines sans cours », se souvient-elle. Après six mois de galère, elle abandonne les bancs de la fac et rentre chez elle, à Saint-Louis, au nord du pays. Sa décision est prise : elle va tenter sa chance auprès de l'antenne locale de l'ISM, l'école de Galileo Global Education. Adji, une autre étudiante, a aussi fait le choix de l'ISM. Elle me raconte : « Après le bac, je suis partie dans le privé car à l'université les conditions ne sont pas là. Quand la situation politique dégénère, les facs publiques ferment, alors que les étudiants dans le privé n'ont pas de fermeture et peuvent avancer dans leur année. »

À Dakar, en réponse au boom démographique et à la crise de l'université publique, le marché du privé a bondi. Des centaines d'écoles ont ouvert leurs portes, notamment de grandes écoles internationales, libanaises, marocaines ou françaises, comme BEM Management School, Kedge Dakar ou Montpellier Business School Dakar. Pas un jour ne passe sans que j'aperçoive le nom de ces établissements sur des panneaux publicitaires, le long des axes routiers de la capitale. À Dakar, les groupes d'enseignement privés autrefois décriés font désormais figure de sauveurs : ils constituent la porte d'entrée principale pour accéder à l'enseignement supérieur…

Mais aussi une porte de sortie, pour espérer quitter le pays.

Chapitre 9

Le business des visas

Le 4 juillet 2024, les corps de 89 personnes sont retrouvés dans un bateau de pêche, au large des côtes mauritaniennes. L'embarcation traditionnelle était partie quelques jours plus tôt du littoral atlantique frontalier, entre la Gambie et le Sénégal. À bord, ces hommes et ces femmes espéraient gagner l'Europe. Après le drame, Ousmane Sonko, Premier ministre sénégalais, décide de prendre la parole, solennellement, depuis l'université Gaston-Berger, à Saint-Louis : « Je lance encore un appel à la jeunesse : votre solution ne se trouve pas dans les pirogues. »

Au Sénégal, le taux de chômage des juniors explose. Plus de trois jeunes Sénégalais sur dix sont sans emploi. Beaucoup aimeraient quitter le pays et rejoindre la France, où ils sont nombreux à avoir des proches. Le visa étudiant a longtemps permis cela mais, depuis plusieurs années, il est de plus en plus difficile à obtenir. La jeunesse se sent coincée, privée de mobilité.

Comme souvent, tout a débuté par une réforme. C'était en 2010. À l'époque, Campus France, l'agence nationale pour la promotion de l'enseignement supérieur français à l'étranger, voit le jour. Elle a pour but de favoriser l'accueil d'étudiants et de professeurs étrangers, notamment via l'aide à la délivrance de visas, et ce à partir d'une série de critères. Dès son lancement, Campus France est décriée pour ses lenteurs administratives, sa complexité, puis pour le durcissement de son cahier des charges. En 2018, c'est au tour du label « Bienvenue en France » de venir alourdir les conditions d'obtention des visas étudiants. Projet du gouvernement d'Édouard Philippe, ce label fait partie d'une stratégie globale de renforcement de l'attractivité du territoire français auprès des jeunes à l'étranger. Paradoxe : le but est de doubler le nombre d'étudiants internationaux sur le territoire français... en augmentant leurs frais d'inscription. Ainsi, les nouveaux tarifs s'élèvent à plus de 2 700 euros en licence et 3 370 euros pour un master, contre respectivement 170 euros et 243 euros pour les étudiants européens. Les syndicats montent au créneau et dénoncent une sélection par l'argent. L'augmentation des droits d'inscription couplée aux lenteurs administratives et aux nombreux refus de visas découragent en tout cas les étudiants sénégalais de la classe moyenne de partir. « Il est clair et évident qu'un étudiant sénégalais lambda peut difficilement, voire pas du tout, venir en France. “Bienvenue en France” est une politique de sélection réelle par l'argent », m'explique Jean-Alain Goudiaby, sociologue de l'éducation sénégalais.

Le durcissement des conditions d'obtention des visas étudiants constitue en tout cas une aubaine pour le marché de l'enseignement supérieur privé français au Sénégal. « Le message est très clair : on préfère que la formation vienne au Sénégal plutôt que le Sénégal ne vienne à la formation », ajoute le chercheur. Je décide d'évoquer le sujet avec Abdou Diouf, le directeur de l'ISM. Il ne contredit pas entièrement ce propos : « On offre ici les programmes des écoles françaises, donc ça permet de garder les étudiants ici, à Dakar. Les étudiants ne veulent pas s'embêter avec les visas, donc ils restent et c'est bien. » Bloqués au Sénégal, les étudiants voient en effet dans les formations françaises à Dakar une opportunité moins coûteuse et plus rapide d'obtenir malgré tout une certification RNCP estampillée bleu-blanc-rouge, tout en gardant l'espoir de pouvoir un jour partir en France. Une fois inscrits dans une école Galileo, peut-être auront-ils plus de chances de bénéficier d'un visa...

Le 6 février 2023, les directeurs du pôle Business de Galileo, réunis en codir, abordent le développement international des écoles de la holding.

J'écoute attentivement l'enregistrement. Les managers détaillent leurs ambitions : développer l'image de marque du groupe en Afrique francophone ; créer des formations et implanter les marques françaises sur place en utilisant les locaux et la logistique de l'ISM afin de limiter les coûts ; développer des formations identiques à celles délivrées en France, en proposant des certifications RNCP... L'enjeu consiste à s'exporter tout en protégeant le business hexagonal. La stratégie consiste donc à ne proposer aux écoles étrangères qu'une petite partie du panel de formations disponibles dans le catalogue Galileo, dans le but de créer un appel d'air entre l'étranger et la France et d'inciter les étudiants à poursuivre leurs études dans les établissements hexagonaux, où les frais d'inscription sont plus élevés et donc plus intéressants pour engranger des bénéfices. En bref : ne faire venir qu'un nombre restreint d'élèves : les meilleurs payeurs. De nouveau, rien d'illégal ici, juste une gestion tournée vers le profit.

Un document de juin 2023 destiné à une consultation interne au groupe propose de mettre en œuvre une stratégie « offensive » de développement d'ici 2028 :

« Développer la dimension internationale :

– Ouverture de campus à l'étranger (Europe, USA, Moyen-Orient) sur les marques fortes ou singulières (Penninghen, IESA…).

– Renforcer l'internationalisation du recrutement en capitalisant sur l'attractivité de Paris. »

Première étape : s'implanter un peu partout dans le monde et se nourrir des effectifs étudiants étrangers, attirés par des formations aux couleurs de la France. Seconde étape : les faire venir en France via des circuits de mobilité interne. Le groupe vient répondre à un fantasme de beaucoup d'étudiants étrangers, et à un idéal pour des milliers de jeunes d'Afrique de l'Ouest.

Pour les aider à obtenir leurs visas, Galileo leur donne même un coup de main. « La mobilité reste possible, car nous accompagnons les jeunes pour qu'ils fassent des échanges en France pour un semestre dans nos écoles partenaires, durant leur parcours. Ces visas-là sont plus faciles à obtenir », me détaille Abdou Diouf. Un service Relations internationales a vu le jour au sein de la maison mère. Les équipes y sont chargées d'assurer un service clé en main aux étudiants étrangers qui souhaiteraient s'inscrire dans l'une des écoles du groupe, en les aidant à obtenir des visas, à trouver un logement, à ouvrir un compte bancaire, une ligne téléphonique, à accéder aux soins, etc.

Le groupe propose même aux étudiants africains de passer un concours, depuis le Sénégal, la Côte d'Ivoire ou le Gabon, pour gagner leur place dans les écoles ESG françaises et de bénéficier d'un accompagnement dans leurs démarches administratives. En avril 2024, une centaine de jeunes Ivoiriens ont pu tenter leur chance lors de la quatrième édition du concours à Abidjan.

Plusieurs de mes interlocuteurs, en France et au Sénégal, fustigent la pratique. Ils s'inquiètent : le visa deviendrait un business à part entière, un nouvel argument commercial pour attirer ces jeunes en recherche de mobilité et leur faire payer les études au prix le plus fort. Les étudiants étrangers seraient quant à eux de simples variables d'ajustement, dédiées au verdissement du Cube.

« Le prix est élevé, certes… »

Abdou Diouf a enlevé ses lunettes et les fait tourner entre ses doigts. Il est à l'aise, le storytelling est maîtrisé. Il faut dire que dans le paysage des écoles privées sénégalaises l'ISM se démarque. Institution d'excellence, l'école attire les élites bourgeoises de toute la région, du Sénégal à la Côte d'Ivoire, en passant par le Mali, le Togo, jusqu'au Maroc. 35 % des inscrits à l'ISM sont originaires de l'étranger. Tous envisagent de briguer par la suite des postes à responsabilités, dans le monde des affaires, du droit ou de la politique. Pourtant, Abdou Diouf est formel : l'école n'est pas réservée aux élites africaines. « Le fondateur ne voulait pas que l'école soit une école de bourgeois, mais qu'elle soit aussi accessible à la classe moyenne, jure-t-il. Le prix est élevé, certes, mais il reste compétitif par rapport aux autres écoles. »

À Dakar, la plupart des écoles de management privées coûtent entre 1 et 3 millions de FCFA par an, donc 4 595 euros. L'année scolaire à l'ISM s'élève quant à elle à 1 350 000 FCFA, soit un peu plus de 2 000 euros. Or le salaire annuel moyen d'un salarié dans le pays est de 1 million FCFA, soit environ 1 700 euros. L'école est loin d'être si accessible que cela.

Le directeur souhaite me rassurer, il m'explique que l'école a mis au point un système de bourses d'excellence pour les étudiants précaires mais méritants : « Les étudiants qui ont de bonnes notes au bac peuvent entrer dans notre école avec une bourse d'étude pour leurs trois années de licence. Ça nous permet de drainer les meilleurs élèves de toute la sous-région, et d'offrir aux meilleurs élèves la possibilité de suivre des études chez nous », me détaille-t-il. Adji a bénéficié de cette bourse d'excellence pour intégrer l'école. Dimé également. Toutes les deux me racontent avec fierté comment cette aide leur a permis d'accéder à une formation de prestige malgré leurs difficultés financières.

Marc-François Mignot Magnon aussi en est fier. Dès 2017, il annonce vouloir participer au développement de la fondation ISM, pour octroyer davantage de bourses aux étudiants précaires en Afrique de l'Ouest.

« Dire que le privé permet une massification de l'éducation, c'est faux. Le groupe communique sur cela, mais sans dire que l'ISM est l'une des écoles les plus prestigieuses et chères du pays. Ça ressemble à du social-washing », estime Jean-Alain Goudiaby, le sociologue de l'éducation. À l'ISM, en réalité, seuls 10 % des effectifs de l'école sont boursiers...

En janvier 2023, Jean-Alain Goudiaby publie un article en collaboration avec le socioanthropologue Hamidou Dia sur ce que tous deux considèrent comme « le paradoxe de l'enseignement supérieur privé au Sénégal ». D'un côté, écrivent-ils, « l'enseignement privé vient compléter et diversifier l'offre d'enseignement supérieur, et permet d'améliorer l'accès des populations enclavées et des femmes ». De l'autre, « les conditions d'accès restent cependant très inégalitaires au regard des coûts de formation pratiqués, accentuant les inégalités sociales, économiques et culturelles de départ ». Ces conclusions sont partagées par de nombreux spécialistes de l'éducation au Sénégal, tels que la Coalition des organisations en synergie pour la défense de l'éducation publique (COSYDEP), regroupant plusieurs ONG internationales, syndicats et journalistes travaillant à la promotion d'une éducation gratuite et accessible à tous. Dans un rapport publié en 2022, l'organisation, concernant le Sénégal, constate « la carence d'une offre d'éducation inclusive et de qualité dans les établissements publics, au profit d'écoles privées très souvent coûteuses ».

Derrière le discours social, le privé favoriserait donc une forme de reproduction des élites intellectuelles et économiques. « Si Galileo souhaitait vraiment investir dans l'éducation au Sénégal, ils auraient dû le faire auprès d'écoles moins puissantes et moins riches que l'ISM, pour les aider à proposer de meilleures formations ! S'ils n'étaient pas venus dans le but de s'enrichir, ça aurait dû être ça, la démarche », me lance Socé Fall, représentant du Syndicat national de l'enseignement privé du Sénégal. Avant d'ajouter : « L'école forme des élites, mais pas le peuple. C'est inacceptable. »

L'ISM est une belle opportunité de faire croître la valeur financière et symbolique de la multinationale, à travers plusieurs leviers : via l'accueil d'un groupe d'étudiants boursiers, très bons académiquement, qui va faire monter le niveau et la réputation de l'école, doublé d'un groupe d'étudiants, de classe aisée et donc solvables. Ces recrutements permettent au groupe de se constituer un réseau d'anciens étudiants loyaux et puissants, bien installés dans les milieux politiques et financiers du pays. Galileo façonne ainsi son soft power et les conditions de son développement dans la région.

Le but ? Favoriser l'ouverture de nouvelles écoles... partout en Afrique.

« Nous allons continuer ailleurs, [...] partout sur le continent africain »

Grâce à ses anciens étudiants, Galileo part en effet à la conquête de l'ensemble du continent africain. Le groupe souhaite ouvrir de nouvelles antennes, principalement dans les pays francophones d'Afrique de l'Ouest et d'Afrique centrale, là où la demande en enseignement supérieur est forte. « Le groupe a pour projet de déployer notre marque. C'est une bonne idée ! Pour continuer notre mission, nous allons continuer ailleurs, avec des mobilités, partout sur le continent africain », me confirme Abdou Diouf.

Trois semaines après notre échange, le 21 juin 2024, le directeur et ses équipes prennent un vol en direction de Libreville, au Gabon. Ce week-end là, l'institution privée a décidé d'y organiser sa grande convention annuelle des alumni. C'est la première fois que l'école délocalise la cérémonie hors du Sénégal. Le choix du Gabon semblait évident : il s'agit du pays comptant le plus d'anciens élèves de l'ISM, après le Sénégal.

La convention accueille la crème de l'élite gabonaise, formée principalement dans le bâtiment orange de la rue 1 à Dakar. Ces diplômés sont pour beaucoup devenus des acteurs majeurs de la vie économique et politique de leur pays. Pour le groupe, c'est aussi une belle occasion de créer de nouveaux partenariats entre l'école sénégalaise et les décideurs du continent. D'étendre sa galaxie.

D'autant que l'ISM a un atout unique en son genre : depuis trente ans, le groupe d'Amadou Diaw s'est construit un empire à la fois dans l'enseignement supérieur… et dans l'éducation primaire et secondaire. L'ISM possède un réseau complet d'établissements d'élite sur l'ensemble du territoire sénégalais. Et désormais, 65 % de ces établissements appartiennent à Galileo Global Education. Avec l'ISM, la multinationale peut développer son premier circuit de scolarisation complet, de l'enfance au diplôme du supérieur.

Nous terminons notre entretien. Abdou Diouf me raccompagne à la porte de l'école, le sourire aux lèvres. Depuis que Galileo Global Education a racheté l'ISM, beaucoup de choses ont été modifiées. Le directeur en est satisfait. D'abord, comme dans toutes les écoles du groupe, les effectifs étudiants ont augmenté, année après année. « Ils ont boosté le nombre d'entrants, nous avons maintenant un meilleur suivi de nos recrues, on a structuré le business », me dit-il. Les méthodes de travail aussi ont évolué : « Galileo nous a apporté de nouveaux outils de gestion financière et de développement marketing, ou de recrutements », détaille-t-il.

Parmi les révolutions internes, le groupe aurait également doté l'école d'un centre d'appels, comme à Pérols, Lille ou Soissons. Une vingtaine de télécommerciaux ont été engagés pour recruter de nouveaux étudiants. L'ISM Dakar, comme toutes les écoles du groupe, est maintenant guidée par le siège. Par le Cube. « C'est un bon groupe. On aurait pu tomber sur un système qui transforme l'école en machine à sous. Mais ce n'est pas le cas avec Galileo », conclut Abdou Diouf.

Le directeur semble encore confiant. Jusqu'à quand ?

Chapitre 10

Le lobbying des « officines »

La guerre des écoles privées est déclarée. Le 11 octobre 2023, la commission de la culture, de l'éducation et de la communication du Sénat demande à auditionner les présidents des principales organisations d'établissements supérieurs privés sous contrat avec l'État. À l'ordre du jour : l'essor des établissements privés dans l'enseignement supérieur. « En un mot, nous souhaitons contribuer à dissiper le flou et la confusion qui règnent sur ce sujet et dont nos étudiants et leurs familles sont les premières victimes », annonce le centriste Laurent Lafon, sénateur du Val-de-Marne et président de la commission. Les représentants d'écoles acceptent l'invitation avec grand plaisir. Ils ont beaucoup à dire.

Ce jour-là, sont invités autour de la table de la commission du Sénat Philippe Choquet et Laurent Champaney. Le premier est président de la Fédération des établissements d'enseignement supérieur d'intérêt collectif (FESIC), un réseau regroupant vingt-huit grandes écoles non lucratives, reconnues par l'État sous le label Établissement d'enseignement supérieur privé d'intérêt général (EESPIG). Le second est président de la Conférence des grandes écoles (CGE), organisation de référence en France, créée en 1973 et réunissant 245 grandes écoles, toutes reconnues par l'État, telles que HEC Paris, Skema Business School, AgroParisTech ou encore l'École polytechnique.

Leurs écoles sont souvent associatives, et surtout non lucratives. Elles ont obtenu des labels, sont autorisées à recruter via Parcoursup, à délivrer des diplômes du ministère de l'Enseignement supérieur, à octroyer des bourses, à bénéficier de subventions… Elles ont construit leur réputation depuis des décennies, se sont parfois hissées au sommet des grands classements internationaux. Elles veulent donc à tout prix préserver leur légitimité auprès de l'opinion publique et leurs relations privilégiées avec les institutions. Hors de question que la mauvaise réputation du privé lucratif déteigne sur elles.

Laurent Champaney et Philippe Choquet s'agacent tous deux de l'apparition de ces acteurs, que le premier préfère nommer « officines » et dont le second rejette le « développement aujourd'hui anarchique », détenus par ce qu'ils nomment des « investisseurs gourmands », objectivés à la rentabilité. Face aux sénateurs, les deux représentants appellent l'État à réguler davantage ces établissements hors contrats, via la définition de critères de contrôle, une plus grande limitation de l'accès à Parcoursup, ou par la création d'un label. La commission prend note et reconnaît la nécessité de réguler ce système, en pleine mutation.

Mais il n'est pas aisé de contrer l'ambition de Marc-François Mignot Mahon. Au fil des ans, le patron de la multinationale a su nouer de très solides, et habiles, relations.

« Ces groupes savent recruter des gens qui ont des carnets d'adresses »

Le 15 septembre 2022, Martin Hirsch est nommé vice-président exécutif de Galileo Global Education. La nouvelle surprend. L'énarque, ancien membre du Conseil d'État, ex-haut-commissaire aux Solidarités actives contre la pauvreté, directeur général de l'AP-HP pendant neuf ans, proche des cabinets ministériels, quitte la vie publique pour aller pantoufler dans le privé. Désormais numéro 2 du groupe, le communiqué de presse de Galileo l'annonce : il aura de lourdes responsabilités, telles que contribuer à la création d'une fondation Galileo Global Education, « avec le but exclusif d'aider les jeunes qui en ont le plus besoin à accéder à une éducation permettant de transformer leur trajectoire », ou encore le développement des formations dans le domaine de la santé.

Martin Hirsch est rapidement envoyé au front. Il écume les plateaux de télévision et les radios pour rassurer sur les intentions du groupe, n'hésitant pas à rappeler ses engagements personnels, notamment au sein de l'Institut de l'engagement, structure associative qu'il a fondée en 2012 pour accompagner les jeunes vers des projets d'avenir citoyens. Martin Hirsch est un homme écouté par l'opinion publique et les sphères politiques. Il a du réseau, des connexions. L'atout parfait pour se faire une place auprès des institutions.

Le 4 avril 2023, Martin Hirsch se déplace à l'université Paris-Est Créteil, au nom de Galileo, pour parler orientation et présenter le programme Cap Réussite – le projet de partenariat entre l'université publique et l'école privée de droit Elije. Laurent Gamet, le doyen de l'université, le confesse sans problème : « Martin Hirsch est un conseiller d'État : c'est un facteur de confiance, et cela a pu compter pour réfléchir ensemble. » Mais dans les rangs des professeurs, la venue de l'ex-patron de l'AP-HP fait bondir. Les élus syndicaux s'interrogent : le groupe privé profiterait-il de la légitimité institutionnelle de Martin Hirsch pour tenter de s'immiscer dans les réseaux d'enseignement supérieur public ?

« Vous évoquez Martin Hirsch… Ces groupes savent recruter des gens qui ont des carnets d'adresses, pour faire du lobbying, c'est clair », m'indique Philippe Choquet, le président de la FESIC.

Marc-François Mignot Mahon fait grossir ses rangs, sait s'entourer. En 2022, d'autres hauts fonctionnaires sont recrutés. Le 23 novembre, la holding annonce l'arrivée de Guillaume Pépy au poste de président du conseil de surveillance de l'EM Lyon, prestigieuse école de management lyonnaise dont le groupe vient d'acquérir 40 % du capital. Guillaume Pépy est un énarque, comme Martin Hirsch, un ancien du Conseil d'État lui aussi. Il a surtout dirigé la SNCF onze années durant, avant de rejoindre le conseil d'administration du groupe d'Ehpad Orpéa (devenu Emeis). De l'éducation supérieure, Guillaume Pépy ne sait que peu de choses – si ce n'est ce qu'il a appris aux côtés de l'ancienne ministre du Travail, de l'Emploi et de la Formation professionnelle Martine Aubry, au début des années 1990, quand il était directeur de son cabinet. Il est en revanche rompu à l'exercice de la communication politique.

Quelques jours après cette nomination, le 28 novembre 2022, le groupe annonce une nouvelle « prise ». Cette fois, c'est au tour de Muriel Pénicaud d'en rejoindre le conseil d'administration. Elle a commencé sa carrière chez Dassault, puis chez Danone, avant d'être nommée ministre du Travail en 2017. Elle y restera trois ans, dans les gouvernements d'Édouard Philippe 1 et 2. C'est à cette époque, sous le premier quinquennat d'Emmanuel Macron, que la ministre met en œuvre la fameuse loi Avenir professionnel de 2018, celle qui fera de l'apprentissage et de la formation professionnelle la vache à lait de l'enseignement supérieur privé.

Il y en a d'autres encore. Comme Benoît Ribadeau-Dumas. Lui aussi rejoint le conseil d'administration de Galileo, début 2022. De mai 2017 à juillet 2020, il a été directeur de cabinet du Premier ministre, Édouard Philippe. À l'époque, Muriel Pénicaud occupait la rue de Grenelle. Martin Hirsch, lui, était au cœur du tourbillon Covid-19 à l'AP-HP, en relation directe avec le cabinet du Premier ministre.

Il y a aussi Jenny Mansour. De mars 2020 à mai 2020, elle a travaillé auprès de Martin Hirsch à la gestion de crise de l'AP-HP, en pleine explosion pandémique. À partir de juin 2020, jusqu'en février 2022, elle a officié au cabinet de la ministre des Solidarités et de la Santé du gouvernement d'Édouard Philippe. En avril 2023, elle rejoint les rangs de Galileo. Son poste ? Directrice du pôle Santé de la holding. Son rôle ? Développer les formations dans le domaine de la santé… aux côtés de Martin Hirsch.

Ces recrutements dans le cercle fermé des cabinets gouvernementaux n'échappent pas à la Haute Autorité pour la transparence de la vie publique (HATVP), qui a rendu plusieurs délibérations conduisant à un avis sur les risques de conflits d'intérêts entre les anciens hauts fonctionnaires et Galileo Global Education. L'organisme rappelle les obligations des nouveaux cadres dirigeants pour éviter tout risque de condamnation. S'agissant de Muriel Pénicaud, la HATVP explique ainsi qu'« il convient, afin de prévenir tout risque de mise en cause du fonctionnement indépendant et impartial de l'administration, d'encadrer les futures relations professionnelles de l'intéressée avec [...] les membres du gouvernement qui étaient en exercice en même temps qu'elle, les membres de son cabinet et les services sur lesquels elle avait autorité et dont elle disposait [...] ».

Je souhaitais m'entretenir de tout cela, bien évidemment, avec Muriel Pénicaud et Martin Hirsch. Aucun d'eux n'a donné suite à mes demandes d'interviews. Le collaborateur de Muriel Pénicaud me renvoie à sa dernière intervention médiatique sur le sujet. C'était en avril 2024, au micro de Tristan Waleckx, dans le cadre de l'émission *Complément d'enquête* sur France 2. L'ex-ministre y affirmait ceci : « Que j'aide l'apprentissage dans le secteur privé ou dans le secteur public, la question n'est pas là, du moment que moi je n'ai pas eu affaire à eux et que je n'ai pas eu de relations privilégiées avec eux. C'est un acteur parmi les trois mille cinq cents centres de formation d'apprentis. » Selon l'ancienne ministre, aucun conflit d'intérêts en vue, donc. « Ce n'est pas un mélange des genres », assure-t-elle ainsi.

Marc-François Mignot Mahon, en tout cas, a gagné son pari. Entouré d'anciens représentants de l'État, sa multinationale peut enfin prendre place à la grande table des négociations.

Il est grand temps, car Sylvie Retailleau, alors ministre de l'Enseignement supérieur, de la Recherche et de l'Innovation, a entendu les plaintes des grandes écoles. En septembre 2023, elle annonce qu'un « label qualité » sera mis en œuvre à la rentrée 2025, afin d'encourager les groupes à une plus grande transparence de l'offre de formations, notamment pour faire barrage aux pratiques parfois douteuses de l'enseignement supérieur privé. D'ici sa mise en œuvre, le gouvernement doit décider des modalités, des critères, des évaluations et des contrôles liés à l'obtention de ce label. Une quarantaine de réunions de travail sont organisées sur ce sujet, avec l'ensemble des acteurs du privé. Pour quelle efficacité ? En avril 2024, *Mediapart* révèle les noms des organisations invitées à la table des négociations : les membres du ministère de l'Enseignement supérieur et du ministère du Travail, les organisations représentant les grandes écoles, telles que la FESIC ou la CGE, mais aussi les groupes privés lucratifs, notamment Galileo, qui a envoyé son meilleur soldat : Martin Hirsch.

Selon *Mediapart*, Galileo ferait tout pour que le label autorise le privé à octroyer des bourses aux étudiants, celles-ci étant jusqu'à présent réservées aux étudiants du public.

Autre enjeu : la présence des écoles labellisées sur Parcoursup. « Certains qui avaient des formations hors Parcoursup et qui visaient le label disaient : "Vous ne pouvez pas nous imposer d'être sur Parcoursup, si on a le label" », se souvient Philippe Choquet, dont l'organisation, la FESIC, prend part aux négociations.

Les groupes privés lucratifs le savent : ces discussions autour du label qualité ne sont que les premières d'une longue série. Il leur faut donc s'organiser en conséquence, collectivement. Le 11 juin 2024, les principaux groupes indépendants d'enseignement supérieur et de formation professionnelle en France décident de constituer la Conférence des établissements d'enseignement supérieur à vocation professionnelle et de l'alternance (CEESPA). Une association présidée par Philippe Grassaud, président du groupe Eduservices, avec à ses côtés des représentants des groupes privés du marché : Omnes Education, Groupe Igensia Education ou Galileo Global Education. « Nous voulons ainsi établir un véritable contrat avec le ministère de l'Enseignement supérieur et de la Recherche (MESR) pour nous structurer dans une démarche d'autorégulation et de contractualisation », annonce alors l'organisation.

Finalement, à l'été 2024, et alors que l'ensemble du gouvernement démissionne à la suite des élections législatives, le projet de label est mis en pause. Reviendra-t-il un jour ? Philippe Choquet l'espère : « Il faut une régulation, quelle qu'elle soit. On ne peut pas ne rien faire. »

Lors de ces futures négociations, le CEESPA entend devenir un opposant de poids face à la FESIC, à la CGE, et à l'ensemble des organisations d'écoles non lucratives et sous contrat avec l'État. Un nouveau lobby du privé est né.

Pour Galileo, une nouvelle ère, encore plus lucrative, peut commencer.

ÉPILOGUE

L'horreur. Le 9 décembre 2020, un étudiant de LISAA Animation, victime de harcèlement en classe depuis plusieurs mois, met fin à ses jours, à l'âge de 21 ans. « C'est terrible. Les écoles d'art sont connues pour être peuplées d'élèves en difficulté psy. Mais on n'est pas aidés. Les beaux discours de l'école, ce n'est qu'une façade, il n'y a rien derrière », me raconte Cillian*, une ancienne élève, qui a depuis terminé sa formation. Selon elle, il aurait fallu que les professeurs aient davantage de temps à consacrer à leurs élèves pour qu'ils puissent nouer des relations de confiance, repérer le mal-être. Il aurait fallu, aussi, des espaces pour favoriser les échanges entre l'administration et les élèves en difficulté… Mais tout cela est impossible, compte tenu du turnover sans fin des équipes pédagogiques et des mauvaises conditions d'accueil des étudiants.

« Chez nous, soit tu exploses en quinze jours, soit tu restes »

Lorsque j'ai débuté cette enquête, j'ignorais qu'elle prendrait un tour si dramatique. Au moment de la boucler, je relis tous les témoignages que j'ai recueillis. Je fais les comptes.

À Bellecour École, l'établissement d'art lyonnais, Thibault Catimel, l'ancien directeur de département, a abandonné, accablé par ses conditions de travail, les coups de rabot budgétaires, les effectifs qui saturent, lassé de devoir mentir pour attendrir des élèves paniqués, de devoir trouver des excuses pour protéger l'image de l'école. Il est parti et n'est pas le seul. Arthur*, le professeur désabusé, a préféré arrêter sa collaboration avec l'école, et encore d'autres après lui, partis au rythme des épuisements professionnels, des dépressions et des licenciements. En juin 2023, Nicolas Sanchez, le directeur, a pris la porte à son tour.

Je repense aussi à Studi. J'ai mené une trentaine d'entretiens avec des salariés en poste ou récemment partis de l'école en *e-learning*, ayant fait leurs armes dans les centrales d'appels de Soissons, de Pérols, de Lille et de l'île Maurice, ayant côtoyé la direction ou construit les formations. Tous et toutes m'ont parlé des mêmes objectifs inatteignables, de la même obsession du Cube, des mêmes dérives, des mêmes lettres de licenciements et démissions.

Je repense à cet ancien salarié d'une école du pôle Business qui m'a raconté comment, en plein confinement, il s'est effondré sur le sol d'épuisement. Le choc lui a causé un sévère traumatisme crânien, l'obligeant à s'aliter plusieurs semaines. Il sera renvoyé. « C'est marche ou crève », témoigne cet homme.

Les chiffres parlent d'eux-mêmes. En 2023, les vingt et une écoles du pôle Art et Création comptent 50 % de turn-over rien que pour les directeurs d'établissements. En réalité, tous les échelons sont concernés. « On a calculé le taux de turnover dans les premiers mois des collaborateurs qu'on a recrutés en 2022 et on a quand même 23 % de départs [...], ce qui est quand même très important », alerte en février 2023 une directrice d'école lors d'un comité de direction, dont j'ai obtenu l'enregistrement audio. Chez Galileo, un salarié sur quatre quitte le groupe à l'issue de sa période d'essai. En février 2023, Alain Kruger, directeur du pôle Business, prévient lui aussi ses directeurs d'école lors d'un codir. Je retranscris ses mots : « C'est énorme. Mais c'est moins que ça n'était, puisqu'on était à près de 35 % il y a encore un an. Donc ça s'améliore entre guillemets, mais ça reste très élevé, on ne peut pas s'en satisfaire. »

Quelques semaines plus tôt, lors d'un autre comité de direction, le même Alain Kruger accueillait un nouveau collaborateur et le présentait aux directeurs du pôle. J'écoute l'audio. Le manager lui annonce la couleur, sur un ton rieur : « De toute façon, chez nous, soit tu exploses en quinze jours, soit tu restes [...]. Si demain soir tu n'as pas explosé, c'est validé. »

« Le pauvre est un marché d'avenir »

Je rouvre une dernière fois ce fameux tableau Excel, et parcours de nouveau les cinquante-deux mille commentaires rédigés par les étudiants du groupe, en 2023. « Cette école est une pompe à fric », « École pas à l'écoute », « Rien ne va »... Je redécouvre ces avis à l'aune de ce que j'ai mis au jour lors de cette enquête. Non, ces commentaires ne sont pas des caprices : ce sont des signaux d'alerte, les signes d'une vive inquiétude chez ces jeunes quant aux conséquences des multiples désorganisations constatées dans les écoles : les équipes qui vont et viennent, les directions démissionnaires, les contenus de cours inadaptés, les professeurs mal formés, les locaux insalubres, le matériel insuffisant... Tant de promesses et tant d'argent dépensé.

Ces élèves de tous âges, primo-entrants dans l'enseignement supérieur ou en quête d'une vie professionnelle meilleure, ne sont pas les plus riches. C'est stratégique : les écoles d'enseignement supérieur privées visent des publics sociologiquement et économiquement bien spécifiques. Beaucoup d'élèves sont issus de familles précaires, conscientes du peu de débouchés professionnels générés par l'université, et plutôt attirées par les formations en apprentissage du privé, professionnalisantes et qui ne leur couteront rien. « Le pauvre est un marché d'avenir », me lançait cyniquement David Giband, cet ancien vice-président de l'université de Perpignan et professeur des universités, spécialiste des politiques d'éducation. « C'est là que le privé se développe, ajoutait-il. Les riches sont déjà dans le privé depuis longtemps. Ce n'est pas là que le marché se développe. Maintenant, c'est pour les pauvres. »

Plusieurs études le démontrent : le phénomène de privatisation de l'enseignement supérieur ne permet en rien de diminuer les inégalités. Au contraire, il les exacerbe. Les groupes privés d'enseignement supérieur brassent des milliards, ils enrichissent leurs managers, font la fortune de leurs dirigeants, c'est leur nature profonde. Et dans cette course effrénée à l'argent à tout prix, les politiques de soutien menées par l'État font office de carburant. Comme dans le grand âge ou la petite enfance.

Épilogue

C'est ainsi que la galaxie Galileo Global Education ne cesse de s'étendre, tous azimuts. Rien ne l'arrête.

Tant que le Cube vire au vert.

Annexe

Les membres de la direction de Galileo Global Education – son président Marc-François Mignot Mahon, Martin Hirsch (vice-président jusqu'à l'été 2024) et Muriel Pénicaud (conseil d'administration) – n'ont pas donné suite à mes demandes d'interviews. Les courriers envoyés à l'attention de l'administration des écoles LISAA, Bellecour École, Cours Florent, Studi, Atelier de Sèvres, Hetic et Penninghen sont eux aussi restés sans réponse.

Le jour où ce livre est parti en impression, le groupe n'avait pas répondu aux questions écrites qui lui avaient été envoyées.

Voici la liste de ces questions :

– Des salariés et des étudiants indiquent être déçus des conditions d'enseignement proposées par les écoles de votre groupe (salles de cours trop petites, manque de salles de travail, absence de cafétéria, matériel informatique ancien ou insuffisant, organisation de l'administration désordonnée, etc.). Comment réagissez-vous ? Comment y remédiez-vous ?

– À ma connaissance, des étudiants de plusieurs écoles du groupe sont allés jusqu'à rédiger des courriers à l'attention de leurs directeurs d'établissement pour se plaindre du manque de sélection à l'entrée, de ce qu'ils estiment être de mauvaises conditions d'enseignement ou pour partager leurs craintes vis-à-vis de leur avenir. Que leur répondez-vous ?

– Comment recrutez-vous vos intervenants ? Quelles sont vos attentes concernant leurs parcours de formateurs et leurs parcours professionnels ?

– Certains intervenants estiment que leurs clauses de cession de cours aux écoles sont trop contraignantes, ou trop importantes, et s'en inquiètent. Que leur répondez-vous ?

– Quelle est la politique interne du groupe et des écoles en matière de prévention des risques psychosociaux ? Des systèmes d'alerte existent-ils, et comment peuvent-ils s'activer ?

– Selon mes informations, les volumes horaires de cours des formations des écoles auraient tendance à diminuer, d'année en année. Est-ce le cas ? Pour quelles raisons ?

– Par ailleurs, le prix des formations aurait quant à lui tendance à augmenter, d'année en année, parfois de plusieurs centaines d'euros en deux ou trois années seulement. Pourquoi ?

– Proposez-vous des cours en supplément (de guitare par exemple, au Cours Florent) et à quels tarifs ?

– Sur les réseaux sociaux Instagram ou TikTok, plusieurs étudiants ou anciens étudiants ont publié des vidéos témoignant de leurs diverses déceptions ou désillusions quant à leurs formations au Cours Florent. Avez-vous pris connaissance de ces témoignages ? Qu'en pensez-vous ?

– D'après les informations qui m'ont été communiquées, la jauge maximale autorisée par le classement ERP de l'école Penninghen, située 31, rue du Dragon à Paris, aurait été dépassée à plusieurs reprises ces dernières années. Quelle est votre réaction à ce sujet ?

– Avez-vous prévu de réaliser des travaux dans certains de vos établissements pour les agrandir et permettre l'accueil des effectifs étudiants ?

– Selon mes informations, à la rentrée 2023-2024, une classe de 3D de Hetic aurait été déplacée au sein de l'école LISAA Animation. Pour quelles raisons ? Les formations proposées sont-elles identiques ?

– Comment vous assurez-vous que les procédures de certification des formations des étudiants sont respectées dans les établissements ? Comment contrôlez-vous la précision des taux de réussite affichés par vos établissements ?

– Comment vous assurez-vous que la croissance des effectifs étudiants de vos établissements s'opère en adéquation avec les besoins en emploi dans leurs spécialités et sur les territoires ?

– Comment sont calculés les taux d'insertion professionnelle des anciens étudiants de vos écoles ?

– À Bellecour École, selon des informations internes, il y aurait parfois des incohérences entre les taux d'insertion affichés sur les plaquettes de communication des formations et les réelles conditions d'accès à l'emploi des étudiants en sortie d'études. Que répondez-vous à cela ? Comment contrôlez-vous les données d'insertion qui vous parviennent des écoles du groupe ?

– Êtes-vous contrôlés par France compétences au sujet de vos taux d'insertion ?

– Quels sont les risques, pour les formations et leur certification, si les taux d'insertion sont trop faibles par rapport aux attentes de France compétences ?

– Selon mes informations, l'école LISAA Game et Animation n'a pas pu renouveler l'un de ses titres et l'école emprunte désormais celui de Bellecour École. Pour quelles raisons ? Comment ce partage de titre fonctionne-t-il ? Cette situation est-elle toujours d'actualité ? Allez-vous déposer un nouveau titre auprès de France compétences ?

– Selon mes informations, des écoles du groupe auraient déjà perdu leurs titres, notamment à cause de taux d'insertion trop bas. Me confirmez-vous cette information ? Quelles sont les solutions mises en place par le groupe pour garantir aux étudiants déjà inscrits la future certification de leur formation ? Ces titres sont-ils récupérés par la suite ?

– Comment le groupe s'assure-t-il que les formations, d'une manière générale, sont bien conformes aux attentes de France compétences ?

– Selon mes informations, un audit du groupe mené en 2023 aurait révélé diverses non-conformités dans les formations proposées par les écoles du groupe. Que s'est-il passé ? De nouveaux audits sont-ils à prévoir ?

– Aussi, des écoles auraient déjà reçu des mises en demeure de France compétences à ce sujet. Que pouvez-vous en dire ? En quoi consistent ces mises en demeure et comment s'en prémunir ?

– D'après les éléments que j'ai récoltés, certains téléconseillers auraient tendance à favoriser la signature de contrats d'apprentissage, au détriment des contrats de professionnalisation. Pourquoi ?

– Les montants des formations en apprentissage, négociés entre les établissements, les Opco et les entreprises, sont parfois plus élevés que les montants des formations initiales. Pour quelles raisons ?

– Selon l'avis sur le projet de loi de finances pour 2024, présenté à la Commission des affaires culturelles et de l'éducation de l'Assemblée nationale, Galileo Global Education aurait bénéficié de 130 millions d'euros de financements publics pour l'apprentissage en 2022. Confirmez-vous ce montant ? Quels étaient les montants de ces financements en 2023 ? Et 2024 ?

– Que pensez-vous de la diminution tendancielle des NPEC ? Que proposez-vous pour diminuer le poids du coût de l'apprentissage sur les dépenses de l'État ?

– Qu'est-ce que le reste à charge aux entreprises ? Comment le montant de ce reste à charge est-il calculé ? Les membres de vos équipes ont-ils des objectifs à atteindre concernant ce reste à charge ?

– La Web School Factory est un établissement d'enseignement supérieur technique privé, autorisé à récolter la taxe d'apprentissage. Pouvez-vous m'expliquer pourquoi ?

– La Web School Factory peut-elle récolter la taxe d'apprentissage pour le compte d'autres écoles de votre groupe ?

– Les écoles du groupe proposent des formations en apprentissage et bénéficient en ce sens des financements de l'État. Elles recrutent également des étudiants des écoles, comme alternants, au sein de leurs équipes pédagogiques, ce qui leur permet de bénéficier des aides à l'embauche. Dans ce cas-là, les écoles bénéficient-elles donc d'un double financement ?

– Combien d'alternants comptez-vous aujourd'hui dans le groupe ? Avez-vous des dispositifs de contrôle afin d'éviter des recrutements qui viendraient, par exemple, remplacer des postes fixes ?

– Selon mes informations, des salariés des centrales d'appels du groupe auraient reçu pour consigne de leur manager de ne pas se présenter auprès des prospects comme téléconseillers ou commerciaux, mais comme conseillers en formation. Que pensez-vous de cela ?

– La filiale de Studi à l'île Maurice est-elle toujours en activité ? En existe-t-il d'autres à l'étranger ?

– Studi, votre école en ligne, bénéficie également des financements de l'État à l'apprentissage et à la formation professionnelle, via divers dispositifs (apprentissage, reconversion avec CPF, VAE, financements régionaux, via France Travail). Quel est le montant de ces aides publiques chaque année ?

– L'école Studi s'est également positionnée sur les marchés publics. Quels sont les montants de ces gains ? Comment l'utilisation de ces fonds est-elle contrôlée par les institutions ?

– Les responsables pédagogiques des formations ont-ils une responsabilité concernant ce qu'il est écrit sur les plaquettes de formation de Studi ? Sont-ils systématiquement formés aux domaines de formations qu'ils supervisent ?

– Il a été porté à ma connaissance que les modules de cours de Studi sont fréquemment mutualisés entre plusieurs formations ; que des cours comporteraient des erreurs ; ou que, pour certaines formations, les cours seraient mis en ligne au compte-gouttes, générant du stress chez les apprenants. Comment contrôlez-vous la bonne qualité de vos formations en ligne ?

– De nombreux apprenants ou anciens apprenants s'expriment et échangent en ligne, sur des forums ou via Facebook, et disent s'inquiéter pour leur insertion dans l'emploi, se comparant aux étudiants ayant obtenu les mêmes certifications qu'eux, au sein des écoles en présentiel du groupe Galileo Global Education. Que leur répondez-vous ?

– Sur ces mêmes forums de discussion en ligne, d'anciens apprenants témoignent de mauvaises expériences avec des commerciaux de Studi, aux méthodes de vente parfois agressives. Comment contrôlez-vous les méthodes de vente des commerciaux de vos centrales d'appels ?

– Selon mes informations, les objectifs des commerciaux peuvent dépasser le nombre de 100 appels à passer par jour, ou plusieurs dizaines de milliers d'euros à récolter par mois, à certaines périodes. Comment vous assurez-vous que l'atteinte de ces objectifs n'encourage pas certains commerciaux à user de pratiques agressives envers les prospects ?

REMERCIEMENTS

Il m'aura fallu deux ans pour mener les plus de cent cinquante entretiens nécessaires à l'écriture de cette enquête. Toutes ces personnes ont accepté de se livrer et de me raconter ces instants de leurs vies façonnés au gré de leurs expériences chez Galileo Global Education, malgré leur peur, qui a poussé la majeure partie d'entre eux à témoigner sous le sceau de l'anonymat. Leurs témoignages n'en sont pas moins précieux. D'autres ont insisté pour révéler leur identité. Sans eux, ce travail n'aurait certainement pas pu voir le jour. Je les en remercie.

Merci à Sophie de Closets, qui m'a donné sa confiance sans douter, me permettant à la fois de mener ma première grande investigation en solitaire, mais aussi de me lancer dans l'écriture de mon premier ouvrage. Un immense merci à Gérard Davet et Fabrice Lhomme qui, depuis deux ans, n'ont jamais cessé de m'épauler, me conseiller, m'encourager, sans compter leurs innombrables relectures, corrections et suggestions, toujours pertinentes, toujours bienveillantes.

Ce soutien, je l'ai également trouvé dans la clairvoyance d'Anavril Wollman. Tu m'as aidée à clarifier un propos dense, technique, pour ne pas dire parfois aride, afin de donner à ce sujet d'intérêt public la portée qu'il mérite. Merci.

Toujours chez Flammarion, merci à Me Bigot et son précieux accompagnement juridique, et à toutes celles et ceux qui m'ont tant facilité le quotidien depuis deux ans, me permettant d'avoir des moyens suffisants pour travailler, m'accueillant dans leurs bureaux pour rencontrer des sources, m'embarquant à leurs côtés dans chaque étape jusqu'à la publication de cet ouvrage.

Au cours de cette enquête, j'ai pu trouver des oreilles attentives auprès de mes confrères et consœurs, qui ont eu la patience de m'écouter déblatérer sur les rouages de l'écriture, souvent sans même savoir de quel sujet il s'agissait. Cécile Dolman, Manon de Couet, Grégoire Lenoir : merci pour votre écoute. Mathieu Robert, Gabriel Garcia, Véronique Blanc, Martin Boudot, Emmanuel Gagnier, Sophie Le Gall et Luc Hermann, merci pour vos conseils et vos partages d'expérience au fil de ces dernières années.

Merci enfin à mes proches, soutiens moraux inestimables dans ce parcours parfois si solitaire. À ma famille, tout particulièrement ma mère, Louise et Filipo, qui m'ont tant écoutée et soutenue. À mon père, qui aurait adoré me relire et annoter chaque ligne de ce texte. À Alexandre, Cloé, Typhaine et Juliette, amis exceptionnels, qui ont répondu présent à chacun de mes doutes. À mes amis de Paris, de

Rennes, de Nantes, de Toulouse, de Tahiti et d'Uvea, dont la joie m'a aidée à tenir le marathon de l'enquête puis de l'écriture.

À Renaud, bien sûr. Sans tes encouragements quotidiens, sans ta patience infaillible, sans ton amour, rien de tout cela n'aurait pu aboutir.

Table

Partie 3
UN « MODÈLE » DE BUSINESS

Partie 4
LA CAGNOTTE DU *E-LEARNING*

Table

Partie 5

UN FUTUR RADIEUX… MAIS PAS POUR TOUS

Cet ouvrage a été mis en pages par

<pixellence>

Imprimé en France par CPI
en février 2025

Dépôt légal : mars 2025
N° d'édition : 599022-0
N° d'impression : 181981